LEBEN IM EIS

HAUKE TRINKS

LEBEN IM EIS

Tagebuch einer Forschungsreise in die Polarnacht

Unter Mitarbeit von Gisela Schütte

stern buch

FREDERKING & THALER

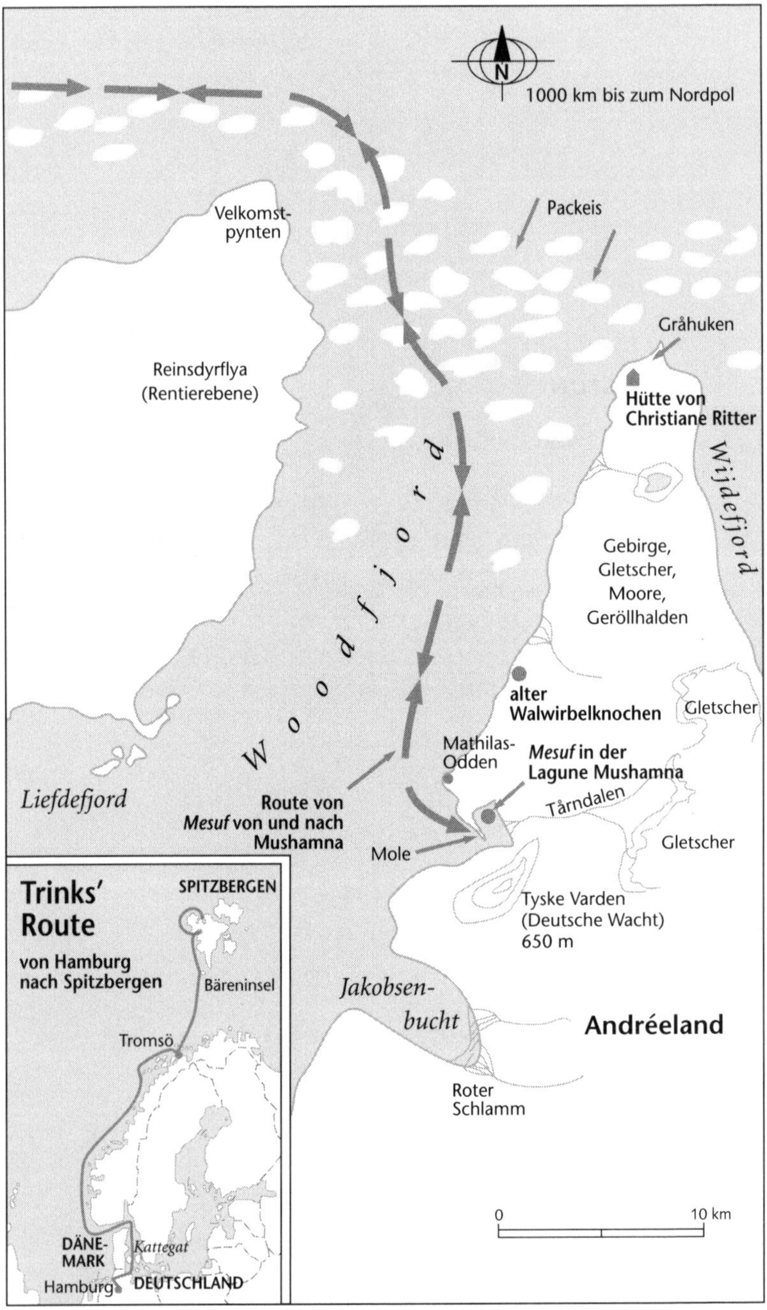

N
1000 km bis zum Nordpol
Velkomst-
pynten
Packeis
Gråhuken
Reinsdyrflya
(Rentierebene)
Hütte von
Christiane Ritter
Wijdefjord
Woodfjord
Gebirge,
Gletscher,
Moore,
Geröllhalden
alter
Walwirbelknochen
Gletscher
Mathilas-
Odden
Mesuf in der
Lagune Mushamna
Liefdefjord
Route von
Mesuf von und nach
Mushamna
Tårndalen
Mole
Gletscher
Tyske Varden
(Deutsche Wacht)
650 m
Trinks'
Route
von Hamburg
nach Spitzbergen
SPITZBERGEN
Bäreninsel
Tromsö
DÄNE-
MARK
Kattegat
Hamburg
DEUTSCHLAND
Jakobsen-
bucht
Andréeland
Roter
Schlamm
0
10 km

Inhalt

Vorwort

Ich bin in Schweden aufgewachsen. Als kleiner Junge ging ich in einem Dorf in der Nähe von Stockholm zur Schule. Im Klassenzimmer hing eine große Wandkarte von Skandinavien. Die Länder waren mit Bildern illustriert: Eisbären, Robben auf Eisschollen, Fischer mit kleinen Booten im Sturm. Die Karte lenkte mich vom Unterricht ab. Vor allem die Grenze des ewigen Eises hatte es mir angetan. Dort wollte ich irgendwann hinfahren. Ich erinnere mich gern an meine Kindheit, an die hellen skandinavischen Sommernächte, die kalten Winter mit Eis und Schnee, an das Schlittschuhlaufen auf zugefrorenen Waldseen und die Suche nach den Fährten von Füchsen und Elchen im Neuschnee.

Rund 40 Jahre später nahm ich eine Physikprofessur an der Universität Tromsø in Norwegen an. So kam ich meinem Traumziel, der Eislandschaft am Nordpol, ein gutes Stück näher. Von Tromsø aus reiste ich viele Male nach Spitzbergen, in den nördlichsten Teil Norwegens. Auf Skiern, mit dem Schlitten, mit Segelschiff und Paddelboot erkundete ich die einsamen Fjorde, die Eisfelder und die Gletscher. Und die Sehnsucht wiederzukommen wuchs von Mal zu Mal.

1993 wurde ich Präsident der Technischen Universität Hamburg-Harburg. Als meine Amtszeit zu Ende ging, kam mir Spitzbergen wieder in den Sinn. Ich wäre gern für längere Zeit ins Eis gereist. Aber was sollte ich als Physiker und Manager dort tun? Die Antwort ergab sich zufällig. Im Frühjahr 1997 nahm ich mit meinem Freund Professor Dietmar Wolter, dem Chef des Berufsgenossenschaftlichen Unfallkrankenhauses Boberg in Hamburg, an einem internationalen Kongress über medizintechnologische Forschung in Davos teil. Ein Thema der Tagung war die fachübergreifende Zusammenarbeit zwischen Ärzten und Naturwissenschaftlern. Nachts auf der Rückfahrt sprachen wir über die Vorträge. Und daraus entspann sich eine Diskussion über die belebte und die unbelebte Natur. Wolter betrachtete das Problem aus medizinischer Sicht, ich vom Standpunkt des Physikers aus. Was macht das Leben aus? Wie und wo ist das Leben vor vier Milliarden Jahren auf der Erde aus unbelebter Materie entstanden? Stimmt es, dass sich auf der Urerde in warmen Pfützen aus einfachen Bausteinen komplizierte Moleküle gebildet haben?

Ich musste wieder an Spitzbergen denken, an meinen Freund, den Trapper Trond, den ich einmal in seiner einsamen Jagdhütte besucht hatte. Wir waren über Gletscher und Geröllhalden gewandert, und ich hatte begeistert die Tierwelt beobachtet, die sich im kurzen Sommer dort tummelt, vor allem die Seevögel, die in dieser unwirtlichen Umgebung ihren Nachwuchs aufziehen.

Vielleicht ist der Norden doch nicht so lebensfeindlich, dachte ich in dieser Nacht. Für die Vögel, die Tausende von Kilometern weit fliegen, um dort zu brüten, bietet er Nahrung in Hülle und Fülle. Es gibt viel Licht, reichlich Nährsalze und Sauerstoff im Wasser. Und welche Rolle spielt das Eis?

Gefrorenes Salzwasser – Meereseis – ist ein ganz besonderes Material. Es wächst als kompliziertes Labyrinth aus kristallinen Elementen, die in flüssiger Salzlösung schwimmen. Vielleicht sind das günstige Bedingungen für die Entstehung und Entwicklung primitiven Lebens. Und weil das Meereseis vor vier Milliarden Jahren physikalisch genauso aufgebaut war wie heute, besteht im Norden die Chance, wie durch ein Fenster einen Blick in die Vergangenheit zu tun. Da hatte ich mein Thema. »Weißt du was«, sagte ich zu Dietmar Wolter. »Wenn meine Amtszeit in Hamburg zu Ende ist, gehe ich für ein Jahr ins Eis nach Spitzbergen.«

1 Tausend Kleinigkeiten
Ausrüstung für ein Jahr

Hamburg, 10. Mai 1999

Ich sitze auf der Ofenbank meines Hauses in Wesel in der Heide und sehe auf das Chaos im Wohnzimmer: Kisten, Kartons, Säcke, Schachteln, alle möglichen Geräte. Und ich komme ins Grübeln. Was habe ich mir da vorgenommen? Ein Jahr Eremitendasein in der Kälte, in der polaren Finsternis. Und dazu eine schwierige Seereise. Denn ich werde mit meinem 15 Jahre alten Segelschiff *Mesuf* in den Norden fahren. *Mesuf* – dieser Namen steht für Meer, Eis, Sonne und Finsternis. Sein Rumpf ist aus extrastarkem Stahl gebaut, V-förmig, eistauglich und in jeder Hinsicht robust ausgestattet – mit kräftigen Winschen, einem starken Rigg, einem zuverlässigen Dieselmotor, Radar. Ich brauche das Schiff nicht nur als Transportmittel und Packesel für meine Reise, sondern auch als Unterkunft und Labor. Häuser gibt es da oben am Nordpol nun mal nicht zu mieten, und der nächste Ort liegt ein paar hundert Kilometer entfernt.

Mesuf ist keine elegante Yacht – keine Sie –, sondern ein treuer Kamerad, mit dem ich schon viele beschwerliche Fahrten unternommen habe, zwei Mal über den Nordatlantik, nach Spitzbergen, Island, Grönland, Jan Mayen, Labrador, in die USA – meistens allein. Für Spitzbergen benötigte ich noch zusätzliche Einbauten, vor allem Spezialgitter, um die Luken gegen aggressive Eisbären abzuriegeln, sowie einen Stromgenerator und Solarzellen für die Energieversorgung.

Als Ort für meine Forschungsarbeit erschien mir der Nordrand von Spitzbergen besonders geeignet, genau auf 80 Grad nördlicher Breite. Als Ankerplatz wählte ich Mushamna, die kleine Mäusebucht am Woodfjord. Dort gibt es das ganze Jahr über Meeres- und Gletschereis für meine Forschungen, außerdem bietet die Bucht Schutz vor den Packeismassen. Für den Aufenthalt bin ich gut gerüstet. Kälte macht mir nichts aus. Schon als Kind bin ich bei Frost und Dunkelheit auf Skiern zur Schule gefahren, und wir haben uns Iglus als Zuflucht vor Schneestürmen gebaut. Einsamkeit belastet mich nicht, und wenn es gefährlich wird, gerate ich nicht in Panik. Dennoch weiß ich, dass mit meinem neuen Abenteuer unkalkulierbare Risiken auf mich zukommen. Deshalb fahre ich auch allein. Ich will niemanden in Gefahr bringen. Ich selbst bin zäh und gesund und weiß mir in Krisen zu helfen. Ob das mit einem Begleiter ebenso möglich wäre, weiß ich nicht.

Doch dann beschleichen mich wieder Zweifel. Kann ich es allein überhaupt schaffen? Ist die Expedition nicht nur eine Flucht aus der Tretmühle des Hochschulalltags? Darf ich meiner Familie die Ängste zumuten? Aber meine drei Kinder, Kerstin (29), Heike (28) und Ole (27), ermuntern mich bei meinen Plänen und sagen, dass sie mich beneiden, weil ich mit 56 Jahren die Chance zu diesem Abenteuer nutze. Meine Frau Maj sieht das wohl ähnlich, obwohl es ihr wegen der Risiken, die diese Expedition mit sich bringt, sicher schwer fällt. Das bedrückt mich. Aber das Vorhaben ist die Trennung und den Herzschmerz wert.

Ich wandere im Dunkeln durch den Garten, memoriere halblaut Fragestellungen und Ausrüstungslisten – wie ein Schauspieler vor der Premiere seinen Text. Ist das Forschungsvorhaben im Eis gut begründet? Ja. Wir haben es im Kollegenkreis diskutiert. Die Technische Universität fördert das Projekt und lässt mir den Freiraum, nach meinen Vorstellungen zu forschen. Das bedeutet für mich finanzielle Freiheit.

Mein wissenschaftliches Ziel für dieses Jahr ist es, eine möglichst weitreichende Modellvorstellung von der Mikrostruktur des Meereseises zu gewinnen sowie von den Prozessen, die beim Gefrieren und Tauen ablaufen. Natürlich haben sich schon früher bedeutende Institute mit dem Eis befasst. Aber mich interessiert das Meereseis als eine potentielle Werkstatt des Lebens. Diesen Aspekt hat bislang noch niemand untersucht.

Der zweite Forschungsschwerpunkt betrifft die Lebensbedingungen der Mikroorganismen im Eis. Diese kann man nur vor Ort untersuchen. Die heutigen Bakterien lassen zwar keine Rückschlüsse auf die ersten Lebenskeime vor vier Milliarden Jahren zu, aber Kenntnisse darüber, wie sie leben, sich vermehren und wovon sie sich ernähren, können eine Vorstellung von der Entstehung des Lebens im Eis geben.

Darüber hinaus hat die Bakterienforschung auch wirtschaftliche Aspekte. Die Bakterien, die in der Kälte leben, sind im Hinblick auf eine mögliche industrielle Nutzung interessant: Sie produzieren Enzyme, die in der Lage sind, Prozesse in der Nahrungsmittelindustrie sowie der Umwelt- und Reinigungstechnologie zu optimieren. Ich werde also im Eis Bakterienproben nehmen und sie zur Analyse nach Hamburg schicken.

Für meine Forschungsarbeit brauche ich natürlich Instrumente und Geräte. Da meine Mittel und der Platz auf dem Schiff jedoch begrenzt sind, ist es notwendig, die Ausrüstung sparsam und mit Bedacht zusammenzustellen. Außerdem muss sie den rauen Arbeitsbedingungen in Kälte, Schneetreiben und Salzwasser standhalten und leicht zu reparieren sein.

Und so sieht meine Packliste für das Reiselabor aus: Oszillographen, Mikroskope, UV-Lampen, Laser, Messgeräte für Druck, Temperatur, pH-Wert, Salzkonzentration und Sauerstoffgehalt; Mengen von Elektrokabeln, Steckern und Batterien, optische Polarisatoren, Fotoapparate und Filmgeräte, Stative; Sterilisatoren, Probennahmegeräte für Bakterien, Gefäße für Bakterienkulturen und diverse Nährlösungen, unzählige Fachbücher und sonstige Publikationen, Gerätebeschreibungen und Reparaturanleitungen.

Ob ich das alles je brauchen werde, was ich da zusammengetragen habe? Ich weiß es nicht. Aber ich darf nicht riskieren, dass mir am Ende ein Gerät fehlt und ich deshalb wichtige Experimente nicht durchführen kann. Alles in allem bin ich ganz optimistisch, weil ich auch schon früher Versuche unter schwierigen Bedingungen ganz gut hinbekommen habe.

Zum fachlichen Teil der Vorbereitungen gehörte unter anderem ein Schnellkurs über den Umgang mit Bakterien und die richtige Technik der Probennahme, die ich bei den Biotechnologen an der Technischen Universität absolvierte.

Außerdem brauche ich für den Weg nach Norden über 150 eng zusammengerollte Seekarten, damit mein Vorhaben nicht schon vor der Ankunft in engen Fjorden oder auf Klippen vor der Küste scheitert.

Immer wieder verfolge ich seit Wochen den Reiseweg auf der Karte. Die Vorstellung vom Norden, dem Winter, der Dunkelheit, der Beschaulichkeit im Schiff und den Gefahren draußen, den Stürmen und den Eisbären macht mich ganz kribbelig. Wenn ich nur schon unterwegs wäre, wenn ich im Hafen von Övelgönne nur schon die Leinen losgemacht, wenn ich den Abschied nur schon hinter mir hätte! Ich hasse Abschiede.

Doch zuvor gilt es, alles einzupacken. Wie viel Proviant soll man mitnehmen für anderthalb Jahre Überleben und Forschen am Nordpol? Die alten Tagebücher norwegischer Trapper sind mir Rat und Hilfe. Da steht etwas von 200 Kilo Mehl, 20 Kilo Fett, 5 Kilo Reis, 15 Kilo Haferflocken, 5 Kilo Getreide, 50 Kilo Kartoffeln sowie Kaffee, Tee, Rosinen, Kräutern, Gewürzen und einem Fass Buttermilch gegen Skorbut pro Trapper und Jahr. Ich stelle noch ein Fässchen Honig aus meinem Garten dazu, das ist sicher gesund.

Die Trinkwasserversorgung ist mit Schnee gesichert. Um die brauche ich mir keine Gedanken zu machen. Dann natürlich Brennstoff und Kleidung, von der Pudelmütze bis zu warmen Socken, Bücher zum Lesen und zum Nachschlagen, Gewehre für die Jagd und als Schutz gegen Eisbären und eine große Werkzeugkiste für anfallende Reparaturen.

Die Packliste muss abgearbeitet werden. Es sind nur noch ein paar Tage bis zur Abfahrt. Ich weiß gar nicht, wo ich den ganzen Krempel auf dem Schiff unterbringen soll. Vor allem muss alles sturmsicher verzurrt werden. Ich weiß von früheren Fahrten, wie es ist, wenn Haferflocken, Mikroskop und Taucherbrille durcheinanderwirbeln. Tauchen muss ich auch im Norden, denn ich will das Eis und die Bakterien auch von der Wasserseite aus untersuchen und fotografieren.

Frühling liegt in der Luft. Und ich werde bald in die Kälte reisen. Ein bisschen schaudere ich bei dem Gedanken an den barbarischen, schneidenden Frost, bei der Vorstellung, dass einem die Finger brechen, wenn man nur einen Moment die Handschuhe auszieht. 30 bis 40 Grad kalt wird es im Norden von Spitzbergen. Da kriecht mit jedem Atemzug die Kälte in den Körper. Und wenn man irgendwo Rast macht und sich aus der Thermoskanne heißen Kaffee eingießt, muss man sich immer vorsichtig umschauen, ob nicht von irgendwoher ein Eisbär angeschlichen kommt. Eigentlich verrückt, sich so etwas anzutun.

Ich überprüfe meine Expeditionsvorbereitungen. Zum wievielten Mal eigentlich? Keine Ahnung. Aber ich habe die Sorge, dass ich irgendeinen wichtigen Gesichtspunkt zu berücksichtigen vergesse, dass irgendein Teil meiner Ausrüstung nicht komplett ist, dass ich den Herausforderungen nicht gewachsen sein könnte. Nicht auszudenken, wenn wegen einer Nachlässigkeit bei der Vorbereitung die Expedition scheitern würde! Schlaflosigkeit hält mich gefangen. Dabei schwanke ich zwischen Erwartung und Beklommenheit. Das war immer so, wenn mir eine große Unternehmung bevorstand. Aber dann überwiegt jedes Mal das Gefühl: Ich werde es schaffen. Ich schaffe es immer.

Persönliche Ausrüstung

- ✗ Schlafsäcke, 2 Stück (bis zu -30 °C)
- ✗ Pullover, 6 Stück, z. T. selbst gestrickt
- ✗ Wollsocken, 12 Paar
- ✗ Unterwäsche, lange Ärmel und Beine, Baumwolle
- ✗ Fingerhandschuhe, 2 Paar, Wolle
- ✗ Lederhandschuhe, 2 Paar, gefüttert
- ✗ Pudelmützen, Schals
- ✗ Overall-Schutzanzug, gefüttert
- ✗ Overall-Segleranzug
- ✗ Anorak, 2 Stück, gefüttert
- ✗ Schneehose, gefüttert
- ✗ Turnschuhe
- ✗ Wanderstiefel
- ✗ Schneestiefel, gefüttert
- ✗ Gummistiefel
- ✗ Filzschuhe
- ✗ Jackett mit Schlips und Oberhemd für feierliche Anlässe
- ✗ Nähzeug

Allgemeine Ausrüstung

- ✗ Expeditions-Pulk
- ✗ Hundegespannleinen und Ketten
- ✗ Axt und Beil
- ✗ Motorkettensäge
- ✗ Diverse Taschenlampen, Sturmlampen
- ✗ Suchscheinwerfer
- ✗ Rucksäcke, 3 Stück
- ✗ Handkompass und Feldstecher
- ✗ Taucherausrüstung, komplett für Nasstauchen incl. 3 Atemdruckflaschen und Druckluftgenerator
- ✗ Langlaufski, 2 Paar
- ✗ Schneebrille und Gesichtsmaske
- ✗ Schneeschaufel, Besen, Klappspaten
- ✗ Eisbohrer und Eissägen
- ✗ Eispickel
- ✗ Steigeisen
- ✗ Gewehre, 2 Stück Kal. 7.62, Zielfernrohr
- ✗ Schrotflinte
- ✗ Revolver, Magnum
- ✗ Diverse Munition
- ✗ Seenotraketen und Böller zur Abwehr von Eisbären
- ✗ Diverse Schlachtermesser, Schlachterhandschuhe
- ✗ Angelausrüstung
- ✗ Verbandszeug und Ausrüstung für Notchirurgie
- ✗ Antibiotika, Vitamintabletten und Wundsalben
- ✗ Infrarotlampe, nützlich bei Zahn- und Nierenschmerzen
- ✗ Wärmflasche

Schiff Mesuf

39 Fuß, Stahl, extra verstärkt, Doppelknickspanter, Slup-getakelt; starkes Rigg, Rollgenua, 15 Jahre alt.

Schiffsausrüstung

- ✗ Dieselmotor, 45 PS, Festpropeller
- ✗ Dieselofen, Verbrauch 3 l am Tag
- ✗ Sextant
- ✗ Radar
- ✗ Echolot
- ✗ UKW-Sender/Empfänger
- ✗ Amateurfunkgerät
- ✗ Seenotfunkboje
- ✗ Seenotrettungsinsel
- ✗ Gummiboot mit 4-PS-Außenbordmotor
- ✗ Anker, 4 Stück, je 20–25 kg, insgesamt 100 m Kette
- ✗ Extra gesicherte Luken gegen Eisbärenangriffe
- ✗ Diverse extra starke Abdeckplanen
- ✗ Diverses Werkzeug und Reparaturzubehör
- ✗ Diesel, Petroleum, Benzin, Spiritus; insgesamt 1300 l in 65 Kanistern
- ✗ Kohlestaub, 1 Sack zum Auftauen von Eis im Sonnenschein

2 Abfahrt
Die lange Reise in den Norden

Dienstag, 18. Mai 1999

Zweiter Tag nach meiner Abreise. Ich segle bei strahlender Sonne längs Langeland nach Norden und bin sehr optimistisch. Endlich ist es so weit! Mein Spitzbergen-Abenteuer hat begonnen. Nichts kann mich mehr aufhalten. Die letzten Wochen waren schwer, nicht nur für mich, sondern auch für meine Familie, meine Frau Maj und die drei Kinder, die unter dem bevorstehenden Abschied gelitten haben. Immerhin ist es ein Abenteuer mit ungewissem Ausgang. Und während ich den Alltag und die damit verbundenen Probleme in Angriff nehme, müssen sie abwarten, ohne etwas tun zu können.

All das wurde mir erst richtig bewusst, als meine Tochter Kerstin mit verweinten Augen am Steg in Hamburg stand. Sie sah so hilflos aus. Am liebsten hätte ich in diesem Augenblick gesagt: »Nee, Leute, ich fahre nicht, ich bleibe hier.« Aber das ging natürlich nicht. Das Forschungsprojekt ist beschlossene Sache. Und dann der ganze öffentliche Rummel – Presse, Fernsehen, Fotografen.

Auf dem Anleger in Övelgönne an der Elbe herrschte Gedränge. Viele Freunde und Bekannte, Nachbarn aus dem Dorf, Studenten und Kollegen waren zum Abschied gekommen. Vor dem Ablegen ging ich noch einmal an Land zum Händeschütteln und Umarmen. Mitten im Gewimmel stand Maj ganz verlassen. Ich hielt es nicht mehr aus, sprang an Bord und legte ab. Noch ein Winken zum Abschied, das Nebelhorn tuten lassen. In der Aufregung lief ich mit dem Schiff fast auf eine Untiefe auf. Dann trug mich die Ebbe schnell stromabwärts. Die winkenden Menschen wurden kleiner.

Ein Segen – der Abschied ist vorbei. Dass mich dabei kein schmerzliches Gefühl von Wehmut, Trauer und langer Trennung überkam, verdanke ich meiner Familie, besonders Maj. Sie stand am ersten

Abend wie eine Traumgestalt in Brunsbüttel am Kai, als ich im Dunkeln mit *Mesuf* müde ein Schlafplätzchen suchte. Maj blieb die Nacht bei mir auf dem Schiff. Jetzt ist mir viel leichter ums Herz.

Wir gleiten ziemlich dicht an der Ostküste von Langeland vorbei. Der Wind trägt den Duft der blühenden Rapsfelder herüber. Überall dümpeln kleine Kähne im Meer, meist nur winzige Ruderboote. Die Fischer angeln Dorsche. Ich muss aufpassen, um nicht »Schiffchen versenken« zu spielen. Langsam gewöhne ich mich wieder an den Lebensrhythmus eines einsamen Seglers. Ich werde gelassener.

Gestern auf dem Nord-Ostsee-Kanal herrschte auf *Mesuf* noch das reinste Chaos. Ich brauchte Ersatzbatterien für das Radio und fand die Kiste nicht, in der sie verstaut sein sollten. Ich geriet in Panik. Hatte ich den Karton etwa zu Hause stehen gelassen?

Daraufhin packte ich den ganzen Krempel während der Kanaldurchfahrt aus, wieder ein, wieder aus und wieder ein. Kurz vor Kiel entdeckte ich meine Batterien. Und nicht nur die, sondern auch eine Menge Ballast. So kann ich mir im Augenblick kaum vorstellen, dass ich die vielen Bücher wirklich lesen werde und dass ich so viele Wollsocken brauche. Die Suche nach den Batterien bewirkte immerhin, dass ich nun mehr Vertrauen in meine Vorratsstrategie gewonnen habe. Als die letzten Beutel und Kisten wieder in den Winkeln im Schiffsbauch verstaut waren, saß ich ganz erschöpft hinter dem Steuerrad und spürte, dass ich doch älter werde.

Donnerstag, 20. Mai 1999

Der vierte Tag nach meiner Abreise. Ich muss schon sehr aufpassen, um das Datum und den Wochentag aus dem Kopf bestimmen zu können. Seit Tagen bin ich ganz allein mit *Mesuf* auf See und schwanke zwischen Freude und Niedergeschlagenheit, Zufriedenheit und Beklommenheit. Wenn ich an die vielen einsamen Monate denke, wird mir doch etwas bang.

Ich segle mitten auf dem Skagerrak von Skagen in Dänemark hinüber nach Norwegen. Eigentlich liebe ich es, ganz allein lange Strecken über das offene Meer zu gleiten. Ich komme mir dann immer so wohltuend klein vor. Dabei meint Neptun oder der Wettergott – oder welcher Heilige sonst für das Meer hier zuständig sein mag – es noch richtig gut mit mir. Seit ich Hamburg verlassen habe nur Sonnenschein, keine ruppigen Winde, sondern eine ideale Brise. Ab Kiel haben mich angenehme östliche Winde in Nullkommanichts über das Kattegatt gepustet. Ich weiß das zu schätzen, und mir graust bei dem Gedanken, wie mir jetzt zumute wäre, wenn das Skagerrak mich so empfangen hätte wie die meisten Seefahrer – mit wüsten Winden, Stürmen aus Westen, gemeinen Wellengebirgen und großer, grauer Trostlosigkeit. Hat es aber nicht.

Die Wettervorhersage verheißt allerdings nichts Gutes, und das Barometer fällt seit Tagen. Ein ganzes Geschwader von Tiefdruckgebieten marschiert heran, mit Regenschauern, Gegenwind und Sturm im Gepäck. Am Himmel zeigen sich schon die Schlechtwettervorboten, die zerfransten Zirruswolken. Aber noch hält das gute Wetter, und ich will seine Gunst nutzen, um mit meinem Segelschiffchen in die geschützten norwegischen Fjorde flüchten, bevor die Stürme kommen. Deshalb segle ich Tag und Nacht ohne Unterbrechung.

Einsame Segeltouren sind etwas Wunderbares. Die letzte Nacht auf dem Kattegatt war unbeschreiblich schön. Ein Sonnenuntergang, prunkvoll wie ein fürstliches Brokatgewand, dann Mondschein, klarer Sternenhimmel und überall am Horizont Lichter von einsam dahinziehenden Schiffen. Schön ist das. Aber auch verdammt gefährlich, wenn einem die Augen zufallen. Ganz plötzlich werde ich munter. Vielleicht habe ich einen siebten Sinn: *Mesuf* befindet sich auf Konfrontationskurs mit einem Fischkutter, der ein Schleppnetz zieht und stur auf Kurs bleibt. Dabei ist er auch noch im Recht.

Am nächsten Morgen bin ich hundemüde. Ein wenig herumdösen in der Sonne, starken Kaffee trinken, den Gedanken nachhängen, Wäsche waschen, das Schiff ein bisschen aufräumen, ein paar Filmaufnahmen machen – und die Müdigkeit ist wie weggeweht. Ich freue mich schon auf die Barentssee im hohen Norden; da kann ich beruhigt schlafen, da begegnet mir niemand mehr.

3 Allein auf dem Atlantik
Spielball der Stürme

Montag, 24. Mai 1999

Ich bin ziemlich fertig, fühle mich alt und ausgelaugt. Die letzten Tage waren hart. Aber der Reihe nach: Vor ein paar Tagen auf dem Skagerrak war ich noch euphorisch. Es lief alles so gut. Schöner Wind, ein bisschen Sonnenschein, und irgendwie glaubte ich wohl, es ginge jetzt immer so weiter bis Spitzbergen.

Von wegen! Die angekündigten Sturmtiefs kommen schneller als erwartet, ekelhaft schwarze Wolken ziehen auf, dann wird der Wind stärker; anfangs ist die See nur voll weißer Schaumkronen, dann türmen sich gewaltige Wellenberge auf, und es wird sehr ungemütlich. Ich laufe nur noch mit meiner kleinen Sturmfock vor dem Wind, Wellenungetüme holen mich ein, *Mesuf* rollt und schüttelt sich wie ein Tier, die See steigt von achtern ins Cockpit. Ich mache alle Luken dicht, versuche einigermaßen Kurs zu halten und suche auf meinen Seekarten einen ruhigen Fjord, in den ich vor dem feindlichen Skagerrak flüchten kann. Sieht alles nicht verlockend aus: sehr enge Durchfahrten, gesäumt von Untiefen und kleinen Felsinseln, die bei diesem Sturm gewaltige Brandungswellen verursachen.

Im *Norske Los*, der Bibel für Seefahrer an der norwegischen Küste, steht wenig Ermutigendes über diesen Küstenabschnitt. Es ist ein wegen gewaltiger Grundseen gefürchtetes Seegebiet. Das Buch vermerkt dazu lapidar, dass hier schon viele Schiffe spurlos verschwunden seien. Na schön, denke ich mir. Es ist ziemlich unangenehm, zwischen den Brandungswellen durchzureiten und immer wieder den Kurs zu überprüfen. Und es macht mürbe, zumal ich in den letzten 48 Stunden kaum richtig geschlafen habe.

Später, beim Einlaufen in den tief im Fjord gelegenen kleinen Fischereihafen Egersund, schäme ich mich fast meiner Furcht. Aber ich bin nun mal kein Held. Ich habe beim Segeln oft Angst. Dafür ist es im Hafen dann richtig gemütlich. Ich gönne mir ein paar Bier in der Kneipe, palavere ein bisschen mit Norwegern und falle schließlich ziemlich müde in meine Koje. Der Wetterbericht sagt für die nächsten Tage Sturm auf dem Skagerrak voraus. Gut. Bleibe ich eben hier. Ich bin doch nicht blöd und lege mich ohne Not mit dem Skagerrak an.

Ein gemütlicher Hafentag. Ausschlafen, mich und mein Schiffchen ein bisschen nett behandeln und pflegen – eine Wohltat. Dann packt mich wieder die Unruhe. »Mensch, du willst doch nach Spitzbergen! Und überhaupt. Du Feigling! Der Wind heult doch gar nicht mehr so aufdringlich im Rigg«, mahnt mein ehrgeiziges Ich. Und dann meine vernünftige innere Stimme: »Nun mal ehrlich, das hier ist ja auch ein geschützter Fjord. Willst du nicht lieber abwarten, bis das Wetter aufklart?«

Solche inneren Dispute gehen immer gleich aus: Ich gebe mir selbst einen kräftigen Tritt und mache verbissen mein Schiff fertig zum Auslaufen. Dabei weiß ich genau, was auf mich zukommt: Wellenungetüme, elende Schaukelei, Angst, viele Stunden nervenaufreibende Aufmerksamkeit, und am Ende suche ich dann völlig erschöpft in einem kleinen Hafen Zuflucht.

So ist es auch dieses Mal. Ich muss noch 40 Seemeilen gen Norden über die offene See laufen, um im inneren Fahrwasser des Bønnesundes dem Sturm schließlich zu entkommen. Unter Deck sieht es nach diesem Ritt über die Wellenberge aus wie immer nach einem Unwetter: Alles liegt drunter und drüber, dazwischen plätschern ein paar kleine Wasserpfützen, Rückstände der letzten Brecher oder der Regenschauer.

Im Hafen krabble ich ziemlich erschlagen im Schiff herum, versuche wieder einigermaßen Ordnung zu schaffen. Ich möchte am liebsten heulen, als ich die weich gekochten Eier als gelbe Pampe zwischen den Seekarten wiederfinde. Dabei hatte ich sie vor dem Ritt über das Skagerrak extra in einem gut gesicherten Topf verstaut. Aber der ist einfach durch die Gegend geflogen und umgekippt.

Mittwoch, 26. Mai 1999

Schon wieder sind zwei Tage vergangen. Ich liege mit *Mesuf* im Hafen von Bergen, sitze abends im Irischen Pub am Hafen, trinke ein Guinness und schreibe Tagebuch. Nach meiner Sturmfahrt durch das Skagerrak dachte ich, jetzt würde es gemütlich. Zunächst war es auch so. Gestern suchte ich mir eine gut geschützte Bucht, warf zwei Anker, entschlossen, den friedlichen Abend zu genießen. Es war idyllisch und beruhigend – Glockengebimmel von den Schafen, die in den Bergen von Norwegen überall halb wild herumlaufen, dazu das Geschrei brütender Seeschwalben und das Rauschen eines kleinen Wildbachs. Ich saß im Cockpit, schwelgte in Romantik, dachte über die vergangenen Tage nach und klopfte mir innerlich auf die Schulter: »Junge, das hast du gut gemacht! Du bist ein ganz toller Seemann.«

Zu der Hochstimmung trug auch noch das Glas Wein bei (oder waren es zwei?), das ich mir zur Feier des Tages genehmigt hatte. Jedenfalls war ich nicht aufmerksam genug, um den zunehmenden Wind in der vermeintlich geschützten Bucht zu registrieren, und kroch müde in die Koje.

Die Quittung bekam ich nachts, exakt um 4 Uhr. Plötzlich wurde ich hellwach. Draußen heulte und tobte der Sturm, *Mesuf* schaukelte wild und zerrte an der Ankerkette. Der Heckanker war längst ausgebrochen und schlurrte über den Grund. Aber wenigstens der Buganker hielt noch.

Ich warf die Maschine an, versuchte mit Motorkraft gegen den anstürmenden Wind zu halten. Dabei musste ich feststellen, dass die scheinbar geschützte Bucht mit den hohen Bergen bei Sturm zu einer regelrechten Winddüse wurde. Die Kälte kroch mir in die Knochen, denn natürlich hatte ich mir, überrascht von der dramatischen Situation, nicht die Zeit genommen, mich vor der Rettungsaktion unwettergemäß umzuziehen. Das Thermometer zeigte nur noch 5 Grad. Aber was beklage ich mich? Nach Spitzbergen-Maßstäben sind das sommerliche Temperaturen.

Irgendwann hatte ich genug davon, mich vom Sturm in der Bucht wie ein Pingpongball hin und her schubsen zu lassen. Ich lichtete den Anker und verließ den ungastlichen Ort. Das hört sich einfach an. Aber wer schon einmal bei Sturm einen 25-Kilo-Anker mit 20 Meter Kettenvorlauf an Bord eines dümpelnden Segelbootes gezerrt hat, weiß, was das heißt. Eine unsagbare Quälerei: die schwere Kette straff spannen, das Zwölf-Tonnen-Schiff voll in den Wind setzen, mit Motorkraft gegen den Wind anfahren, dann aufs Vorschiff sprinten, um die Kette an Bord zu holen. Dabei brach *Mesuf* aus dem vorgesehenen Kurs aus, wurde vom Sturm zur Seite gedrückt und drohte auf die Felsen an der Seite aufzulaufen. Also sicherte ich hastig die Kette, riss mir dabei fast einen Finger ab, stolperte zurück zum Steuerrad, um den Kurs zu korrigieren, rutschte immer wieder auf dem nassen Deck aus. Der Anker hielt bombenfest. Kurz entschlossen überfuhr ich ihn mit Motorkraft und brach ihn aus dem Grund – nicht unbedingt ein Beweis für seemännisches Feingefühl, aber immer noch das kleinste Übel.

Später stand ich am Steuerrad, segelte ganz gemütlich über den Fjord, genoss den frühen Morgen und hing meinen Gedanken nach. Ich war voller Selbstzweifel. Hätte ich das letzte Desaster nicht in weiser Voraussicht vermeiden können? Wahrscheinlich. Aber hinterher ist man immer schlauer.

Unterdessen glitten idyllische Buchten, kleine Inseln, romantische Bergbauernhöfe und Felsen mit Brutkolonien lärmender Möwen an mir vorbei. Die Aussicht wurde hin und wieder von kräftigen Regen- und Stürmböen verschleiert. Während ich meinen heißen Morgenkaffee schlürfte, dachte ich über mein Forschungsprogramm auf Spitzbergen nach. Mittlerweile träume ich davon. Mir fallen immer mehr überzeugende Argumente für meine Theorie vom Ursprung des Lebens im Meereseis der Polarregionen ein. Ich kann es kaum erwarten, mit meinen Forschungen anzufangen. Aber bis Spitzbergen habe ich noch eine ordentliche Strecke zurückzulegen. Jetzt ist erst der Seemann Trinks gefragt, später der Wissenschaftler.

Mittwoch, 9. Juni 1999

Ich sitze in einer verräucherten Hafenkneipe in Bodø. Musste lange nach einer Spelunke suchen, die meiner Stimmung und meinem Zustand entsprach. Nach dreieinhalb Wochen Seefahrt habe ich struppige Haare, einen zerzausten Bart, einen schwankenden Seemannsgang und das Gefühl, nicht mehr in die gepflegte Umgebung von Bodø zu passen. Die Leute hier flanieren in diesen Tagen vor der Mitternachtssonne schick angezogen durch die Straßen, wie auf dem Laufsteg. Nach drei Wochen Seglerdasein kommt mir das ziemlich albern vor.

Während ich vor meinem Bier sitze, denke ich zurück an Bergen, wo es geregnet hat. Wie immer, behaupten die Norweger. Dort saß ich abends in gemütlichen Kneipen herum und holte schließlich Maj vom Flughafen ab. Sie wollte mich noch einmal besuchen, bevor ich mich ins ewige Eis aufmachte, und ein Stück mitsegeln, vielleicht bis Bodø. Leider war das Wetter recht unangenehm. Zwischen 5 und 9 Grad, stürmisch, Wind von vorn, übler Seegang, selbst in den Fjorden, die auf Touristenfotos immer so still und idyllisch aussehen. Wir beschlossen deshalb, dass Maj nur bis Namsos mitfährt.

In diesen letzten gemeinsamen Segeltagen in den engen Fjorden versuchten wir, das gegenseitige Verständnis für die Interessen des anderen zu stärken. Eine schwierige Angelegenheit. Aber immerhin sind wir seit über 30 Jahren Kampfgefährten und trotz gelegentlicher langer Trennungen und weiter Entfernungen immer noch gut Freund.

Maj und ich umsegelten Statt, die äußerste Westecke Norwegens. Dort stürmt es eigentlich immer. Dazu kommen Strömungen, unangenehme Wellen, gefährliche Klippen – ein gefürchtetes Seegebiet. Unsere schlimmsten Erwartungen wurden noch übertroffen. Ein übler Südweststurm wirbelte den armen *Mesuf* herum und drückte ihn platt auf die Seite. Als Begleitmusik tanzten kleine Tornados um uns herum und über uns hinweg und quirlten das Meerwasser dermaßen auf, dass wir am Ende nicht mehr wussten, wo oben und unten ist und ob wir auf dem Kopf standen oder schon gekentert waren. Sechs Stunden dauerte das Theater. Dann waren wir um Statt herum, und die Frage nach oben und unten hatte sich zu unseren Gunsten geklärt.

Die kleinen Häfen, in denen wir abends ankerten, brachten Erholung, kleine Entdeckungen an Land, Ruhe und Wärme, Kraft für die bevorstehenden Stürme und freundschaftliche Gespräche mit Norwegern. Die Dramaturgie war immer die gleiche. Natürlich fiel in den kleinen Häfen ein Schiff wie *Mesuf* sofort auf. Es dauerte keine halbe Stunde, bis der erste ehemalige oder verhinderte Wikinger auftauchte, am Kai herumschlich, etwas zögerlich zunächst, und sich schließlich mit Blick auf mein zerzaustes deutsches Fähnchen erkundigte, woher ich komme und wohin ich wolle. Große Verblüffung, wenn ich dann auf Norwegisch losredete. Und am Ende kamen immer tolle Gespräche zustande. Das Thema: Spitzbergen, das Mekka der Norweger. Jeder will dorthin. Viele waren dort. So kamen wir mit Fischern, Robbenschlägern und sogar Eisbärenjägern ins Gespräch, die vor vielen Jahren auf Spitzbergen gewesen waren und spannende Geschichten zu erzählen wussten. Die Unterhaltung mit den alten, wettergegerbten Fischern gab mir auch das Gefühl, mein Handwerk als Seemann und Spitzbergenfahrer ganz gut zu beherrschen.

Ich segle jetzt schon zum zweiten Mal die lange norwegische Küste vom Süden bis ganz in den Norden hinauf und bilde mir vielleicht auch deshalb ein, die norwegische Seele besser zu verstehen. Wenn ich auf die in den kargen, abweisenden Außenschären geduckten kleinen Bauernhöfe und auf die Fischerhütten schaue, jede so weit von der nächsten entfernt, dass ihre Bewohner lange Bootsfahrten unternehmen müssen, um sich zu besuchen, dann begreife ich die Lebenseinstellung. Die Ruhe, Gelassenheit, Nachdenklichkeit, Gastfreundschaft. Maj und ich überlegten während der Fahrt, wie es wäre, sich auf einen dieser kleinen Bauernhöfe zurückzuziehen.

Der Abschied von Maj in Namsos war entsetzlich traurig. Ich brauchte zwei Tage, um mich wieder in mein einsames Seefahrerleben zu finden. Dabei half die Tatsache, dass ich als Navigator,

Steuermann, Koch und Kapitän ziemlich beschäftigt bin. Jedenfalls ging ich nach dem Abschied, hart gegen mich und *Mesuf*, auf scharfen Kurs nach Norden und segelte, solange ich die Augen offen halten konnte. Lohn der Mühsal war die Überquerung des nördlichen Polarkreises auf ungefähr 67 Grad nördlicher Breite. Es war windstill, fast Mitternachtssonne, und ich ganz allein mit *Mesuf* auf dem Meer, mitten zwischen den Schären an der Markierungsboje des Polarkreises – ein magischer Ort, nicht nur weil nördlich davon die Sonne im Sommer nie untergeht, sondern auch weil er genau auf halbem Weg zwischen Hamburg (ca. 54 Grad nördlicher Breite) und meinem Ziel, Mushamna auf Spitzbergen (ca. 80 Grad nördlicher Breite), liegt. Ich öffnete die letzte Flasche Sekt, die ich an Bord hatte.

Montag, 28. Juni 1999

Lange ist es her, dass ich in Bodø die letzten Tagebuchnotizen gemacht habe. Jetzt muss ich mich geradezu zwingen weiterzuschreiben. Es ist 12 Uhr mittags, und ich sitze mit Pudelmütze, vier Pullovern und zwei Paar Wollsocken übereinander, dazu einem warmen Anorak und einer Wolldecke auf dem Lattenboden im Cockpit und stemme die Füße gegen die Steuerradsäule, um die Schaukelei erträglicher zu machen. Die winterliche Sonne quält sich durch milchige Nebelschichten, die Luft ist feucht und kalt, 5 Grad zeigt mein Thermometer. Gerade habe ich einen Eimer Wasser aus dem Meer geschöpft und die Temperatur gemessen: 1 bis 2 Grad. Das mache ich jetzt öfter, weil die Gefahr besteht, Treibeis oder Eisbergen zu begegnen, die im Nebel – übrigens auch mit Radar – unsichtbar sind. Ich befinde mich auf halbem Weg zwischen der Bäreninsel und dem Nordkap von Norwegen. Mein Ziel rückt näher.

Von Bodø aus segelte ich zunächst bei strahlendem Sonnenschein los, danach bei immer schlechter werdendem Wetter hinüber zu den Lofoten. Zum Schluss war das Meer grau, sehr bewegt, ungemütlich, zum Fürchten. In den Lofoten wollte ich mir eigentlich ein beschauliches Plätzchen suchen, um mich ordentlich auszuschlafen. Daraus wurde wieder einmal nichts, da ich wegen der vielen Untiefen sehr sorgfältig navigieren musste. Einige romantische Wracks von Schiffen mit unvorsichtigen Kapitänen säumten meinen Weg und mahnten mich ständig, ja die Augen offen zu halten. Außerdem herrschte zwischen den Klippen und in den engen Fjorden eine starke Gezeitenströmung. Erst nachts um zwei fand ich einen provisorischen Ankerplatz in einem kleinen Hafen bei Sortland, wo ich ein wenig regenerieren konnte.

Nach einigen Tagen – diesmal wirklich durch stille, romantische Fjorde mit idyllischen kleinen Bauerngehöften, wie man sie auf den Postkarten sieht – näherte ich mich endlich Tromsø, der Eismeerstadt, dem traditionsreichen Ausgangshafen für viele Nordmeerfahrer.

Ein kleines Ärgernis allerdings galt es auf dem Weg dorthin noch zu überwinden: Wenige Stunden vor der Ankunft in Tromsø – jedenfalls dachte ich, dass es wenige Stunden sein würden – tauchte im Nebel in einem engen Fjord plötzlich eine Brücke vor mir auf. Für mein stattliches Schiff schien sie eindeutig zu niedrig, auch wenn die exakte Höhe der Durchfahrt mit dem Fernglas nicht ablesbar war. Zu allem Überfluss drängte eine kräftige Fjordströmung Richtung Brücke. Ich machte rasch kehrt und arbeitete mich stundenlang mühsam aus dieser Sackgasse heraus.

»Ja, aber um alles in der Welt, hat denn dieser Kerl keine Seekarte?«, wird jetzt mancher kundige Segler verständnislos fragen. Natürlich habe ich Seekarten, mehr als genug. Und lesen kann ich sie auch. Aber meine Karten, zumindest die von Norwegen, stammen aus dem Jahr 1985. Und seitdem wurden viele neue Brücken gebaut. Selbstverständlich ist es üblich, seine Seekarten immer auf dem neuesten Stand zu halten und laufend zu berichtigen. Dafür gibt es schließlich die regelmäßig erscheinenden *Mitteilungen für Seefahrer*. Aber bei meinen Beständen an Seekarten von Norwegen, England, Island, Grönland, Kanada, USA, Spanien und Frankreich ist das ein hoffnungsloses Unterfangen. Deshalb muss ich eben ab und zu einen kleinen Umweg in Kauf nehmen. Die Schären und Klippen verändern ihre Position zum Glück wenigstens nicht.

Ich liebe Tromsø. Ein Städtchen voller Lebenskraft, quirliger Betriebsamkeit, mit vielen jungen Leuten, Studenten, Schülern, Seminarteilnehmern, internationalen Kongressen und vor allem mit unzähligen Kneipen. Vor zehn Jahren war ich hier drei Jahre lang als Professor für Physik an der 1972 gegründeten Uni. Seit dieser Zeit habe ich viele Freunde und Bekannte in der Stadt, kenne meine Lieblingskneipen, weiß, wie schön es ist, in der Mitternachtssonne am Hafen zu sitzen, frische Nordmeerkrabben zu pulen, dazu ein Bierchen zu trinken und mit Menschen aus aller Welt zu plaudern. So war es auch diesmal. Mein Schiff lag derweil gut vertäut im kleinen Hafen mitten in der Stadt.

Die Zeit in Tromsø war wie ein ruhiges Atemholen vor dem nächsten Abenteuer, ohne Sorge um das Wetter und unsichere Ankerplätze. In den Kneipen traf ich Gesprächspartner, wie es sie in allen Häfen dieser Welt gibt: etwas heruntergekommene ältere Männer, die viel erlebt und gesehen haben und am Ende nur noch von ihren Glanzzeiten schwadronieren. Ich fühlte mich in ihrer Gesellschaft wohl und hörte beim dritten oder vierten Bier von ganz erstaunlichen Begebenheiten und Schicksalen.

Besonders berührt hat mich die Erzählung eines alten Trappers über einen spannenden Kampf mit einem hungrigen Eisbären, der erst vor einigen Jahren stattfand. Damals wurde eine Gruppe von Touristen an einer einsamen Küste Spitzbergens von zwei erfahrenen Führern begleitet. Als unterwegs plötzlich ein alter, aggressiver Eisbär die Leute angriff, versuchten die beiden Führer, den Touristen den Fluchtweg freizuhalten, indem sie abwechselnd auf den wütenden Bären schossen – allerdings mit unzureichender Munition. Statt den Rückzug anzutreten, stürzte sich der Bär auf die beiden Männer. Der eine Trapper kam mit einem abgebissenen Ohr davon – er konnte wenigstens noch fliehen. Der zweite wurde von dem Bären getötet und halb aufgefressen.

Solche Geschichten erinnern mich daran, dass ich noch nicht reif bin für die Endstation Hafenkneipe. Ich muss weiter – nach Spitzbergen, zu meinem Forschungsprojekt, meinem Eis-Abenteuer.

Morgens nach durchzechter Nacht lief ich dann durch Tromsø, um die letzten Ausrüstungsgegenstände zusammenzutragen: Petroleumlampen, Eisbohrer, Munition für den geliehenen Revolver, mit dem ich mir auch ohne das unhandliche Gewehr die Eisbären vom Leib halten kann. Außerdem waren noch kleine Reparaturen an *Mesuf* durchzuführen.

Doch das Beste an Tromsø: Ich holte meinen Sohn Ole vom Flughafen ab, um noch ein paar Ferientage mit ihm zu verbringen. Wir führten lange Gespräche in den taghellen Nächten, auch weil wir beide wussten, dass eine solche Gelegenheit nicht so bald wiederkommen würde. Wir wanderten mit Freunden ins Gebirge, übernachteten in Hütten, kreuzten durch die Fjorde und fingen die größten Dorsche von ganz Norwegen. Ehrlich.

Oles Abreise war schlimm für mich. Als die Tür zuschlug und der Bus abfuhr, war das für mich der endgültige Abschied von meiner Familie und der Aufbruch zum Spitzbergen-Abenteuer. Bei Sturm und Regen stapfte ich zurück zu *Mesuf* und legte voller Zweifel ab. Ob ich Tromsø jemals wieder sehen werde?

Ich segelte in einem Stimmungstief durch die Fjorde ins offene Meer und dann immer stur geradeaus nach Norden. Der Alltag an Bord, die Arbeit, Probleme mit dem Schiffsmotor und Vorkehrungen für die nächsten Stürme stellten eine heilsame Ablenkung dar. Nun ging es auf in die Barentssee, ein berüchtigtes Seegebiet zwischen dem Nordkap Norwegens und der Bäreninsel. Hier treffen sich der an der norwegischen Küste entlang nach Norden fließende Golfstrom und die nach Westen ziehenden kalten sibirischen Strömungen. Das Ergebnis dieses Zusammentreffens sind Stürme und ein unangenehmer, in alle Richtungen laufender, sich aufsteilender Seegang mit gewaltigen Wellenbergen, fast immer begleitet von dichtem Nebel.

Alle düsteren Prognosen trafen ein. Noch ohne mich von dem traurigen Abschied von meinem Sohn ganz erholt zu haben, wurde ich gründlich durchgeschüttelt, mit Seewasser gewaschen und vom heulenden Wind durchgeblasen. Es war richtig erfrischend, und ich hatte alle Hände voll zu tun, meinen armen *Mesuf* über Wasser zu halten. Keine Zeit für trübe Gedanken.

Als die letzten Berge und vorgelagerten Felsinseln von Norwegen im Kielwasser am Horizont verschwanden, beschlich mich doch ein Gefühl von Einsamkeit und Schutzlosigkeit. Am liebsten wäre ich umgekehrt, hätte mich in eine der gemütlichen verlassenen Fischerhütten auf einer Insel gesetzt, um dort zusammen mit Maj ein friedliches Leben zu führen. Aber ich muss weiter, irgendetwas treibt mich. Vielleicht kann ich im Winter in Mushamna ergründen, was das ist.

Die Barentssee lässt mir keine Muße für tief schürfende Gedanken; sie brodelt und kocht. Dabei ist der Wind gar nicht so dramatisch, aber der unberechenbare Seegang und die hohe Dünung längst vergangener Stürme stellen den Seemann auf eine harte Probe. Im Schiff sieht es in solchen Phasen schlimm aus. Alles purzelt durcheinander – Bücher, Kamera, Flaschen, Seekarten, Honigtöpfe, Klopapierrollen, die sich auf wundersame Weise immer vollständig abwickeln; und irgendwann fliegt mit großem Gepolter auch noch die Kaffeekanne um und entleert sich über das ganze Tohowabohu. Dabei habe ich als erfahrener Segler vorher alles fest und sicher verpackt und verkeilt. Aber gegen das Ungestüm der Barentssee hilft keine noch so ausgeklügelte Stautechnik.

Während der Schaukelorgien taumle ich auf dem Schiff herum, um einen Eintrag in die Seekarte zu machen, die abgestürzte Kamera zu retten oder schlicht zum Klosett zu gelangen. Ich plumpse von einer Ecke in die andere, hole mir blaue Flecken und Schrammen und fluche auf *Mesufs* unberechenbare Bewegungen bei Seegang. Das Unangenehme an diesen Schiffsbewegungen ist, dass sie völlig unmotiviert und überraschend erfolgen und mich demoralisieren. Ich fühle mich ausgeliefert. Wenn ich eine Weile so herumgetorkelt bin, möchte ich mich am liebsten in eine Ecke setzen, mich festklammern und heulen.

Das Theater in der Barentssee dauert einen ganzen Tag und eine lange Nacht. Dann ebbt der Affentanz endlich ab, und das normale Leben an Bord kann weitergehen.

Wie sieht nun das Bordleben eines einsamen Seglers aus? Ich versuche, meinen gewohnten Tagesrhythmus aufrecht zu erhalten; das gibt mir die Kraft, mich nicht durchhängen zu lassen. Disziplin als Korsett. Das heißt, sich morgens – sofern man das so nennen kann auf dem Meer, wenn man nur den Horizont sieht und es immer gleich hell ist – nach durchwachter Nacht aufrappeln, Katzenwäsche machen, während der Morgennebel mit unfreundlichen 5 Grad vom Wasser aus durch die Kajüte zieht. Danach ein paar Pullover überstreifen und auf Deck krabbeln, um zu kontrollieren: Wie geht es meinem Schiff? Ich halte mich bei jedem noch so kleinen Schritt fest; zu oft schon bin ich bei einer unverhofften Schiffsbewegung hingefallen. Und in der Barentssee über Bord gehen – das muss eigentlich nicht sein.

An Deck zurre ich lockere Halteleinen fest, trimme die Segel, kontrolliere Rollen und Schraubverbindungen und taste mich schließlich wieder zurück ins Cockpit. Noch ein Blick auf den Kompass und, wie gewohnt, über den leeren Horizont – den ich wegen des Nebels allerdings nicht sehen kann. Ich begutachte den Seegang, messe mit meinem alten Badethermometer, das mir meine Tochter vor 15 Jahren zur Jungfernfahrt von *Mesuf* geschenkt hat, die Wassertemperatur. Bei 1 Grad über null wird es kritisch. Dann muss man mit Eis rechnen.

Schließlich ziehe ich mich zufrieden und gut ausgelüftet in die inzwischen etwas aufgewärmte Kajüte zurück. Hier pfeift und zischt mein kleiner Kaffeekessel auf dem Petroleumkocher. Zum Frühstück gibt es Brot oder Zwieback, manchmal auch Müsli, ein paar gebratene Spiegeleier, ein paar Becher heißen Kaffee. Besser kann es auch den Passagieren auf einem Luxus-Kreuzfahrer nicht gehen!

Danach wieder Dienst: Schiffsmaschine inspizieren, die Koordinaten der Schiffsposition vom GPS in die Seekarte eintragen, über eventuell notwendige Kurskorrekturen nachdenken und schließlich unter Deck noch ein bisschen sauber machen. Ich mag es nicht, wenn meine Höhle einen verwahrlosten Eindruck macht. Auch wenn ich der Einzige bin, der das sieht. Seejungfrauen jedenfalls waren bei mir noch nicht zu Besuch. Wahrscheinlich ist es denen hier in der Barentssee ohnehin zu ungemütlich.

Nach den täglichen Pflichten, die ich langsam und bedächtig erfülle, da Zeit keine Rolle spielt, stellt sich die Frage: Was nun? Als einsamer Seefahrer lebe ich in der Vergangenheit und in der Zukunft, aber nicht in der Gegenwart. Dieser Schutzmechanismus hilft, die Unbequemlichkeiten zu ertragen und die Angst zu verdrängen. Irgendwann schrecke ich hoch. War da nicht ein merkwürdiges Geräusch? Hat nicht ein Seilzug geklappert? Warum flattert das Segel? Gluckst etwa Wasser im Schiff? Was ist mit dem Himmel – war der eben auch schon so dunkel? Fast schwarz? Kommt schon wieder eine neue Sturmfront? Was sagt das Barometer?

So vergeht der Tag auf See rasch, die Stunden fließen fast unbemerkt dahin, und es fällt mir schwer, mich zu Tätigkeiten aufzuraffen, die über die grundlegende Arbeit hinausgehen: Tagebuch schreiben, ein wenig lesen, hin und wieder ein paar Fotos machen, über mein Forschungsvorhaben auf Spitzbergen nachdenken. Mehr schaffe ich nicht in meinem Seefahreralltag.

Abends – oder im Hinblick auf die Mitternachtssonne zu der laut Borduhr dafür vorgesehenen Zeit – mache ich mir etwas zu essen, eine Dose Gulasch, eine Fischsuppe vielleicht, danach studiere ich noch ein bisschen die Seekarten und höre Deutsche Welle. Ein harmonischer Ausklang des Tages. Die Sendungen der Deutschen Welle sind nicht nur wegen der Informationen wichtig, sie vermitteln mir auch das Gefühl, nicht ganz so allein und von der Welt abgeschnitten zu sein.

Am ungemütlichsten auf See ist die Nacht. Ich schlafe nie länger als eine Stunde. Danach tutet der Wecker. Ich raffe mich auf, riskiere einen müden Blick nach draußen, befrage mein Radargerät nach anderen Schiffen im Umkreis von 16 Seemeilen (hier oben in der Barentssee allerdings immer ohne Ergebnis), kontrolliere den Schiffsstandort, korrigiere den Kurs und die Segelstellung und krieche bis zum nächsten Weckerläuten wieder in die Koje.

Dienstag, 29. Juni 1999

Der Sturm ist abgezogen. Aber lange, gewaltige Dünungswellen rollen noch lange unter *Mesuf* hindurch und verursachen unangenehme Rollbewegungen. Schließlich hören auch die auf. Dafür nimmt die Kälte zu; Nebel wabert überall, das Wasser schwappt träge wie Öl. Mit Segeln ist nichts mehr, ich fahre mit Motorkraft weiter und nähere mich vorsichtig den Felswänden der Bäreninsel. Um genau zu sein: Ich weiß, dass dort Felswände sind, sehen kann ich sie im dichten Nebel nicht. Aber für solche Fälle hat man ja ein Radargerät.

Behutsam taste ich mich zwischen den kleinen Felsen über und unter der Wasseroberfläche hindurch. Das hat etwas mit Sport zu tun und mit Seefahrerkunst. Aber nervenaufreibend ist es doch. Ich sause ständig hin und her zwischen dem Radarschirm unter Deck und dem Cockpit, um von dort angestrengt auf die Nebelwand zu starren, immer in der Hoffnung, endlich doch irgendeinen Umriss zu sehen. Ich höre bereits die Uferbrandung rauschen und die brütenden Seevögel schreien. Aber sehen kann ich noch immer nichts. Fast will ich schon aufgeben und auf den Besuch der Bäreninsel, die ich so mag, verzichten. Noch ein letzter Blick hinüber, dorthin, wo eigentlich das Ufer sein sollte, und ich denke enttäuscht ans Abdrehen. Doch da sehe ich ein weißes Flimmern. Der Schaum der Uferbrandung! Donnerwetter. Ich sitze mit *Mesuf* schon fast auf dem Strand. Hastig springe ich aufs Vorschiff, lasse den schweren Anker mit 25 Metern Kette in die Tiefe rasseln, hetze zurück an die Maschine und zerre mit halber Kraft die Kette zurück, bis der Anker Grund gefasst hat. *Mesuf* liegt fest, Maschine aus, hinsetzen und erst mal die Ruhe genießen.

Erst jetzt nehme ich das Geschrei der brütenden Lummen, Papageientaucher, Möwen und der vielen anderen Seevögel wahr, die in den Felsenwänden der Bäreninsel ihre kargen Nester und Nistmulden angelegt haben. Ich sitze im Cockpit, schaue und lausche. Andere Menschen müssen jetzt in Büros sitzen oder hinter Ladentheken stehen. Dann mache ich das auf Deck verzurrte Schlauchboot klar, montiere den Außenbordmotor, packe Kameras und Fotostativ in den Rucksack, und los geht's. Als ich schon im Schlauchboot sitze und ablege, fällt es mir siedend heiß ein: Ich habe die Flinte vergessen.

Also zurück, Gewehr auspacken, Bärenmunition suchen, wieder ins Schlauchboot und Abfahrt. Solche Turnübungen halten fit.

Der Nebel lichtet sich. Vorsichtig nähere ich mich im Schlauchboot dem schmalen, mit Kies bedeckten Strand. Laut Seekarte ist das hier die Walrossbucht, eine der ganz wenigen Stellen, an denen man die sonst überall sehr steil ins Meer abfallende Bäreninsel betreten kann. Ich zerre das Boot ein paar Meter an Land, packe mein Gewehr und marschiere los. Was für ein merkwürdiges Gefühl, wieder festen Boden unter den Füßen zu haben! Mir scheint, ich schwanke ziemlich. Dazu die undurchdringlichen Nebelschwaden, das Vogelgekreisch – unheimlich. Und schleicht da hinter den Felsbrocken nicht ein Eisbär herum?

Vorsichtshalber nehme ich das Gewehr vom Rücken und überprüfe, ob es auch richtig geladen ist. Hier auf der Bäreninsel trifft man auch im Sommer vereinzelt Eisbären an, die den Anschluss verpasst haben, als das Packeis zurückgewichen ist. Sie sind auf dem Felsen gefangen und können keine Seehunde jagen, denn die sind ebenfalls dem Eis gefolgt. Entsprechend mürrisch und hungrig sind die Bären und halten unermüdlich nach Nahrung Ausschau. Da käme ihnen so eine aufrecht gehende Robbe wie ich gerade recht.

Die Gegend sieht auf den ersten Blick trostlos aus. Chronisten berichten, dass hier vor vielen Jahren ein zum Tode verurteilter Verbrecher aus Russland ausgesetzt worden sei, gleichsam als Begnadigung. Der arme Teufel geriet in Panik und rannte schreiend dem abfahrenden Schiff nach. Er wollte lieber zu Hause gehenkt werden, als einsam und allein hier zurückbleiben. Bei mir hält die Beklommenheit nach der Landung nicht lange an. Ich an Stelle des Russen hätte die Bäreninsel dem Henker vorgezogen. Was wohl aus dem Mann geworden ist?

Ich wandere zu der Walrossfangstation, die vor Jahrzehnten noch in Betrieb war. Der gewaltige Tranofen steht noch, ist aber verrostet.

Überall liegen massenweise Walross- und Walknochen herum, Zeugnisse unvorstellbarer Gemetzel. Die Menschen damals haben – wie wir heute, nur auf andere Weise – an der Natur gesündigt und Zigtausende von Walrössern und Walen abgeschlachtet, vor allem hier, wo ich jetzt stehe. Der Rückenwirbel eines Wals hat es mir angetan. Daraus könnte ich einen Sitzschemel für meinen kleinen Enkel Lars machen, denke ich, und nehme ihn mit.

Meine Gedanken wandern zu meiner Tochter Heike. Vor zehn Jahren war sie auf meiner ersten Segelfahrt nach Spitzbergen dabei. Hier auf der Bäreninsel saß sie als junges Mädchen auf einem Vermessungspunkt aus Geröll und überlegte, was sie studieren sollte. Heute ist sie Vermessungsingenieurin und hat ein Kind.

Ich filme noch ein bisschen, mache ein paar Fotos, dann trödle ich wieder zum Strand, verpacke meine Beute, und ab geht's zu *Mesuf*. Es ist eine Schinderei, das schwere Schlauchboot an Bord zu hieven und den mächtigen Anker aufzuholen. Danach spüre ich meine Knochen und bin froh, wieder Kurs in den Nebel und aufs offene Meer nehmen zu können.

Ich will versuchen, die Rundfunkstation auf der Nordspitze der Bäreninsel zu erreichen. Dort arbeiten etwa zehn Menschen, und ein paar Gespräche und eine warme Tasse Kaffee wären mir nach dieser tage- und nächtelangen Schinderei in der Barentssee gerade recht. Ich steuere also durch die Klippen – zum Glück ist der Nebel jetzt nicht mehr so dicht – und taste mich in den Naturhafen Herwigshamna hinein. Dabei habe ich ein mulmiges Gefühl; zu viele versteckte Steine lauern unter der Oberfläche. Gerade will ich umkehren, da ruft mich die Station über Funk an. Die Leute haben mein Schiff gesehen und freuen sich, genau wie ich, auf einen Plausch. Aber daraus wird nichts. Sie warnen mich vor den Untiefen. Hier ist kein Durchkommen für *Mesuf* mit seinen knapp zwei Metern Tiefgang. Enttäuscht drehe ich ab und setze Kurs Spitzbergen.

Die letzte große Etappe meiner Reise beginnt. Noch ungefähr 270 Seemeilen (500 Kilometer) sind es von hier bis nach Longyearbyen auf Spitzbergen, wo ich die letzten Ausrüstungsgegenstände und die beiden Hunde an Bord nehmen werde, die mir in den nächsten Monaten als Gesellschafter und Eisbärenwächter dienen sollen. Bis dahin ist noch ein großes, graues, eisiges Meer zu überwinden. Aber das werde ich auch noch schaffen.

Inzwischen ist wieder Starkwind aufgekommen, der sich, dem rasant fallenden Barometer nach zu urteilen, zu einem handfesten Sturm entwickeln könnte. Also werde ich jetzt mein gemütliches Plätzchen als Chronist räumen, mein Tagebuch gut verstauen, die Segel reffen und wieder einmal alles festzurren, damit das Chaos unter Deck nicht so schlimm wird wie beim letzten Mal.

4 Auf Spitzbergen

Aber noch nicht angekommen

Donnerstag, 1. Juli 1999

Es wurde aber doch schlimm. Dem Barometerabsturz von 30 Millibar innerhalb von 24 Stunden entsprechend entwickelte sich ein veritabler Sturm aus Nordwest. Der Windmesser zeigte bis zu 10 Beaufort an, und das über Stunden. Es dauerte nicht lange, bis sich ein mächtiger Seegang mit Riesenwellen aufgebaut hatte, überall fliegende Gischt, ringsum nur Weiß zu sehen. Mühsam barg ich alle Segel und ließ mein Schiff mit hart gelegtem Ruder einfach treiben. Unter solchen Bedingungen zu segeln hatte überhaupt keinen Sinn, zumal der Sturm genau aus der Richtung kam, in die ich eigentlich wollte, nämlich aus Nordwest. Auch das ging vorüber, aber es zerrte an den Nerven.

Ich versuchte, mich auf dem sturmgebeutelten Schiff sinnvoll zu beschäftigen, denn die Warterei auf besseres Wetter war frustrierend. Unten in der Kajüte flog alles durch die Gegend. Aufräumen war zwecklos, weil die nächste Welle wieder alles durcheinanderschleuderte. Außerdem fehlte mir die Ruhe. Ich horchte auf jeden Laut, beobachtete jede Bewegung des Schiffes. Jedesmal wenn mit hohlem Zischen eine meterhohe Wasserwand auf uns losmarschierte, stieg die Spannung: Ob das gut geht? Es ging gut. 24 Stunden nach Sturmbeginn konnte ich in Richtung Longyearbyen weitersegeln. Aber die 25 Seemeilen Abdrift von meinem Ziel ärgerten mich.

Einen Tag später war ich zwar noch nicht in Longyearbyen angekommen, hatte aber immerhin schon Spitzbergen erreicht. Noch bedient vom letzten Sturm, steuerte ich den kleinen Naturhafen Fridtjofhamna im Bellsund an und ankerte. Die Eindrücke der Landschaft sind schwer zu beschreiben: die gewaltigen, scharfkantigen Gebirgsformationen, die Spitzbergen seinen Namen gegeben haben, die bläulich schimmernde Abbruchkante des Fridtjofgletschers – nur einer von vielen hundert Gletschern, die direkt im Meer enden –, dazu ein paar zaghafte Sonnenstrahlen, überall glitzerndes Eis und Schnee, dazwischen rote und violette Blümchen, kräftig leuchtende Moospolster und durchdringendes Vogelgeschrei. Das alles nimmt man nach langer Seefahrt mit nichts als Wasser vor Augen noch viel intensiver auf. Es kam mir vor wie eigens für mich arrangiert. Genau genommen, nicht nur für mich, sondern auch für die Robben, die mein Schiffchen neugierig umkreisten, hin und wieder ihre Altmännerköpfe mit Bismarck-Schnurrbart aus dem Wasser streckten, um mich zu beäugen. Zur Feier der eindrucksvollen Szene spendierte ich mir einen Tee mit viel Honig und Rum, spazierte auf *Mesuf* herum, der sanft an der Ankerkette schaukelte, als hätte es nie einen Sturm gegeben, und war einfach nur glücklich.

Danach machte ich mich mit Gewehr, Fotoausrüstung, Proben- und Analysegeräten im Schlauchboot auf an Land. Ich wanderte am Strand und zwischen den Hügeln am Fuß der Berge entlang, nahm hier und da eine Probe aus Eispfützen und kleinen Gletscherseen, um erste Eindrücke und Ideen für mein Forschungsprogramm zu sammeln. Mit einer Lupe und Messgeräten ausgerüstet, watete ich bis zu den Knien im Eisbrei herum auf der Suche nach Spuren von Leben. Ich fand sie mehr als reichlich. Sie quollen mir aus Eisritzen und -löchern entgegen – Plankton, Algen, organischer Schaum, kleine Krebstierchen; es wimmelte nur so davon. Ich maß, sammelte Proben und protokollierte. Müde und bepackt, aber glücklich kehrte ich zum Schlauchboot zurück.

Auf der Fahrt zum Schiff beschloss ich, jetzt gleich die Messgeräte und Mikroskope auszupacken und die Proben zu analysieren. Gesagt, getan. Eine Stunde später sah es unter Deck aus wie in einem modernen Labor. Allerdings vor der majestätischen Gletscherkulisse von Spitzbergen, in der es gelegentlich mürrisch grollte, wenn sich mal wieder ein kleines Eisberg-Kalb ins Wasser stürzte. In so einer Umgebung zu forschen hatte schon etwas Exzentrisches. Ich genoss diesen Abschnitt meiner Unternehmung, gewann erste Erkenntnisse, nahm durchs Mikroskop unzählige Bilder von dem Bakteriengewimmel auf, und meine Überzeugung wuchs, dass die Kinderstube des Lebens hier im Norden im Eis gelegen haben könnte.

Anschließend war großes Aufräumen angesagt, denn *Mesuf* und ich hatten noch ein paar hundert Kilometer zu segeln. Das war gestern abend. Heute, Donnerstag, bin ich nach den euphorischen Gedanken der letzten Nacht etwas verkatert aus der Koje gekrochen, um bei einem Becher heißem Kaffee auf Deck einen Morgenspaziergang zu machen und die Landschaft zu bewundern.

Aber was ist denn das? Überall schwimmen kleine Eisberge, gar nicht weit entfernt von meinem Ankerplatz, den ich als sicheren Ort betrachtet hatte. Schlagartig ist es vorbei mit der beschaulichen Morgenruhe. Ich gerate in Hektik. So ein aufdringliches Eisberg-Kalb hat es auf *Mesuf* abgesehen und direkten Kurs auf uns genommen. Maschine an, alles vorbereiten zur Flucht. »So plumpe Annäherungsversuche können mir gestohlen bleiben«, denke ich und will den Anker lichten. Fehlanzeige. Er sitzt fest wie angeschraubt. Ich ziehe und zerre, beuge mich dabei weit über die Reling. Plötzlich ein Knacken und ein gemeiner Schmerz: Das muss eine Rippe gewesen sein, links unten. Ich taste meinen Brustkorb ab, au ja, hier tut's weh; ich kann kaum atmen.

Doch für Selbstmitleid lässt mir mein eisiger Freund keine Zeit. Der Minigletscher schwimmt stur wie ein Raddampfer auf mein Schiff zu. Nur noch 20 Meter. Ich fühle mich wie der Kapitän der *Titanic*. Was tun? Anker kappen und weg! Ich renne unter Deck, hole das große Brotmesser, um eine dicke Sicherungsleine durchzusäbeln, stolpere wieder nach oben – nur noch zehn Meter. Der Eisberg, auf dem Möwen hocken, die meine hektische Betriebsamkeit spöttisch verfolgen und jede Bewegung mit Gekreisch kommentieren, bewegt sich immer schneller. Ich schneide an der Sicherungsleine herum. Eigentlich blutet mir das Herz. Der Anker mit Kette ist 2000 Mark wert. Ob Neptun oder ein anderes höheres Wesen der Meere das gehört hat? Jedenfalls rutscht mir das Messer aus der Hand und verschwindet im Meer. Nur noch fünf Meter bis zum Eisberg. Gleich erwischt er mich.

Da habe ich den rettenden Einfall: Ich gebe die letzten paar Meter Ankerkette frei, renne zur Maschine und fahre mit voller Kraft rückwärts. Der Eisberg schrammt rumpelnd und ächzend vor unserer Nase vorbei. Ein bisschen Farbe hat er vom Schiff mitgenommen. Aber dieses Opfer bringe ich gern. Die Quälerei ist damit noch nicht zu Ende. Wir driften durch das dramatische Manöver in tieferes Wasser, und das bei starkem Wind. Der Anker und 30 Meter Kette liegen im Wasser. Ich versuche mit eigener Kraft, Anker und Kette einzuholen – vergebens. Ich bin verzweifelt, fühle mich angeschlagen, auch wegen der schmerzenden Rippe, und probiere mit allen möglichen Taljen, Winschen und sonstigen trickreichen Manövern, die Gesetze der Schwerkraft zu überlisten. Nach vielen mehr oder weniger gut durchdachten, aber erfolglosen Ansätzen gelingt es. Vier Stunden harte Arbeit, dann endlich ist der Anker mit 30 Metern Kette geborgen.

Inzwischen kommen weitere Eisberge angeschwommen. Ich flüchte. Das Schiff sieht wüst aus. An der Seite zerschrammt, an Deck ein Gewirr aus Tauwerk, Ankerkette, Schäkeln, Taljen – alles schön mit Dreck verschmiert. Der Ankergrund ist nämlich Lehm. Deshalb hat er auch so gut gehalten.

Etwas erschöpft, aber alles in allem ganz zufrieden, widme ich mich meiner armen Rippe und erlaube mir, in aller Ruhe ein bisschen zu stöhnen. Ich finde, dass ich nach diesem Einsatz eine Belohnung verdient habe, stöbere in meinen Vorräten und spendiere mir einen Tee, Marke Wintertraum, mit Rum und Honig. Ich habe Mengen köstlichen Tees an Bord, Geschenke meines Freundes Laurens Spethmann.

Am Freitag um 3 Uhr morgens erreiche ich den Isfjord, der direkt nach Longyearbyen führt. Ich genieße das Szenario: die ruhige See, die schneebedeckten Gebirgsmassive mit weißblau leuchtenden Gletschern. Unzählige Wasservögel bevölkern das Wasser, suchen nach Nahrung für ihre Jungen, ein kleiner Wal kommt mir entgegen, dazu scheint die farbenfrohe Nachtsonne, und ein paar Nebelstreifen setzen malerische Akzente; der Schiffsdiesel tuckert, ich bin zufrieden.

Bald ist es geschafft. Ich bin fast in Longyearbyen. Ich freue mich auf die Freunde, die dort leben, und die Hunde, die ich an Bord nehmen werde. Und vielleicht ist ja auch ein bisschen Post für mich da.

Montag, 5. Juli 1999

Ich sitze im Café Busen – das ist die Kantine der Kohlebergwerksarbeiter von Spitzbergen – und esse einen Teller vom Tagesmenü, Reis mit Rindergulasch. Ich bin müde und kann es kaum erwarten, endgültig in die Einsamkeit zu entkommen, um meinen Lebensrhythmus zu finden. Ich treffe die letzten Vorbereitungen und besorge fehlende Ausrüstungsteile, bevor die letzte Etappe Richtung Norden beginnt. Es sind noch ungefähr 200 Seemeilen bis zu meinem Winterquartier in Mushamna, wo ich mich wetterfest und eisbärensicher niederlassen werde.

Ein ekliger Nordwind pfeift um die wenigen verstreut liegenden Häuschen von Longyearbyen. Das Thermometer zeigt knapp über null, auf den Bergen ringsum liegt Neuschnee, der Himmel ist grau – typisch Sommer auf Spitzbergen. Der Herbst kündigt sich schon an, und ich muss zusehen, dass ich mich rechtzeitig vor dem Winter in meinem Schlupfwinkel häuslich eingerichtet habe.

Mein Funkgerät funktioniert noch nicht richtig. Die Antenne ist offenbar noch nicht optimal installiert. Ich klettere immer wieder den 15 Meter hohen Mast hoch, um den Empfang besser auszusteuern. Ohne Erfolg. Aber ich bleibe optimistisch.

Gestern bin ich mit dem Gummiboot bei heftigem Wind eine Stunde über den Adventfjord geschaukelt, um die Hunde zu holen, zwei zottige Grönländer Huskys. Es war Liebe auf den ersten Blick. Der große schwarze, intelligent und stark wie ein Bär, heißt Svarte; sein Kumpel, etwas kleiner, aber listig und machtlüstern, ist Bjosse. Zwischen den beiden Rüden wird es wohl hin und wieder Streit darum geben, wer der Boss ist. Ich muss aufpassen, dass ich nicht zwischen die Fronten gerate und beiden klar ist, dass ich der Oberboss im Hundeteam bin.

Bisher haben die Hunde bei einem jungen Paar in einer einsamen Gegend des Fjordes gelebt, die man nur mit dem Boot erreichen kann. Als ich ankam, herrschte gerade schlechte Stimmung im Haus, weil kurz zuvor ein hungriger Eisbär ein Fenster eingedrückt und in der Küche alles kurz und klein geschlagen hatte. Höflicherweise verließ er den Tatort durch dasselbe, schon ruinierte Fenster, um sich die nächste Hütte für seine Selbstbedienungstour zu suchen. Die junge Frau meinte ärgerlich: »Der blöde Bär hätte uns wenigstens einen Kaffee kochen können.« Das Paar erwartet demnächst ein Baby. Deshalb übernehme ich die Hunde für ein Jahr. Denn Huskys sind zwar im Prinzip freundlich, doch wenn sie lohnende Beute wittern, werden sie zu bissigen Bestien.

Der harte Kern der Naturburschen, die hier in Longyearbyen hausen, akzeptiert mich als einen der ihren, weil ihnen meine Überfahrt von Hamburg Respekt abnötigt und weil ich in der Einsamkeit überwintern will. Deshalb geben sie mir noch allerlei wertvolle Ratschläge: wie und wo ich die besten Fische fangen kann, wie ich Robben und Seehunde jagen und schlachten und wie ich ihre Felle bearbeiten soll, wie ich das Gletschereis aus den Fjorden für die Trinkwasserversorgung mit dem Boot zu meinem Winterquartier transportieren muss, worauf ich zu achten habe, wenn ich mich im Schneesturm verirre, wie ich mit primitiven Mitteln Brot backen und Fische räuchern kann, wie lange erlegte Gänse und Schneehühner in der Kälte abhängen müssen, bis sie schmecken, was ich mit besonders frechen Eisbären anstellen muss und vieles Nützliche mehr. Fürsorglich fragen die Kumpels auch nach, ob sie vielleicht eine nette Frau für mich suchen sollen, die zwischendurch mal in meinem Winterquartier vorbeischaut, um mich in der Einsamkeit zu trösten. Wir sitzen stundenlang in der verräucherten, warmen Schiffskajüte, und es wird kräftig Jägerlatein buchstabiert und Seemannsgarn gesponnen.

Es ist Zeit. Zum letzten Mal überprüfe ich den Proviant, fülle alles Erforderliche auf, feiere ein paar Nächte durch, schicke die letzten Bakterienproben gut gekühlt nach Hamburg – und dann geht es endlich los auf die letzte Etappe, mit Hunden, Pütt und Pann.

Dienstag, 20. Juli 1999

Abfahrt von Longyearbyen, voller Sorge und mit bangem Herzen angesichts einer wenig glücklichen Konstellation: Das Wetter war, wie in diesem Sommer fast andauernd, unangenehm – Wind, Seegang –, *Mesuf* stark überladen, der Skipper körperlich und seelisch ausgelaugt. In Longyearbyen hatte die ganze Gesellschaft von ehemaligen und aktiven Trappern, Fallenstellern, Jägern und Abenteurern samt ihren nicht weniger exzentrischen Freundinnen beschlossen, meine Abfahrt zu feiern – mit vielen guten Wünschen, Versprechen, mich zu besuchen, und vor allem mit viel Schnaps. Ich war vollkommen übermüdet und fühlte mich grässlich allein, als Longyearbyen hinter mir aus dem Blickfeld verschwand. Nur noch Gebirgsketten und Gletscher, im Starkwind schäumende Fjorde, Treibeisfelder, schreiende Möwen, hin und wieder prustende Wale, die zwei Hunde und ich. Wie lange würde es wohl dauern, bis ich das nächste Mal Menschen treffe? Wochen? Monate?

Svarte und Bjosse bezogen ein Plätzchen auf dem Achterschiff, wo es bei bewegter See am ruhigsten ist. Trotzdem wurden beide seekrank und fühlten sich elend, was sie mir gelegentlich durch markerschütterndes Geheul mitteilten. Auch die unangenehmen Symptome der Seekrankheit an Magen und Darm blieben nicht aus, was die Situation an Bord nicht komfortabler machte. Entsprechend deprimiert war meine Stimmung. Ich versuchte, die Hunde zu trösten, das Schiff zu reinigen und einen Kurs zwischen den Untiefen hindurch zu wählen, der uns dem Ziel möglichst schonend näher brachte. Gleichzeitig befürchtete ich, dass jetzt am Ende doch noch etwas schief gehen könnte, weil das Schiff so überladen war.

Am 14. Juli kam ich nach 24 Stunden nervenaufreibenden Navigierens – durch gefährliche Strömungen, an umbrandeten Klippen und tückischen Sandbänken vorbei, und das bei 4 Grad Lufttemperatur, starkem Wind, Nebelbänken und Regenschauern – völlig erschöpft in Ny-Ålesund an. Das ist eine der am weitesten nördlich gelegenen Forschungsstationen der Welt, ein winziger Ort mit

20 Häuschen, oder besser Baracken. 50 Menschen leben und forschen hier: Biologen, Geologen, Meteorologen, Techniker, ein paar Bauarbeiter, die meisten aber nur im Sommer. Im Winter, während der Polarnacht, harren nur wenige Unentwegte dort aus.

Ny-Ålesund liegt am Kongsfjord, umgeben von ausladenden Gletschern. Der Fjord ist mit Treibeisbrocken bedeckt. Meer und Küste sind ein Paradies für Vögel: brütende Seeschwalben, Papageientaucher, verschiedene Arten von Gänsen, Enten, Lummen, Möwen. Es herrschten strahlender Sonnenschein und eine fast sommerliche Wärme, als ich ankam. Das war angenehm, stimmte mich aber auch wehmütig, denn ich musste weiter nach Norden, ins Eis. Dabei wäre ich so gern geblieben und hätte mit den netten Biologinnen so schön über mein Forschungsprojekt fachsimpeln können. Statt dessen machte ich mich an die Vorbereitung des letzten Reiseabschnitts, für mich zugleich der endgültige Abschied von der Zivilisation.

Ich hatte die Genehmigung, in Ny-Ålesund meine 65 Diesel-, Benzin- und Petroleumkanister mit 1300 Litern aufzufüllen, um für die Überwinterung ausreichend Kraftstoff für Heizung, Strom und Licht zu haben. Es war eine ziemliche Schinderei, den Treibstoff aus den großen Fässern im Tanklager in meine 20-Liter-Kanister umzupumpen, diese von der hohen Kaimauer auf das ächzende Schiff zu bugsieren, ohne sie ins Wasser fallen zu lassen, und sie dann auf Deck zu vertäuen. Nach etlichen Stunden war die Arbeit erledigt. Ich ebenfalls. Wissenschaft kann eine verdammt mühsame Angelegenheit sein.

Abends saß ich dann, der Jahreszeit entsprechend, bei strahlendem Sonnenschein mit einer Runde von Wissenschaftlern zusammen, um meinen Besuch zu feiern. Es war 4 Uhr nachts, als ich zufrieden und wild entschlossen zum letzten Schritt zu meinem Schiff zurückstiefelte. Aber was war das? Täuschung oder Wirklichkeit? Ein Gläschen Bier zu viel? Oder stand das Schiff tatsächlich schief? Ich hastete an Bord. Was war geschehen? Kurze Bestandsaufnahme, dann einmal durchatmen vor Erleichterung. Das Problem war erkannt: Bei steigender Flut war *Mesuf* mit einer Seite unter die Kaimauer gedrückt worden, hatte sich dort verkantet und Schlagseite bekommen. Ich zerrte und schob mit aller Gewalt, bis das Schiff frei war und sich mühsam aufrichtete, allerdings merkwürdig langsam. Glück gehabt, dachte ich, auch wenn der Spaß wieder ein paar Schrammen und zwei gebrochene Relingstützen kostete.

Doch der eigentliche Schrecken kam erst noch, als ich in den Motorraum sah. Er stand zu drei Vierteln unter Wasser. Die Maschine war halb mit Seewasser bedeckt, *Mesuf* ging fast unter. Deshalb bewegte er sich so träge. Blitzschnell begriff ich, was passiert war: Ich hatte das Abwasserventil in der Kombüse offen gelassen; durch die starke Schieflage konnte das Wasser stundenlang in den Schiffsbauch laufen. Also: Alle Mann an die Pumpen. Stundenlang. Ich pumpte wie ein Berserker, schöpfte mit Eimern und putzte zum Schluss die Feuchtigkeit aus allen Winkeln der Maschine. Dann der spannende Moment: Würde der Motor anspringen? Ja, er lief, brav und ruhig wie eine Nähmaschine.

Wie ein Roboter, auf ein Ziel hin programmiert, aber müde und deprimiert, beschloss ich, sofort auszulaufen. Ich hob die strampelnden Hunde von der Kaimauer aufs Schiff, warf die Leinen los, und ab ging's. Ich wollte endlich nach Hause. Nach Mushamna.

Diesmal hatte der Wettergott ein Einsehen. Es blieb ruhig, wurde sogar idyllisch schön. Wir glitten vorbei an sonnenbeschienenen Gletscherkanten, an Bergwänden, die von Vogelschwärmen bevölkert waren, am berühmten Magdalenenfjord – immer weiter gen Norden. Wir trafen eine große Familie Walrosse, die sich plantschend und prustend vor *Mesuf* tummelten. Ihre Stoßzähne blitzten in der Morgensonne. Ich nahm das alles wie im Traum wahr. Es ging durch viele Fjorde, auf vorsichtigem Kurs zwischen Gletschereis hindurch, vorbei an der Amsterdaminsel hinaus aufs offene Nordpolarmeer.

Die Amsterdaminsel – das war noch einmal historisches Terrain. Hier hausten vor Jahrhunderten holländische Wal- und Walrossfänger. Blutige, brutale Zeiten für Tier und Mensch waren das. Tausende von Walen wurden abgeschlachtet, aber auch unter den Menschen herrschten Unfriede und Mord und Totschlag. Wer nicht umgebracht wurde, starb im Winter an Skorbut oder ertrank bei der Jagd im eisigen Meer. Nur ganz wenige kehrten nach Hause zurück, und noch weniger mit dem erhofften Gewinn. Trotzdem zog es immer wieder Menschen an diesen ungastlichen Ort – bis heute.

Ich habe viele alte, schon zerfledderte Tagebücher und Chroniken über die Schicksale der Fänger und Trapper auf Spitzbergen dabei und möchte darin lesen, wenn ich allein in Mushamna bin.

Nach der Amsterdaminsel ging es noch ein paar Dutzend Seemeilen nach Osten, am 80. Breitengrad entlang zum Eingang des Woodfjords, der nach Mushamna führt. Während mein überladenes, gebeuteltes und zerkratztes Schiffchen durch die Wellen pflügte und meine zwei Hunde, schon an Kummer gewöhnt, ergeben versuchten, sich auf dem auf und ab wiegenden Achterdeck festzukrallen, wurde mir auf einmal bange. Vielleicht war die Übermüdung daran schuld. Aber auch die Situation war Furcht einflößend: Mein Schiff, die Hunde und ich ganz allein auf dem Nordpolarmeer, an der Grenze zum ewigen Packeis, von Backbord wehte aus Norden ein mit Eiskristallen durchsetzter eisiger Wind, an Steuerbord lag im Nebel eine trostlose Küste mit flachen Sandstränden, die keinerlei Schutz vor Wind und Wetter bot. Ich segelte blind in einer Milchsuppe. Hin und wieder trieben Eisbrocken vorbei. Grüße vom Nordpol.

Stundenlang stand ich am Steuer, fror, starrte in den Nebel, versuchte die Eisbrocken rechtzeitig auszumachen, kraulte beruhigend die Hunde, betrachtete immer wieder voller Sorge die Seekarte und das flackernde Echolot-Signal und hoffte inständig, der Alptraum möge bald ein Ende haben, so oder so. Und tatsächlich: Plötzlich riss der Nebelvorhang auf, die Sonne schien auf schneebedeckte Berggipfel und Gletscher – wir waren schon im Woodfjord! Ich konnte mein Glück kaum fassen. Ich hatte es beinahe geschafft. Nur noch zwei Stunden nach Mushamna, zu meiner Mäusebucht. Ein starkes Glücksgefühl durchströmte mich. Ich war am Ziel meines langjährigen Traums.

Doch erst einmal galt es, *Mesuf* in den schmalen Eingang zur Lagune zu navigieren. Im Schritt-Tempo tastete ich mich hinein, fuhr möglichst dicht ans Land heran und warf den ersten Anker. Herrlich, dieses Rasseln der Ankerkette. »Kumpels, wir sind da!«, rief ich den Hunden zu. Die hatten das längst gemerkt, hopsten wie Schuljungs auf dem Achterdeck herum und wollten möglichst schnell an Land. Übermütig sprangen sie ins Gummiboot, und los ging's an den Strand. Dort folgte eine ausgelassene Balgerei im strahlenden Sonnenschein. Wir waren angekommen. Herrlich!

Sonntag, 25. Juli 1999

Draußen schneit es, ein unangenehm kalter Wind pfeift um das Schiff, das, mit zahlreichen Ankern gesichert, mitten in Mushamna liegt, meinem endgültigen Überwinterungsplatz hier in Spitzbergen – eine schaukelnde Zuflucht, ein warmes Zuhause, Labor, Vorratskammer und Mittelpunkt meines Lebens in den nächsten Monaten.

Ich brate mir gerade ein Robbensteak, dazu gibt es Reis und danach ein Gläschen Jubiläumsaquavit. Gar nicht so schlecht, mein Leben in der Einöde. Svarte und Bjosse sitzen am nahe gelegenen Ufer und reißen, kauen, schlingen knurrend an riesigen Speckseiten herum, Leckerbissen von meiner ersten Jagdbeute, einer riesigen Bartrobbe.

5 Mushamna
Neue Heimat für ein Jahr

Montag, 26. Juli 1999

Die Zeit hier in Mushamna vergeht wie im Flug. So viel ist zu bedenken, zu erledigen und zu entdecken. Jeden Morgen stelle ich mein Tagesprogramm zusammen, aber meistens kann ich es gar nicht schaffen. Vielleicht bin ich noch zu hektisch für das hier herrschende Zeitgesetz der Ruhe. Und noch immer plagen mich Selbstzweifel, ob ich dem Abenteuer im Eis auch gewachsen sein werde. Denn ich will vieles auf einmal – leben, überleben und forschen. Dabei bin ich kein erfahrener Trapper, Fallensteller, Eisbärenkenner, Robbenjäger und Bakterienforscher. Und die Polarnacht wurde schon ganz anderen Männern zum Verhängnis. Aber trotz der Zweifel darf ich nicht zulassen, dass mich depressive Stimmung überfällt. Tatsächlich habe ich allen Grund, optimistisch in die Zukunft zu blicken, denn die jüngste Vergangenheit, die Reise hierher, verlief viel besser, als ich befürchtet hatte.

Die Ankunft in Mushamna war alles andere als ein Auftakt zum Verschnaufen nach der stürmischen Fahrt. Erst einmal hieß es arbeiten. Schwer arbeiten. Ich baute an Land aus Treibholz ein Depot für meine 65 Treibstoffkanister. Der Transport erfolgte in einem Kraft raubenden Pendelverkehr von *Mesuf* an Land. Dann rein Schiff machen. An Bord sah es wüst aus nach den vielen Sturmnächten. In der Kajüte herrschte ein heilloses Durcheinander – Lebensmittel, durch Salzwasser ungenießbar geworden, nasse und schmutzige Klamotten. Dazu überall Hundehaare und Dreck, die Spuren von der Seekrankheit meiner Vierbeiner. Am Ende war ich von der Hausarbeit völlig erschlagen. Alle Knochen taten mir weh vom Räumen und Packen.

Zudem machte mir der Ankergrund in der Bucht Sorgen – loser Sand und Kies. Bei den Fallwinden, die hier auftreten, könnte *Mesuf* auf Drift gehen, weil der Anker nicht hält. Und damit bestünde die Gefahr, in den flachen Uferregionen zu stranden. In dem Fall wäre mein Eis-Abenteuer schnell beendet. Um das Schiff ein für allemal zu sichern, brachte ich einen gewaltigen Grundanker aus – einen alten, riesigen Sack aus Ny-Ålesund, den ich mit Steinen füllte. Den musste ich erst mit dem Gummiboot vom Land zum Schiff transportieren. Dann manövrierte ich mit *Mesuf* mühsam zu einem geeigneten Ankerplatz in der Lagune und versenkte das Ungetüm auf fünf Meter Wassertiefe. Eine bombensichere Ankerboje.

Seit meiner Ankunft fühle ich mich hier wie zu Hause. Jeden Tag nehme ich die Hunde an die Leine und erkunde ein neues Stück meiner Heimat für das nächste Jahr. Die Lagune ist von 600 bis 800 Meter hohen Bergen umgeben. Ihre Gipfel sind schneebedeckt, und in den Tälern liegen herrliche Gletscher, aus deren Fronten Bäche sprudeln und über Schotter, Morast und Lehm in die Lagune fließen. Die Luft ist erfüllt von Vogelgeschrei, Wasserplätschern und dem Rausch der Brandung vom Woodfjord, der an der Außenseite der molenähnlichen Landzunge liegt, die meine Lagune gegen Strömungen und Treibeis schützt.

Schön ist es hier. Ich fühle mich wie ein kleiner König, wenn ich morgens früh aus der Koje krieche, danach mit einem dampfenden Kaffeepott in den kalten Fingern einen Rundgang auf Deck mache und die Bergwelt bewundere. Sobald meine Hunde an Land merken, dass ich aufgestanden bin, stimmen sie ein markerschütterndes Freudengeheul an. Sie warten auf mich, wollen laufen, toben, fressen, sich balgen, aus den klaren Bächen saufen und nach Tierfährten schnüffeln.

Anfangs machte ich mir Sorgen wegen des gewaltigen Appetits, den meine beiden Gefährten entwickelten. Kein Vergleich mit dem Hunger deutscher Haushunde. Entsprechend schnell nahm der Trockenfuttervorrat an Bord ab. Er hätte nie für mehr als ein Jahr gereicht. Aber diese Sorge bin ich jetzt los – dank Jagdglück.

Da sitze ich vor ein paar Tagen abends im Cockpit, völlig erschöpft von der Plackerei mit dem Grundanker, trinke Tee mit Rum und will eigentlich schon in meine Koje kriechen. Aber die Mitternachtssonne scheint noch so herausfordernd. Plötzlich platscht es irgendwo in der Lagune. Hier in der Wildnis horcht man aufmerksam auf jedes Geräusch, das man nicht einordnen kann. Ich greife also nach dem Fernglas und warte, was sich da draußen tut. Da, wieder ein Platscher, kleine Wellen auf der sonst spiegelglatten Wasseroberfläche. Ich suche die Lagune ab und erkenne gerade noch den Kopf einer abtauchenden Robbe. Das ist die Chance, alle Nahrungsprobleme für die Hunde zu lösen.

Ich verschwinde unter Deck, wechsle die Rolle, werde vom Skipper zum Jäger, suche die richtige Munition zusammen, lade mein Gewehr, und schon lauere ich wie ein gewiefter Trapper meiner Beute auf. Da ist sie wieder. Eine stattliche Bartrobbe guckt aus – wie sie wohl meint – sicherer Entfernung zu mir herüber. Ich lege an, ziele, Finger krumm, ein gewaltiger Knall in der nächtlichen Stille. Das Gewehr schlägt mir gegen die Schulter. Das Wasser spritzt auf. Und die Robbe ist weg. Verschwunden.

Die Möwen stimmen ein Riesengezeter an, weil ich sie im Schlaf gestört habe, ich fühle mich als Unruhestifter und obendrein als Versager. Offenbar habe ich danebengeschossen. Dabei war ich früher bei der Bundeswehr ein guter Scharfschütze. Aber das ist lange her. Missmutig lege ich das Gewehr beiseite und sinne über den missglückten Start meiner Trapperkarriere nach. Aber was ist das auf dem Wasser? Noch eine Robbe? Die bewegt sich ja gar nicht. Mensch, das ist meine Robbe, mausetot und wieder aufgetaucht.

Ich springe ins Gummiboot und jage mit heulendem Motor zu meiner Beute. Jetzt muss ich schnell sein, sonst sinkt sie ab und verschwindet auf Nimmerwiedersehen. Als Harpunenersatz habe ich einen gewaltigen Fischhaken für Eishaie dabei. Den schlage ich in den Robbenkörper und schleppe das Vieh an Land. Geschafft, denke ich. Irrtum, jetzt geht die Plackerei erst richtig los.

So eine ausgewachsene Bartrobbe – auf Norwegisch heißt sie *storkobbe* – wiegt 300 Kilo, ein wahres Monstrum. Zwei Stunden lang ziehe, schleppe und schiebe ich, bis ich das glitschige Ungetüm an

Land geschleift habe. Da liegt sie nun und schaut mich an. Ich habe sie mit einem sauberen Kopfschuss erlegt.

Zurück zu *Mesuf*. Dort mache ich mir mit einem Schnaps Mut für das nächste Kapitel meiner Robbenjagd: das Schlachten. Ich krame alle verfügbaren Messer zusammen, ziehe mein Ölzeug an und nehme mir noch einmal die Notizen von den Gesprächen mit den Trappern in Longyearbyen vor. Stichwort: Robben schlachten. Und dann geht es los. Ein grässliches Geschäft. Ich habe noch nie ein Tier geschlachtet. Und dann gleich einen solchen Koloss.

In aller Ruhe setze ich die theoretischen Anleitungen in die Praxis um: erst die Robbe aus ihrer Decke wickeln. Das hört sich einfach an, aber der Robbenpelz ist innen bis zu zehn Zentimeter dick mit Speck gepolstert. Außerdem bedeutet es Knochenarbeit, so ein 300 Kilo schweres Tier von einer Seite auf die andere zu wälzen, vor allem, wenn auch noch alles glitschig von Blut und Fett ist. Also los! Den Bauch aufschneiden, vorsichtig alle Innereien rausholen. Der Darm und die empfindliche Gallenblase dürfen nicht verletzt werden. Am Ende liegen die Speckseiten, die Robbenviertel, Kopf, Herz und Leber fein säuberlich sortiert und gewaschen auf einem gewaltigen Baumstamm aus Sibirien am Strand der Lagune. Es sieht aus wie die Auslage eines gepflegten Schlachterladens.

Ich lagere die Fleischberge zunächst auf dem Schiff. Allerdings ist mir dabei nicht wohl, denn hungrige Eisbären riechen eine solche Provokation meilenweit. Und zum Schiff zu schwimmen und sich an Deck zu hangeln dürfte einem ausgewachsenen Bären kaum Mühe machen. Mittlerweile ist es 5 Uhr morgens. Ich schlafe todmüde ein.

Am Morgen nach dem Schlachtfest bringe ich die Fleisch- und Speckvorräte mit dem Gummiboot zum nahe gelegenen Fleischgestell einer alten Trapperhütte, obwohl das bei Seegang ziemlich mühsam und gefährlich ist. Jedenfalls brauchen die Hunde jetzt nicht so bald zu verhungern. Sie schwelgen nach der Trockenfutterdiät in Robbenfleisch und Speck. Und ich probiere Robbe in allen Variationen: Gulasch, Steak, Leber. Werd mich wohl dran gewöhnen müssen über Winter.

Donnerstag, 29. Juli 1999

Es ist Abend. Ich sitze in der Kajüte, auf dem Tisch brennt eine dicke Kerze. Die Flamme verbreitet Wärme und Gemütlichkeit. Licht brauche ich nachts noch nicht, denn es ist immer noch »taghell«. Aber ein bisschen Geborgenheit und das Gefühl, zu Hause zu sein, ist doch schön. Ich bin erschöpft und ein wenig mutlos. Ich trinke Tee, dazu ein Gläschen Cognac. Mein kleiner Ölofen bullert. Draußen herrscht Schneetreiben. Alles trieft vor kalter Nässe. Die Berge und die Uferstreifen ringsum sind weiß, darüber schweben Nebelschwaden und Schneewolken.

Tagsüber war ich stundenlang zum Arbeiten an Land. Bei diesem Sauwetter taten mir die Hunde Leid, weil sie durchnässt am Strand im Wind sitzen und frieren mussten. Also sammelte ich Treibholz, schaufelte Sandwälle auf und zimmerte ihnen zwei Unterstände. Auf Dank hoffte ich allerdings vergebens. Die Hunde warfen nur einen verächtlichen Blick auf ihre Luxus-Appartements, drehten sich um und rollten sich demonstrativ auf den nassen Steinen zusammen. Sie sind eben keine verweichlichten Haushunde, sondern viel ursprünglicher und robuster als die bei uns gängigen Rassen – unbändig stark, ruppig, manchmal brutal, wenn sie mit gefletschten Zähnen übereinander herfallen und sich ineinander verbeißen. Ich versuche dann immer, sie mit Gebrüll und Kraft zu trennen. Aber das gelingt nur schlecht. Außerdem ist es für meine Hände und Beine verdammt gefährlich. Wenn ich mit den beiden am Strand entlanglaufe, wo die Seevögel brüten, kann ich gar nicht so schnell eingreifen, wie sich die Viecher blitzschnell ein Vogeljunges schnappen. Ich sehe dann nur noch die zappelnden Beinchen zwischen ihren Zähnen verschwinden und höre es knirschen.

Andererseits sind die zwei Raubeine sehr anhänglich. Und manchmal tun sie sogar, was ich will. Meistens allerdings ziehen sie ungestüm an ihren Leinen und schleifen mich auf den täglichen Wanderungen hinauf und hinunter über Hügel und Schotterhalden, durch morastige Bäche, über Schneefelder und, bis zum Bauch im eiskalten Wasser, am Meer entlang. Bislang weiß ich nicht, ob Erziehungsversuche irgendwelcher Art überhaupt Aussicht auf Erfolg haben oder ob ich diese Naturgewalten nicht einfach toben lassen soll. Jedenfalls komme ich immer völlig erledigt und hungrig und, wenn es, wie heute, regnet, nass bis auf die Haut zur Landstation zurück.

Vorgestern hatte ich – erwartet, aber gefürchtet – die erste Begegnung mit Eisbären. Der Morgen begann wie jeden Tag. Nach dem Aufwachen machte ich einen kleinen Rundgang auf dem Schiff, sah nach dem Wetter, kontrollierte die Anker und schaute nach den Hunden. Diesmal fiel mir ein großer weißer Baumstamm auf der Sandmole auf. Ich hielt ihn für ein Stück aus Sibirien angeschwemmtes ausgebleichtes Treibholz – bis ich plötzlich erkannte, dass es sich um einen riesigen Eisbären handelte; nein, um eine Eisbärin mit ihrem Jungen. Sie beobachtete mich ruhig, taxierte mich hungrig. Sie wirkte gewaltig, überlegen, selbstbewusst und machte ein paar Schritte ins Wasser, in meine Richtung. Dann blieb sie stehen, hob die Nase, nahm Witterung auf, überlegte wohl, ob ich eine lohnende Beute wäre. Jetzt war ich in der Rolle der Robbe, und dort am Strand stand die Jägerin. Aber sie wandte sich ab und schlenderte mit ihrem Kleinen weiter, bis zum Ende der Sandmole. Dort stieg sie mit ihrem Sprössling ins Wasser und schwamm, unbeeindruckt von Wellen und Strömungen, ans andere Ufer der Lagune.

Ich beobachtete sie noch lange durchs Fernglas, wie sie Vogelnester suchte, sich schließlich niederlegte und auf dem Rücken wälzte, während ihr Junges auf ihrem Bauch herumkrabbelte und trank. Ich taufte die beiden Kerstin und Vera, weil sie mich an meine Tochter und meine Enkelin erinnerten. Trotz des friedfertigen Anblicks, den Mutter und Kind boten, erschütterten die neuen Nachbarn die Selbstsicherheit, die ich in den letzten Wochen in meinem Winterquartier gewonnen hatte. Seit dem ersten Treffen begegne ich beiden täglich, wenn sie, angelockt von den Fleischdüften auf dem Schiff und der Landstation, hier in der Umgebung umherstreifen und Nahrung suchen.

Zwischendurch gibt es auch Erfolgserlebnisse. Gestern habe ich zum ersten Mal mit dem Treibnetz gefischt. Das war am Anfang eine Sisyphusarbeit, denn was weiß ein Universitätsprofessor schon von Treibnetzen und Fischen, zumal wenn hungrige Eisbären ihn bei der Arbeit beobachten? Ich ging die ganze Sache mit wissenschaftlichem Kalkül an, bemühte mich, das raffiniert aufgewickelte und mit Schwimm- und Gewichtsleinen durchwirkte Gespinst feiner Maschen erst einmal an Land auszulegen. Bei Schneetreiben gar nicht so einfach. Dann das Netz mit dem Gummiboot ins Wasser ziehen, ohne die Maschen zu zerreißen – auch nicht einfacher. Als das Netz schwamm, war ich schon zufrieden, wenn auch klitschnass und durchgefroren. Inzwischen schaute auch die Eisbärin vorbei, ich sprang ins Gummiboot und wollte flüchten. Aber der Motor tat keinen Mucks. Ich wurde schon unruhig, aber die Bärin nahm mich gar nicht zur Kenntnis, sondern zog mit ihrem Kind weiter. Vielleicht hat sie mich als Reviergenossen akzeptiert.

Erst als die beiden verschwunden waren, traute ich mich, wieder richtig durchzuatmen und nach meinen Netzen zu sehen. Das stärkte meinen Optimismus: Sechs fette Lachsforellen zappelten in den Maschen, alle zwischen drei und sechs Pfund schwer. Ungelogen. Ein schöner Erfolg für einen Anfänger. Ich holte die Beute vorsichtig aus dem Netz und probierte mein Glück gleich noch einmal. Nach zwei Stunden Fischen lagen 25 prächtige Lachsforellen im Gummiboot.

Als ich mit meinem Fang zu *Mesuf* zurücktuckerte, kam ich mir vor wie ein Profi. Auf Deck musste ich dann stundenlang die Fische säubern, ausnehmen, filetieren, einsalzen und zum Trocknen aufhängen, Milch, Rogen und Leber gesondert versorgen – eben alles erledigen, was früher so zum Alltag gehört hatte, als die Haushalte in unseren Breiten noch nicht mit Kühltruhen ausgerüstet waren. Und während der Arbeit nicht vergessen: immer ein Blick ans Ufer zu Bärin Kerstin mit Tochter Vera!

Endlich sitze ich in der Kajüte, die Reissuppe mit Fischeinlage und Gewürzen köchelt auf meinem Öfchen, und ich fühle mich wohl und zufrieden.

Sonntag, 1. August 1999, 1 Uhr nachts

Die Sonne scheint, draußen ist es kalt und windig. Schnee liegt von den Bergen fast bis zur Lagune herunter. Ich bereite gerade mein Abendbrot zu. Ziemlich nobel: selbst gebackenes Brot, dazu ein großes Stück Lachsforelle, ganz frisch, leicht eingesalzen, gezuckert und ein paar Tage gereift – schmeckt so ähnlich wie Graved Lachs, einfach köstlich. Mittlerweile habe ich einen Vorrat von 30 großen, fetten Fischen, zum Teil bis zu drei Kilo schwer. Sie sind auf unterschiedliche Weise konserviert: in Salzlake eingelegt, mit Zucker und Salz bestreut, in Gefrierbeutel verpackt oder zum Trocknen aufgehängt. Es macht Spaß, sich auf einmal selbst aus der Natur zu versorgen, unabhängig vom nächsten Feinkostladen. Vor allem, wenn der Speisezettel solche Leckerbissen bietet.

Eine Ecke der Kajüte dient mir als Labor; eine Sitzbank fungiert als Labortisch. Darauf stehen Mikroskope, Fotoapparate, ein Oszilloskop, verschiedene Lampen, eine UV-Lichtquelle, Lichtpolarisatoren, Flaschen, Probenbehälter und Mikroskopierbestecke. Das sieht sehr professionell aus. Alle Gerätschaften haben die stürmische Fahrt von Hamburg nach Mushamna gut überstanden und arbeiten einwandfrei. Nun muss ich peinlich genau auf Ordnung achten, sonst bricht in meiner Puppenstube unter Deck das Chaos aus.

In den letzten Tagen habe ich viele Proben genommen – draußen im Woodfjord, in der Lagune und in den kleinen, klaren Gebirgsbächen. Die systematische mikroskopische Untersuchung der Proben belegt, dass es überall, auch in 1 Grad kaltem Wasser, von Leben nur so wimmelt. Da tummeln sich Krebstierchen, die Fischen und Vögeln als Nahrung dienen; die Krebse wiederum verspeisen Plankton und Bakterien, die sie sich mit winzigen Netzen, die wie die Barten von Walen aussehen, in den Schlund strudeln. Eine aufregende Miniaturwelt, die da unter dem Mikroskop zu sehen ist!

Ich dokumentiere meine Beobachtungen mit vielen Fotos und versuche, eine Modellvorstellung von der Lebensweise der Bakterien zu entwickeln. Wer mag was, und wer frisst wen? An der TU-Harburg erforschen die Mikrobiologen unter Leitung von Professor Garabed Antranikian solche Bakterien im Hinblick auf industrielle Nutzungsmöglichkeiten. Ich will hier oben im Eis ihre Speisekarte entziffern und erforschen, unter welchen Bedingungen sie besonders gut gedeihen. Dann wird es einfacher sein, sie im Labor in optimalen Kulturen zu züchten.

Inzwischen weiß ich, dass in den Mägen und Därmen meiner Lachsforellen, die ja immer im kalten Wasser leben, eine extreme Bakteriendichte herrscht, ein Gewimmel von stäbchenartigen, kugeligen und spiralförmigen Mikroben. Das gleiche Ergebnis im Schleim auf der Fischhaut: Bakterien in Massen. Vielleicht ist das ja schon das Rezept für Kulturen mit diesen kälteliebenden Bakterien – eine Art Nährsuppe aus Fischschleim und Fischmageninhalt.

Die Arbeitsbedingungen in meinem Labor sind nicht sonderlich komfortabel. Ich muss den Rücken krumm machen und leicht verdrehen, um in dieser Enge durch die Mikroskope schauen zu können und dabei auch noch zu fotografieren, Proben auszutauschen und Notizen zu machen. Nachts, wenn ich in der Koje liege, bin ich zwar mit meinen Forschungsergebnissen zufrieden, aber mein Kreuz schmerzt, es reißt und zwackt, und wenn ich morgens aus meinem Schlafsack krieche, bin ich froh, dass mir niemand zuschaut, wie ich, vor Kälte klappernd und vor Rückenschmerzen stöhnend, leise fluchend Pullover und Socken suche, um mich für den neuen Tag und die Konfrontation mit Bakterien und Eisbären zu rüsten.

Ich lerne schnell durch den ständigen Kontakt mit der extremen Natur. Inzwischen kann ich an der Färbung des Meeres in der Lagune erkennen, ob Ebbe oder Flut ist, ich durchschaue die Temperaturänderungen im Wasser und weiß ganz genau, wo ich Algen und Plankton finde.

Der Wechsel der Jahreszeiten läuft hier in rasantem Tempo ab. Seit meiner Ankunft vor zwei Wochen neigt sich der Sommer schon dem Ende zu. Die kleinen Blümchen, die noch vor wenigen Tagen üppig geblüht haben, werden braun. Manchmal weht ein eisiger Nordwind vom Pol über die Lagune, zum Zeichen, wer hier das Sagen hat.

6 Gefährliche Nachbarschaft

Die Belagerung durch die Bären

Mittwoch, 4. August 1999

Aufregende Dinge passieren nicht nur hier in Mushamna, sondern auch zu Hause in Hamburg. Meine Tochter Kerstin ist zum dritten Mal Mutter geworden. Die kleine Freya ist gesund und munter. Ich habe die Nachricht über Satellitentelefon erhalten.

Heute ist es grausam kalt, wenn auch nicht im Vergleich zu dem Winterwetter, das mir noch bevorsteht. Aber null Grad in Verbindung mit kaltem Nordwind, Nebel und Schneetreiben – das ist für Anfang August schon eine arge Prüfung. Ich war nur kurz draußen bei den Hunden, wanderte mit ihnen über ein paar Hügel, warf ihnen ihr Robbenfleisch zum Fressen hin und flüchtete schnell wieder in meine schwimmende Burg – nicht nur wegen des miesen Wetters, sondern auch wegen der umherstreifenden Eisbären.

Bärin Kerstin und Tochter Vera haben inzwischen Konkurrenz von einem schlaksigen Jungbären bekommen, der sich ziemlich unverfroren aufführt. Ich nenne ihn Oskar, nach dem Sohn meiner Tochter Heike. Ich beobachte die Bären stundenlang mit dem Feldstecher und lerne dabei eine ganze Menge über ihre Verhaltensweisen. Sie bewegen sich scheinbar gelassen, aber kraftvoll, schnell und elegant. Trotz der schweren Körper scheinen sie zu gleiten, selbst in unwegsamem Gelände, auf Geröll und steilen Abhängen, im Wasser. Sie sind glänzende Schwimmer.

Ich sitze in Pudelmütze und Handschuhen im Cockpit, neben mir ein Glas Tee, und beobachte. Hin und wieder bleibt die Bärin stehen, sieht mich an, zieht prüfend die Luft ein und versucht abzuschätzen, ob der Geruch lohnende Beute verheißt. Durchs Fernglas kann ich jede ihrer Bewegungen, ihr Schnaufen, das bedächtige Kopfwiegen und die Unschlüssigkeit beobachten. Sie überlegt wohl, wie sie am besten zum Schiff kommt, um sich die zum Trocknen aufgehängten Fische und die letzten Brocken Robbenfleisch, die ich vom Fleischgestell der Trapperhütte geholt habe, zu schnappen.

Vor einigen Tagen wurde ich Zeuge, wie sie wie ein gut trainierter Turner das vermeintlich bärensichere Fleischgestell entert, eine Speckseite nach der anderen herunterholte und mit ihrem Kleinen auffraß. Damit beraubte sie mich zwar meiner Jagdbeute, aber zugleich beruhigte dieser Diebstahl mein schlechtes Gewissen wegen des Robbenmords. Wer weiß, vielleicht haben die Speckseiten Mutter Bär und ihr Kind vor dem Verhungern bewahrt.

Nach der Fressorgie zogen sich die Bären, fairerweise in Sichtweite von *Mesuf*, zum Schlafen zurück. Die Alte blieb volle 30 Stunden liegen, das Kleine hopste hin und wieder ein bisschen umher, stupste die Mutter an, kugelte zwischen ihren mächtigen Tatzen herum und schlief dann weiter. Ich brachte unterdessen das restliche Fleisch in Sicherheit. Danach waren die Bärin und ihr junger Nachbar wohl etwas frustriert, dass der Selbstbedienungsladen geschlossen hatte.

Die Ankerposition von *Mesuf* ist ideal für meine Beobachtungen; ich kann ringsum mit dem Feldstecher den Uferstreifen der Lagune, die angrenzenden Berghänge und sogar ein Stück Strand vom Woodfjord absuchen. Inzwischen erkenne ich selbst bei schlechter Sicht auch aus großer Entfernung winzig kleine gelb-weiße Flecken als Eisbären. Und die Hunde sind gute Eisbärenwächter, was durchaus nicht selbstverständlich ist; es gibt Schlittenhunde, die sich nicht um Bären kümmern, sondern sie ebenso ignorieren wie Möwen oder Robben. Bjosse und Svarte jedoch wittern Bären auf weite Entfernung und blaffen, sobald diese näher kommen. Ich kenne ihre Alarmlaute jetzt schon gut, höre sie auch, wenn ich drinnen im warmen Schiff sitze, koche oder Tagebuch schreibe. Dann eile ich jedesmal an Deck und bin erleichtert, wenn der Bär noch zu weit weg ist, um gefährlich zu werden.

Es ist erstaunlich, dass so große Tiere scheinbar aus dem Nichts auftauchen und wieder spurlos verschwinden, wie ein Spuk. Das liegt daran, dass das Gelände so unübersichtlich ist. Bodenwellen, Hügelketten und Steinbrocken verstellen den Blick und bieten den Bären ausreichend Deckung. Außerdem sind die Eisbären sehr intelligente und geschickte Jäger. Sie nutzen jede Vertiefung, um sich ihrem Ziel ungesehen zu nähern. Das ist gut zu beobachten, wenn sie sich ans Hundelager anschleichen und sich, sobald Svarte und Bjosse zu bellen anfangen, wie Indianer auf dem Kriegspfad verstecken.

Die Sommerbären scheinen vergleichsweise friedlich zu sein. Die Trapper berichteten mir, dass sich die Bären im Winter in der Dunkelheit sehr viel aggressiver verhalten und sich von blaffenden Hunden nicht stören lassen.

Während ich hier ganz gemütlich beim Schein einer Petroleumlampe an meinem blubbernden Öfchen sitze und Tagebuch schreibe – es ist 12 Uhr nachts und wegen des schlechten Wetters schon etwas dämmerig –, plumpst oben etwas auf das Deck. Ich fahre vor Schreck zusammen. Ob ein Bär mein Schiff entert? Ein vorsichtiger Blick nach oben. Falscher Alarm. Es sind nur die Fische, die ich an den Schwanzflossen aufgehängt habe wie Wäsche auf der Leine – inzwischen über 40 Stück. Aus unerfindlichen Gründen machen sie sich selbständig und plumpsen herunter, als wollten sie zurück ins Meer flüchten.

Sonntag, 8. August 1999

Sonntage haben auch in der Einsamkeit etwas Besonders. Ich genieße die Stille, bilde mir ein, dass sie feierlich ist, und verwöhne mich mit einem besonders guten Frühstück: Käsebrot, ein weich gekochtes Ei, Kaffee mit viel Honig und zum Abschluss ein Stück Schokolade. Den Ofen habe ich gleich nach dem Aufstehen angeheizt – mit schlechtem Gewissen, denn es ist noch August, und ich muss mit dem Brennstoff gut haushalten, damit ich in den wirklich kalten Monaten genug zum Heizen habe. Aber es ist ja Sonntag. Dennoch steht mein Stimmungsbarometer auf Tief. Vielleicht liegt es am Wetter, an der Kälte, an Nebel und Nordwind, an dem Grau in Grau. Die Berge sind wolkenverhangen und wirken abweisend. Am Ufer sitzt seit zwei

Tagen die große Bärin mit ihrem Jungen, hin und wieder schläft sie auch, läuft ein bisschen am Strand herum und lässt mich und mein Schiff nicht aus den Augen. Ich fühle mich belagert. Wer hat mehr Geduld und stärkere Nerven?

Gestern bin ich mit den Hunden ein Stück in die Berge gewandert. Das erschien mir sicherer, weil am Ufer die Bären herumlungern. Unterwegs wurden die Hunde plötzlich unruhig, schnupperten, sahen mich immer wieder an und wollten umkehren. Am Ufer bekamen sie ihr Futter, ich zog mich aufs Schiff zurück, auf meinen Ausguck. Da entdeckte ich Kerstin und ihre Tochter Vera genau dort, wo meine Hunde zuvor nicht weitergehen wollten. Die Bären hatten in einer Bodenkuhle geschlafen.

Vor ein paar Tagen lief der Luxusdampfer *Bremen* in den Woodfjord ein, ankerte vor der Lagune, und Kapitän Aye bat mich über Funk als Ehrengast an Bord. Und so kam ich in meiner speckigen Trapperkluft zu einem festlichen Dinner, mit einer getrockneten Lachsforelle als Gastgeschenk. Anschließend gab es eine Art Talkshow, bei der mir 140 Passagiere Löcher in den Bauch fragten. Beschenkt mit etlichen Flaschen erlesenen Weins und einem angenehmen Schokoladevorrat für die finsteren Winterwochen zog ich um 2 Uhr nachts wieder ab. Nach so einem Zivilisationsschock brauche ich ein paar Tage, um mein inneres Gleichgewicht wiederzufinden.

Freitag, 13. August 1999, kurz nach Mitternacht

Ich bin niedergedrückt. Das hat nichts mit dem Datum zu tun, sondern mit der allgemeinen Belastung, der körperlichen Beanspruchung. Aber ich darf den Kopf nicht hängen lassen, denn es liegen noch viele Monate Einsamkeit im Eis vor mir.

Vor ein paar Tagen habe ich mich endlich dazu gezwungen, unter das Eis zu tauchen. Die notwendige Ausrüstung ist an Bord, sogar ein Druckluftgenerator zum Auffüllen der Atemluftflaschen. Der Blick unter Wasser ist unumgänglich, um die Lebensvorgänge besser zu verstehen. Aber ich hatte schon gewisse Hemmungen, bei eisigem

Nordwind und umlauert von hungrigen Eisbären in unbekannten Gewässern einfach so zu tauchen.

Die Nervosität war denn auch schuld an einer ganzen Reihe kleiner Pannen, die nicht nur unangenehm sind, sondern in Krisensituationen auch gefährlich werden könnten. Zunächst einmal die Tauchmaske. Sie schloss am Gesicht nicht richtig ab, weil mein Bart so gewachsen war. Die Folge: Wasser drang ein, erschwerte die Atmung und behinderte die Sicht, die unter Wasser wegen der vielen Algen und der aufgewühlten Sedimente ohnehin schlecht war. Außerdem herrschten in der Lagune starke gezeitenabhängige Strömungen, was ich von Land aus jedoch nicht feststellen konnte. Daher war ich nach einem halbstündigen Tauchgang völlig erschöpft. Der einzige Trost: Ich konnte interessante Beobachtungen in der glibberigen Unterwasserflora machen und kleinen Krabben und Fischen zusehen.

Aber dann war ich doch froh, als ich an Land watschelte. Die Hunde waren in heller Aufregung. Sie glaubten wohl, ich wäre beim Tauchen ersoffen. Jedenfalls riss sich der sonst so bedächtige Svarte, mein erklärter Liebling, von der Kette los und plantschte laut heulend ins Wasser, um mich zu retten.

Am folgenden Tag tauchte ich gleich noch einmal, um die Abneigung gegen diese gefährliche Pflichtübung zu überwinden und weitere Proben aus den Sedimenten zu nehmen; beides klappte hervorragend.

Die Lagune mit der strömungsreichen Verbindung über den Woodfjord zum offenen Meer scheint ein biologisch sehr aktives Gewässer zu sein. Der Salzgehalt verändert sich mit den Gezeiten – von Meerwasser bei Flut bis hin zu beinahe Süßwasser bei Ebbe, wenn der Einfluss der Gletscherflüsse dominiert. Zwischen den Steinen und Pflanzen am Boden der Lagune wimmelt es von kleinen Krebsen, Krabben, Fischen und Einzellern. Bei 1000facher Vergrößerung unter dem Mikroskop finde ich in Schlammproben viele Bakterien. Ich bin gespannt, wie sich dieses reichhaltige Leben in den nächsten Wochen bei zunehmender Dunkelheit und Kälte verändert und welche

Rolle dabei der Frost spielt. Ich rechne damit, dass das Eis auf der Lagune bis zu zwei Meter Dicke anwachsen wird. Dann erstarren die flachen Uferregionen bis zum Boden. Was dann wohl mit Flora und Fauna geschieht?

Die Lagune ist ein Paradies für Vögel, Fische und Kleinlebewesen. Hier tummeln sich Teiste, Enten, Gänse, Polarlummen, Seeschwalben und Möwen und finden offenbar reichlich Nahrung. Auch mein Anglerglück beweist, dass es genug zu fressen gibt, denn die Fische sind in der Lagune nicht zu Hause, sondern kommen hierher, um sich vor dem Ablaichen in den Gletscherflüssen zu mästen.

Der Meeresboden im Woodfjord sieht ganz anders aus. Dort gibt es vorwiegend kahle Steine und Sand. Ich möchte die Lebensbedingungen in der Lagune, im Fjord und in den Bächen im Wechsel der Jahreszeiten systematisch erforschen und untersuchen, wie sie sich verändern, wenn das Eis kommt. Schon die ersten Eindrücke zeigen, dass ich für meine Forschungen über die Entstehung des Lebens in Mushamna eine ideale Ausgangsposition gefunden habe.

Manchmal fühle ich mich wie ein Kind. Vieles nehme ich als Mensch aus der Zivilisation zum ersten Mal bewusst wahr. Manches verstehe ich nicht gleich, sondern erst nach Tagen. Zum Beispiel, dass die plötzlich auftretenden Schaumbläschen auf dem Wasser von Algenabsonderungen stammen, oder dass die vielen Lachsforellen in der Lagune von einem Tag auf den anderen verschwunden sind, weil sie die Gletscherflüsse hinaufspringen und ablaichen, oder dass die starken Strömungen und Wasserwirbel durch die Gezeiten verursacht werden und dass das Wasser in der Lagune manchmal glasklar und salzig und wenige Stunden später milchig-trüb und fast süß ist.

Der Wind kommt wegen der Uferkante des Woodfjords und den hohen Bergen meistens aus Nordost. Manchmal allerdings wehen auch heftige Fallwinde aus anderen Richtungen, vor allem bei sonnigem Wetter. Wenn der Sturm im Rigg heult und das Schiff an den Ankerketten zerrt, mache ich mir jedesmal Sorgen, ob *Mesuf* auch fest liegt. Bisher ist alles gut gegangen. Ende September rechne ich mit dem ersten Eis, und wenig später wird mein Schiff eingefroren sein. Noch bin ich unschlüssig, ob ich einen oder zwei der vier Anker heraufnehmen soll, wenn es friert. Vor allem: Was geschieht mit den Ankern, die nicht über Ketten, sondern mit Tauen am Schiff befestigt sind? Wird das Eis sie nicht zersägen oder kappen?

Was wäre mein Alltag ohne Sorgen und Nachgrübeln über die Zukunft? Zuweilen betrachte ich voller Neid, wie die Tiere und Pflanzen gleichmütig den Gang der Dinge, des Lebens und Sterbens, hinnehmen. Von der Landschaft geht eine große Ruhe aus. Das liegt auch daran, dass es Tageszeiten, wie wir sie gewohnt sind, nicht gibt. Bei schlechtem Wetter, Schneetreiben, tief hängenden Wolken oder Nebel lassen sich Tag und Nacht anhand der Helligkeit kaum unterscheiden.

Meine Aktivitäten verschieben sich unter diesen Bedingungen nach und nach in die späten Tagesstunden. Ich stehe oft erst um 11 oder sogar 12 Uhr mittags auf, bin dafür nachts meistens bis 4 Uhr auf den Beinen. Die Vögel in meiner Umgebung dagegen passen ihre Aktivitäten dem Sonnenstand an. Wenn die Sonne nachts sehr niedrig über dem Horizont steht, ruhen sie. Dann ist kein Vogelgeschrei zu hören. Ich bin aber nun mal kein Vogel, fange keine Krabben und Fische. Dafür sitze ich zum Ausklang des Tages gern in meiner warmen Kajüte und trinke Tee mit Rum, während der Ofen bullert und eine Kerze flackert. Ich schreibe Tagebuch oder hänge meinen Gedanken nach, höre auf meinem Weltempfänger die Deutsche Welle, lese ein Buch, spaziere hin und wieder über Deck und sehe zu meinen schlafenden Hunden an Land hinüber. Und zu den Eisbären. Das alles wirkt so schön friedlich auf mich, dass ich den Tag gern um etliche Stunden verlängere. So wie jetzt. Es ist 3 Uhr nachts.

Montag, 16. August 1999, 1 Uhr nachts

Ausnahmsweise scheint mal die Sonne. Zwar heult ein lausig kalter Ostwind, aber der Himmel ist strahlend blau, das Gebirge auf der anderen Seite des Woodfjords scheint zum Greifen nahe. Am Tag habe ich heute in meiner warmen, wattierten Winterjacke auf Deck gesessen, in die Sonne geschaut, ein bisschen an die Zukunft gedacht, bin sogar eingedöst und irgendwann fröstelnd und mit steifem Rücken wieder munter geworden.

Jetzt sitze ich in der Kajüte, der Ofen brennt, der Kassettenrekorder, ein Geschenk meiner Kinder, ist mit Musik von Edvard Grieg gefüttert, und ich trinke Tee. Der gemütliche Teil des Tages kann beginnen. Über der Dachluke schaukeln die aufgeschnittenen Lachsforellen und Unmengen von Robbenspeck-Fladen im Wind und leuchten rotgolden vor dem dem blauen Himmel; gelbe Fetttröpfchen hängen wie Honig an den Rändern der Fleischstücke. Ein Anblick wie ein Gemälde.

Nachdem die Eisbären meine erste Robbe fast vollständig vertilgt und außerdem den Belagerungszustand über mich verhängt hatten, wurde ich langsam etwas ungeduldig, zumal mich die Hunde wegen der Trockenfutterkost vorwurfsvoll ansahen. Sie hatten ja Recht. Also griff ich zur Flinte und schipperte bei ruhigem Wetter mit dem Gummiboot auf den Woodfjord hinaus. Dort hielt ich wie ein alter, gewiefter Jäger nach Robben Ausschau.

Nach kaum einer Stunde hatte ich sie, meine zweite Bartrobbe. Wieder ein sauberer Kopfschuss. Allerdings ging die tote Robbe diesmal unter wie ein Stein, und als ich hinkam, waren im Wasser nur noch ein großer Blutfleck und Fetttröpfchen zu sehen. Ich wartete vier Stunden. So lange dauert es nämlich, bis sich im Magen und im Darm einer toten Robbe Gase entwickeln, die bewirken, dass der Körper langsam wieder auftaucht. Man braucht Geduld hier oben in der Natur. Aber schließlich gibt es ja auch keinen Terminkalender, der einen weitertreibt. Ich saß während der ganzen Zeit im Boot, beobachtete die Möwen, die Wolken und, mit einiger Besorgnis, das Wetter. Denn bei aufkommendem Wellengang hätte ich große Schwierigkeiten gehabt, den Robbenkörper wieder zu finden. Also kalkulierte ich ein bisschen, wo die Robbe bei der herrschenden Wind- und Wellenrichtung wohl auftauchen könnte. Und tatsächlich: Ich entdeckte sie, nahm sie auf den Haken und schleppte sie an Land.

Fahrt in die Einsamkeit – 4000 Kilometer bis Spitzbergen

Abschied von Spitzbergen. Werde ich mit *Mesuf* heil zurückkommen?

Auf der Barentssee werden wir durchgeschüttelt
und mit eisigem Seewasser gewaschen.

Glücklich angekommen: mit Svarte und Bjosse in Mushamna

Arbeiten als Forscher: beim Ausgraben von polaren Steinwällen und Einsammeln von Krebsen und Algen im kalten Woodfjord

Die Jagdbeute muss vor Eisbären in Sicherheit gebracht werden.

Atemlose Stille um Mitternacht in der Lagune. Der Winter naht.

Vereister Uferrand, scheinbar lebensfeindlich und tot

Das Schlachten verlief diesmal schon routiniert. Es dauerte kaum eine Stunde, dann hatte ich die Fleisch- und Speckberge im Gummiboot verstaut. Allerdings war ich ziemlich nervös, weil ich wusste, dass Eisbären in der Gegend lauern. Deshalb kletterte ich, mit dem Revolver bewaffnet, in dem unübersichtlichen Gelände alle paar Minuten die Uferböschung hinauf, um nach den Bären Ausschau zu halten. Ich spürte ihre Nähe. Als ich mit dem überladenen Boot ablegte, kam auch prompt einer angetrabt. »Pech gehabt mein Lieber!«, rief ich ihm zu und tuckerte los. Bester Laune. Das legte sich schnell. Denn Wind kam auf, und die Wellen schwappten über mein Boot. Zwei Stunden war ich unterwegs zu *Mesuf*. Es wurde 3 Uhr nachts, bis ich meine Beute endlich Eisbären-sicher im Rigg zum Trocknen aufgehängt hatte.

Meine langen Haare gehen mir von Tag zu Tag mehr auf die Nerven. Ich kann es nicht leiden, wenn sie mir andauernd in die Stirn und in die Augen fallen. Schon gar nicht, wenn ich sie mit den Händen zurückstreichen muss und diese nach Robbenspeck riechen. Und erst der Bart! Ich sehe selbst schon aus wie eine Robbe. Beim Essen verfangen sich Reiskörner und Nudeln in den Haaren. Pfui Teufel! Primitiv leben ist ja ganz schön, aber übertreiben will ich es auch nicht.

Nach einigem Nachdenken komme ich zu dem nahe liegenden Schluss: Die Haare müssen ab, je kürzer, desto besser. Und da es in der Nähe keinen Friseur gibt, muss ich es eben selbst machen. Ich schraube den schon fast blinden Spiegel aus der dunklen Toilettenkombüse ab, krame einen winzigen Taschenspiegel aus der Werkzeugkiste, greife zur Haushaltsschere, mit der ich in letzter Zeit die Fische geschlachtet habe, und verziehe mich trotz der eisigen Brise an Deck. Hier schneide, spiegle und schnipple ich so lange an meinem Kopf herum, bis ich einen ganz passablen Mecki-Schnitt und einen kurz geschorenen Bart hinbekommen habe. Ich bin richtig stolz auf meine Figaro-Fähigkeiten. Allerdings brauche ich jetzt ständig eine Pudelmütze, um keinen kalten Kopf zu bekommen.

Nach dem Friseurbesuch sitze ich in der Abendsonne, die jetzt nur noch knapp über dem Horizont steht und kühles Licht verbreitet, trinke Tee und lasse die letzten drei Monate Revue passieren. Ich bin müde und ausgebrannt. Vielleicht liegt das an der Mehrfachbelastung als Seefahrer, Trapper, Expeditionsleiter, Wissenschaftler – und Mensch, der sich allein fühlt.

Gestern habe ich über Funk lange mit meiner Tochter Kerstin gesprochen. Sie erzählte begeistert von ihrer großen Familie, der neuen Wohnung, ihren Plänen und Freuden – da wurde mir ganz warm ums Herz. Vielleicht denke ich einfach zu viel über meine Gefühle und Befindlichkeiten nach.

7 Für Forschung und Freizeit

Ausflüge in die Umgebung

Sonnabend, 21. August 1999, 10 Uhr abends

Ich habe Küchendienst: die Kajüte vom Backqualm lüften und das Geschirr abwaschen. Mit Trinkwasser gehe ich sehr sparsam um. Nur morgens und abends zwei Kannen kochendes Wasser für Kaffee und Tee, mehr gibt es nicht. Es ist einfach zu mühsam, das Wasser von dem weit entfernten Gletscherbach herzuschaffen, nur um dann verschwenderisch damit umzugehen. Geschirrspülen und Wäschewaschen erledige ich mit dem immer salziger werdenden Brackwasser aus der Lagune. Für die Hunde, die unglaublich viel saufen, fange ich mit einer Plane Regenwasser auf. Im übrigen gehen wir jeden Tag auf Erkundungstour, und dabei finden wir immer einen Bach, an dem sich meine beiden Freunde satt trinken können.

Heute gab es Eierpfannkuchen. Das ist so schön einfach: zwei Eier, Mehl, Wasser, etwas Salz und Zucker, alles gut vermischt – schon ist der Teig fertig und kann in der Pfanne mit etwas Fett gebraten werden. Die fertigen Pfannkuchen mit Zucker oder Marmelade bestrichen, schön heiß verspeist, und danach einen kleinen Jubiläumsaquavit. Lecker. Jetzt brennt die Petroleumlampe, und eine Tasse Kaffee steht auf dem Tisch, der voll gepackt ist mit den Tagebüchern der alten Fänger und Trapper von Spitzbergen, Reinigungsbürsten für die Waffen, Tabak und Pfeife; dazwischen liegen Bleistifte, Notizbücher, eine Ölkanne und ein paar Lesebrillen, die ich überall verstreut habe. Bei dem schlechten Licht in der Kajüte kann ich ohne Brille keine Schrift mehr entziffern, auch kein Thermometer ablesen, keinen Radiosender einstellen, keine kleinen Gegenstände finden. Auch keine Brillen. Deshalb liegen in der Kajüte überall billige Lesebrillen herum, so dass ich nach kurzer planloser Suche eigentlich immer fündig werde.

Auf dem mit Robbenspeck und Blut verschmierten Oberlicht turnt eine Elfenbeinmöwe herum. Sie besucht mich seit Tagen jeden Abend und pickt emsig an den aufgehängten Robbenspeckseiten herum. Die Elfenbeinmöwen bleiben den ganzen Winter über auf Spitzbergen, auch in der Polarnacht. Sie sind wahre Überlebenskünstler, spezialisiert auf Robbenspeck, den sie den Eisbären oder einem einsamen Trapper wie mir von ihrer Beute stibitzen. Ich freue mich über ihre Anhänglichkeit. Liebe geht eben durch den Magen. Vielleicht leistet mir die Möwe in den kommenden Monaten Gesellschaft. Ich würde sie jedenfalls gut bewirten.

Heute bin ich tagsüber mit dem Gummiboot tief in den südlichen Woodfjord gefahren. Es war ausnahmsweise ruhiges Wetter, wenn auch ziemlich kalt und wolkig, aber windstill, und es gab fast keinen Seegang. Bei stärkerem Wind fahre ich nicht gern auf den offenen Fjord hinaus, weil es dort sehr schnell hoch hergeht; das Meer hat 4 bis 5 Grad, mein kleines Gummiboot schlägt voll Wasser, und der Motor fängt an zu stottern. Aber heute Vormittag war es sehr friedlich.

Ich schipperte immer an der Küste entlang. Das ist sicherer, und es gibt auch mehr zu sehen. Es ging vorbei an einem gewaltigen Bergmassiv, das bezeichnenderweise Deutsche Wacht heißt. So sieht das Ungetüm auch aus. Dann weiter zu einer lieblichen Tundralandschaft mit Geröllhalden, kleinen Tümpeln und Hügeln aus Moränenschutt. Schließlich schwenkte ich in die Jakobsenbucht ein und hielt nach Gänsen und Rentieren Ausschau. Diese ewigen Robbensteaks sind nicht mein Fall.

Die Jakobsenbucht läuft in ein Geflecht von Gletscherflüssen aus, die aus dem Andréeland in vielen Windungen ihren Weg ins Meer suchen. Das Ende der Bucht ist mit weinrotem Schlamm bedeckt, in dem mein Boot prompt stecken blieb, und eingefasst mit roten Ufersteinen und roten kleinen Wassertümpeln. Ursache für die Färbung ist eisenhaltiger Staub von dem riesigen roten Gebirgsmassiv am Ende der Bucht.

Ich watete durch die rote Schlammwüste, zog das Boot auf Land, band es an einem gewaltigen Stamm aus Sibirien fest und wanderte ein Stück durch das absolut öde und einsame Land. Kein Tier war zu sehen, kein Vogellaut zu hören, nicht einmal die sonst allgegenwärtigen Seeschwalben. Ein Gefühl grenzenloser Einsamkeit überkam mich, kroch mir den Rücken hoch. Ich setzte mich auf einen angeschwemmten Baumriesen, dachte, dass man wohl ziemlich starke Nerven braucht, um in solchen Situationen nicht in ein Stimmungstief zu rutschen. Auf dem Rückweg zu meinem aus der Entfernung winzig klein wirkenden Gummiboot stieß ich zu allem Überfluss noch auf eine frische Eisbärenspur im Uferlehm. Ich war froh, als ich wieder im Boot stand und mühsam aus dem flachen Modder stakte.

Dennoch gab es auf Spitzbergen noch keinen Ausflug ohne erfreuliche Eindrücke. So war es auch dieses Mal. Beim Verlassen der düsteren Jakobsenbucht tauchten neben dem Boot vier prustende Belugawale auf. Sie nahmen mich gar nicht zur Kenntnis, schwammen dicht am Ufer und suchten nach Fischen und Krebsen. Hin und wieder holten sie schnaufend Luft, ließen ihre Atemfontäne sehen und wölbten beim Abtauchen ihre weißen Rücken weit über die rote Wasseroberfläche.

Kurz vor »meiner« Mushamna-Lagune hatte ich dann auch noch Jagdglück. Eine Schar scheuer Kurzschnabel-Gänse zog vor mir über das Meer. Ich schoss auf Anhieb zwei Vögel. Die baumeln jetzt an Deck neben dem Robbenspeck und den Lachsforellen. Ich freue mich schon auf Gänsebraten, sobald meine Beute gut abgehangen ist. Mein Schiffchen sieht inzwischen wie ein gut bestückter Fleischerladen aus. Ich muss mir wohl etwas einfallen lassen, was die Vorratshaltung angeht, denn in ein paar Wochen ist die Lagune zugefroren. Das bedeutet für hungrige Eisbären freien Zutritt.

Deshalb habe ich beschlossen, am Ufer gegenüber ein einfaches, aber bärensicheres Fleischgestell zu bauen. Das ist gar nicht so einfach, wie ich nach etlichen Stunden Arbeit feststelle. Zunächst wandere ich in der Uferregion herum und suche möglichst schlanke, lange Baumstämme, die ich bei Hochwasser zu meinem Bauplatz flöße und dort mit List und Tücke, Hebelkraft, viel Gestöhne und Schweißvergießen auf die erhöhte Uferkante bugsiere. Und nun kommt das eigentliche Problem: Wie richtet ein Leichtgewicht wie ich mit meinen 60 Kilo sieben bis acht Meter hohe Baumstämme auf, von denen jeder wohl 300 bis 500 Kilo wiegt? Das Fleisch muss sehr hoch aufgehängt werden, damit die Eisbären auch bei viel Schnee nicht hinaufgelangen. Das heißt, so versicherten mir erfahrene Trapper, dass die untersten Fleischstücke mindestens vier Meter über dem Boden hängen müssen. Außerdem soll das Gestell so robust und standfest sein, dass es den wütenden und intelligenten Angriffen hungriger und frustrierter Eisbären standhält.

Nun ja, die ollen Pyramidenbauer vor Tausenden von Jahren mussten ganz andere Probleme bewältigen. Da werde ich als gelernter Physiker und mit den Segnungen der Seefahrt ausgerüsteter Mensch – nämlich Tauen, Taljen und Winschen – doch so ein lächerliches Fleischgestell hinzaubern können. Jetzt zaubere ich schon seit ein paar Tagen herum und muss mal wieder feststellen, dass Theorie und Praxis doch sehr verschiedene Dinge sind.

Außerdem plagt mich bei der Arbeit unter den gewaltigen, schräg abgestützten Baumstämmen die Vorstellung, ich könnte ein ähnliches Schicksal erleiden wie die armen kleinen Polarfüchse, die, damit das Fell nicht beschädigt wird, von den Trappern auf Spitzbergen in Fallen getötet werden, die verdammt große Ähnlichkeit mit meiner Fleischgestell-Konstruktion haben.

Dienstag, 24. August 1999

Ich bin fertig! Das Fleischgestell steht. Ich bin unendlich stolz auf mein handwerkliches Meisterstück. Es sieht sehr stabil und wohlproportioniert aus. Eine große Eismöwe nutzt es als Stammplatz und Beobachtungsposten; die wütenden Angriffe der Seeschwalben lassen sie ungerührt. Das sind ziemlich streitlustige Gesellen. Ich beobachte eine Seeschwalbe, die über 300 Mal in Abständen von zwei Sekunden kreischend Tiefflugattacken auf diese Eismöwe startet. Doch die lässt sich nicht stören. Die Seeschwalbe ist anschließend völlig erschöpft und heiser.

Meine Landstation mit den beiden Hunden und dem neuen Fleischgestell scheint nicht nur für Möwen und Eisbären, sondern auch für Seehunde und Robben eine magische Anziehungskraft zu besitzen. Wann immer ich von *Mesuf* aus einen Kontrollblick hinüberwerfe, herrscht dort Betrieb. Da ist buchstäblich »der Bär los«. Robben tauchen neugierig aus dem Wasser, Eisbären schleichen herum, und Möwen versuchen, einen Speckbrocken zu ergattern. Den Hunden scheint das zu gefallen; sie haben ständig Unterhaltung, können sich mit den frechen Möwen streiten.

Heute war ich mit den beiden auf der Hochebene, die an meine Lagune grenzt. Das Gebiet wird von kleinen Tälern durchschnitten. Mir gefällt es dort oben. Man hat eine herrliche Aussicht über den Woodfjord bis zum offenen Meer, wohl bis zum Nordpol. Die tief stehende Sonne taucht die Landschaft in prächtiges Licht. Am anderen Ufer des Woodfjords liegt die rötlich schimmernde Rentierebene; dort soll es riesige Herden geben. Auf meiner Seite gibt es nur sehr vereinzelt Tiere, die außerdem sehr scheu sind. Trotzdem, vielleicht wird es ja doch noch etwas mit der Rentierjagd.

Die Hochebene ist eine Tundralandschaft mit Schottersteinen, flachen Mooren und weiten, seichten Wasserflächen, die in der Herbstsonne zwischen den braunen Moosebenen wie blank geputzte Spiegel glänzen. Im morastigen Schotterboden sieht man die in hocharktischen Regionen häufig anzutreffenden, in Kreisen und Quadraten angeordneten Steinansammlungen. An einer Stelle wirkt dieses Phänomen wie streng nach Plan angelegt: Verteilt über eine Fläche von der Größe mehrerer Fußballfelder liegen, sauber aufgeschichtet, kleine kreisförmige Steinwälle, die mehrere Quadratmeter große »Gärtchen« aus steinfreiem Lehmboden umschließen, auf dem überall kleine Blümchen und Moospolster wuchern. Das Ganze erinnert an die mit Steinmauern eingefassten Wiesen im schwedischen Småland, nur kleiner.

So ganz genau weiß man noch nicht, wie es zu der sauberen Trennung von Steinen und Lehm durch Frost und Schnee, Eis, Erosion und Wind kommt. Aber es hat mit den Eigenschaften des

Permafrost-Bodens zu tun. Eine Herausforderung für den Physiker! Ich mache zur Dokumentation Aufnahmen, und jetzt versuche ich mir einen Modellversuch zu überlegen, mit dem sich die Entstehungsgeschichte dieser Steinwälle vielleicht erklären lässt.

Auf meiner Wanderung über die Hochebene treffe ich ein Raubmöwen-Pärchen – prächtige große Vögel mit grauschwarzem Rücken, weißem Hals und tiefschwarzem Schopf, der aussieht wie eine Pilotenkappe. Tatsächlich wirken die Raubmöwen auch in der Luft wie Jagdflieger, wenn sie sich elegant und schnell von der Hochebene den steilen Abhang zum Meer hinunter stürzen, unten in einen Zickzack-Tiefflug über die Ufersteine übergehen und dabei versuchen, die kleinen Meerstrandläufer aufzuscheuchen.

Vor ein paar Tagen wurde ich Zeuge einer dramatischen Jagdszene: Eine Raubmöwe zwang einen Meerstrandläufer aus der Deckung und zur Flucht, und nun begann eine wilde Jagd. Der Strandläufer flatterte wie eine Lerche senkrecht nach oben, bis er mit dem Fernglas kaum noch zu erkennen war. Die Raubmöwe schraubte sich in weiten Schwüngen in die Höhe und versuchte, den kleinen Vogel im Vorbeifliegen zu greifen. Immer wieder. Schließlich rammte die Möwe den Meerstrandläufer. Der stürzte ab. Die Raubmöwe raste mit angelegten Schwingen dem Opfer nach. Ich konnte das Sausen in der Luft hören. Und noch ehe der Strandläufer die Meeresoberfläche erreicht hatte, packte die Möwe zu und drückte ihn in unter Wasser. Ein bisschen Geflatter, dann Ruhe. Die Raubmöwe ruhte einen Moment neben ihrem Opfer aus und versuchte dann, die leblose Beute an Land zu schleppen, doch nach wenigen Metern in der Luft platschte der kleine Vogelkörper wieder ins Wasser. Die Raubmöwe hackte ein paar Bissen von ihrem Opfer ab. Dann segelte ein Eissturmvogel heran, und die Möwe räumte kampflos das Feld.

Eissturmvögel sind keine Jäger, sondern ernähren sich normalerweise von kleinen Krebsen, Larven und Fischen. Aber wenn sie Nutznießer fremden Jagdglücks sein können, greifen sie zu. Und die Raubmöwen gehen der Konfrontation mit den größeren Kontrahenten aus dem Weg.

Nun wollte sich der Eissturmvogel die Beute der Möwe einverleiben und versuchte, den Meerstrandläufer mit dem Schnabel zu zerteilen. Aber er konnte den toten Vogel nicht packen, sondern musste zusehen, wie dieser unterging. Eissturmvögel können nicht tauchen. Der Beutedieb paddelte noch ein paar Mal frustriert im Kreis herum und flog dann davon. Die Raubmöwe hatte in respektvollem Abstand gewartet und kam schnell zurück. Aber außer ein paar Federchen war von dem Meerstrandläufer nichts mehr zu sehen. Die Möwe klagte noch ein bisschen über ihr Unglück und setzte sich völlig erschöpft auf ein Stück Treibholz am Strand. Vielleicht dachte sie über die Ungerechtigkeit der Welt nach. Ich hatte ein wenig Mitleid mit ihr.

Ich mag die Raubmöwen. Sie sammeln sich jetzt zum Flug in die Winterquartiere nach Afrika. Manchmal stürzen sich zehn bis zwanzig der eleganten Flieger in rauschender Flugformation von der Hochebene herab, verbreiten am Strand Angst und Schrecken unter den kleinen Vögeln und kehren wieder in die Berge zurück. Von dort höre ich ihren klagenden Chor, wie von einem Wolfsrudel. Ich sitze mit dem Feldstecher am Rand der Hochebene und bin vom langen Sitzen und Schauen ganz durchgefroren. Etwas eingerostet rapple ich mich auf, sehr zur Freude der Hunde, die mich in erbarmungslosem Tempo nach Hause an die Futtertröge schleppen.

Montag, 30. August 1999

Es ist es ungewöhnlich warm für die Jahreszeit. Ganz plötzlich setzt ein kräftiger Südwestwind ein. Das Barometer fällt. Von Süden nähert sich eine stürmische Schlechtwetterfront. Aber das stört mich nicht; ich sitze hier gemütlich in meinem gut verankerten Schiffchen. Meine Pflichten habe ich für heute erledigt – Hunde ausführen und füttern. Jetzt trinke ich Tee und bin müde. Müde vor allem, weil wir drei einen zweitägigen Gewaltmarsch in den Norden hinter uns haben – mit Rucksack, Schlafsack, Kocher, Proviant, Kaffee, Munition, warmen Pullovern, Fotoapparaten und was ich sonst noch unbedingt brauchte. Mein Ziel war Gråhuken, die äußerste Nordspitze am Woodfjord, etwa 20 Kilometer von Mushamna entfernt.

Eigentlich sind 20 Kilometer keine beeindruckende Entfernung, wenn man über gemütliche Wanderwege spaziert. Hier sah es etwas anders aus. Es ging durch Sümpfe, über Schotterhalden, durch Gletscherflüsse und scharf eingeschnittene Seitentäler mit steil abfallenden Felswänden. Hinzu kam, dass ich zwei Grönländer Hunde dabei hatte, die das rücksichtslose Vorwärtsstürmen als normale Fortbewegungsart betrachten und mich armen Wandersmann erbarmungslos genau dort entlang zerrten, wo sie die Ideallinie für unsere Tour sahen – durch Sümpfe, tiefe Bäche, über steile Schotterhänge. Sie können sich wohl kaum vorstellen, dass ein müder Mensch mit schwerem Rucksack vielleicht lieber einen etwas bequemeren Pfad wählen würde – wenn er nicht ständig hinter seinen Hunden herrennen müsste.

Vor Erschöpfung erteilte ich den beiden ihre erste Lektion in Sachen Erziehung – sogar mit Erfolg. Wenn ich mit donnernder Stimme »Fuß!« brüllte, zeigte das, zumindest bei Svarte, eine begrenzte Wirkung. Er hörte auf, an der Leine zu zerren, und blieb ein Weilchen an meiner Seite. Bjosse dagegen ist dickfelliger oder weniger intelligent; ihm musste ich schon mal einen kräftigen Rippenstüber versetzen. Danach guckte er mich immer ganz verwundert an, als würde er mich zum ersten Mal sehen.

Für meinen Ausflag nach Gråhuken gab es einen Grund: Dort hauste um 1935 Christiane Ritter mit ihrem Mann und einem Trapper ein Jahr lang in einer kleinen Hütte und schrieb über diese Zeit das Buch *Eine Frau erlebt die Polarnacht.* Deshalb wollte ich mir die Gegend etwas genauer ansehen und nach der kleinen Trapperhütte suchen. Und es gab noch einen zweiten Grund: das Schicksal des norwegischen Trappers Mathilas und seines Kameraden Anderssen. Die beiden strandeten 1872/1873 mit ihren Booten auf Gråhuken und gingen im Lauf des Winters jämmerlich an Skorbut zugrunde. Sie hinterließen ein ausführliches Tagebuch über ihre Leidenszeit. Ein ganz vergilbtes Exemplar steht in meiner Bibliothek, und nach der

Lektüre wollte ich mir den Ort des Geschehens ansehen. Ich fühle eine Seelenverwandtschaft mit Mathilas. Seine Erinnerungen haben mich sehr berührt. Davon werde ich später noch ausführlicher berichten.

Abends um 10 Uhr kam ich müde und erschöpft bei starkem Nordwind und eisiger Kälte auf Gråhuken an, einer furchtbar öden Schotterhalde, die auf einer Halbinsel zwischen dem Wood- und dem Wijdefjord liegt. Im Norden grenzt sie an das nebelige Nordmeer, im Süden an das unwirtliche Gråhuken-Gebirge. Ich versuchte, die von Christiane Ritter beschriebenen Einzelheiten in der Landschaft wieder zu finden – die Ausblicke, die Gebirgsformationen, die kleine Quelle in der Nähe der Hütte. Und dann entdeckte ich eine kleine Bretterbude. Ob dies das Domizil der Ritters war? Jedenfalls verbrachte ich dort die Nacht, nachdem ich meinen treuen Vierbeinern ihre Reiseration Robbenspeck serviert und mir selbst Nudeln mit Dauerwurst gekocht hatte.

Das Grab von Mathilas und Anderssen konnte ich nicht finden. Aber die Schotterebene von Gråhuken ist auch sehr ausgedehnt und unübersichtlich. Lange saß ich mit den Hunden auf einem Steinhaufen. Vielleicht eines der Gräber? Von da aus konnte ich über das Meer bis zum Nordpol sehen und dachte dabei an die beiden Trapper, die sich hier vor fast 130 Jahren voller Hoffnung eine Notunterkunft für den Winter gebaut hatten, dann aber, als Kälte und Dunkelheit kamen, langsam die Kraft verloren. Am 18. Februar 1873 waren beide tot.

Als ich aufstand, waren meine Knochen von der Kälte und vom langen Sitzen steif, und ich musste die trübe Stimmung verjagen, um meine eigene Zukunft in hellerem Licht zu betrachten. Ich kraulte die Hunde, die bei dieser unerwarteten Liebkosung außer Rand und Band gerieten, und trottete zurück zu der kleinen Hütte von Christiane Ritter.

Am nächsten Morgen zeigte sich dann alles in einem freundlicheren Licht. Die Sonne schien, das Meer vor der Hütte rauschte wie in lange zurückliegenden Ferien an der Nordseeküste, die Hunde waren ausgeschlafen und gut gelaunt, und ich hatte nachts in meinem Schlafsack beschlossen, mich nicht, wie Mathilas, vom Schicksal unterkriegen zu lassen.

Der Rückweg nach Mushamna zog sich endlos hin. Auf einer Ebene mit Moosfeldern und Schotter hoch über dem Meer fand ich den uralten, verwitterten Rückenwirbel eines Wals. Grau, zerfurcht, mit Moosflechten bewachsen, lag er, wer weiß wie lange schon, zwischen Geröll und Grasbüscheln. Nachdem der Wal dort gestrandet war, hatte sich das Land über das Meeresniveau gehoben. Knochen verwittern in diesem kalten und trockenen Klima nur sehr langsam. Womöglich lag der Wirbel schon ein paar tausend Jahre hier, ehe ich Glückspilz ihn gefunden habe.

Vor einigen Wochen traf ich hier in der Gegend überraschend ein paar Geologen von der Universität Heidelberg, die sich mit der Entstehung der hiesigen Landformationen befassen. Dabei spielt auch die Altersbestimmung der Geröllfelder ein wichtige, aber schwierige Rolle. Vielleicht kann mein Walknochen dabei helfen. Das geologische Alter lässt sich mit der sogenannten C-14-Methode über den natürlichen Zerfall von Kohlenstoff bestimmen. Und wenn man weiß, wann der Wal auf der Hochebene gestrandet ist, kann man daraus schließen, wann sich das Land gehoben hat. Ich habe den Fundort des Wirbels vorsorglich gut vermessen, in die Karte eingetragen, ein paar Fotos gemacht und das Ungetüm schließlich in meinem Rucksack verstaut. Der restliche Heimweg wurde dadurch noch mühsamer. Jetzt liegt der große Knochen auf meinem Labortisch. Die zerfurchte Oberfläche wirkt im Petroleumlicht wie das Gesicht eines uralten Mannes, der griesgrämig zu mir herüberschaut.

8 Der Winter naht
Das erste Eis auf der Lagune

Mittwoch, 1. September 1999

Endlich. Ich konnte den September kaum erwarten. Warum? Weil ich das Gefühl habe, dass jetzt die eigentliche Herausforderung der Überwinterung beginnt. Dennoch bin ich unruhig. Ist das Schiff gut gerüstet? Habe ich ausreichend Vorräte? Bin ich auf Katastrophenfälle vorbereitet? Werde ich mit der langen, dunklen Einsamkeit fertig? Solange es noch hell ist, das Thermometer noch bei plus 5 Grad steht und Vorräte in Hülle und Fülle da sind, komme ich mir vor wie einer, der auf einen Zehn-Meter-Sprungturm geklettert ist und sich dabei eigentlich ganz wohl fühlt. Aber nun ist September, die Tage werden dunkler, das Thermometer fällt, die Vögel ziehen nach Süden, es wird still; die Hunde bekommen ihr dickes Winterfell, Nebelwolken verhängen die Sicht, die Einsamkeit ist körperlich spürbar. Das eigentliche Abenteuer beginnt.

Vor ein paar Tagen bekam ich einen kleinen Vorgeschmack auf winterliche Freuden: Mitten im tiefsten Schlaf, so gegen 3 Uhr nachts, wurde ich von lautem Kratzen, Scheppern und Klirren geweckt, als zerschlüge jemand eine ganze Kücheneinrichtung. Ich springe aus meiner Schlafkoje an Deck und rechne mit dem Schlimmsten, aber ein wunderbarer Anblick überrascht mich: Meine Lagune ist zugefroren! Das dünne Eis zerbricht und kratzt an *Mesuf* und an den Ankerbojen. Die Oberflächenströmungen in der Lagune treiben die Eisfelder hin und her, aber mein Schiff ist gut verankert, gefesselt mit Leinen und Ketten. Und nun tobt, kreischt, sägt, zetert das wandernde Eis an den festliegenden Hindernissen, zerrt an meinen armen Ankerbojen. Eine hat sich schon losgerissen und treibt auf Nimmerwiedersehen zum Ausgang der Lagune. Die straff gespannten Leinen und Ketten sägen sich mit schaurigen Geräuschen durch die Eisschichten, die kaum zu ertragen sind. Ich kann die Schmerzen meiner Ankertaue geradezu fühlen, wenn sie von den messerscharfen Eisschollen attackiert werden.

Das ganze Spektakel findet bei herrlicher Nachtsonne und klarem Himmel statt. Und dann wird es kalt, und eine Robbe, über den plötzlichen Wetterumschwung offenbar so verwirrt wie ich, taucht durch die berstenden Eissplitter auf und schüttelt verwundert den Kopf. Ich schlüpfe sofort in meine Trapperkluft – Robbenfellschuhe, dicker Anorak, Wollmütze, Fäustlinge. Nein, keine Robbenjagd. Ich schnappe mir Fotoapparat und Messgeräte und gehe auf Erkundungstour: Wie dick ist das Eis, wie hoch der Salzgehalt, wie kalt das Wasser? Sind im Eis eingeschlossene Mikroorganismen erkennbar? Aber auch: Hält mein Ankersystem, werden die Taue vom Eis zersägt, sollte ich die Ankerbojen lieber kappen, wird die Schiffshaut durch das entlangschrammende Eis beschädigt, und was geschieht eigentlich mit dem Gummiboot, wenn es im Eis einfriert? Es gibt viel zu tun und viele Fragen auf einmal zu beantworten. Nach drei Stunden ist der Spuk vorbei, der Winter zieht sich vorerst zurück.

Und ich habe eine Menge Messergebnisse und erste Erfahrungen gewonnen – zunächst einmal, was mein Schiff und seine Sicherheit im Eis angeht. Ich habe sämtliche Ankerbojen gekappt und durch Schwimmleinen ersetzt, die bei Wind und Wellen zwar kaum zu erkennen sind, dafür aber driftenden Eisfeldern kaum Widerstand entgegensetzen, und dann die Ankertaue gegen Ketten ausgetauscht, so weit der Vorrat reichte. Außerdem ist das Schiff jetzt am Bug mit einem ähnlich schweren Grundanker gesichert wie schon seit einigen Wochen am Heck. Zum Glück hatte ich aus Ny-Ålesund noch einen zweiten Lastensack mitgenommen, den ich mit etwa 600 Kilo Steinen im Meer versenkt habe. Jetzt kann ich mir kaum noch vorstellen, dass Eis und Sturm es schaffen, mein Schiff vom Fleck zu bewegen. Aber vielleicht ist meine Phantasie zu dürftig für diese Gegend am Nordpol.

Im Hinblick auf meine wissenschaftlichen Erkenntnisse über das Eis im Meer, seine Struktur und seine Entstehung habe ich ebenfalls dazugelernt. Unter günstigen Bedingungen kann sich das Eis im Meer innerhalb von Minuten bilden. Im neu entstandenen Eis konzentrieren sich Ablagerungen wie *hot spots* – Zonen mit auffälligen Ansammlungen von Algen, Mikroorganismen und Bakterien. Nachdem ich alles fotografiert und dokumentiert hatte, kroch ich so gegen 8 Uhr früh tief befriedigt und müde wieder in meine Koje.

Nach diesem Kälteeinbruch sind die Bäche und Rinnsale in der Umgebung, die in letzter Zeit ohnehin immer spärlicher wurden, fast völlig versiegt. Damit habe ich gerechnet, da die Trapper mir gesagt hatten, dass die Zeit von Ende August bis zum ersten richtigen Schneefall, der vielleicht erst im Oktober kommt, sehr trocken ist. Das bedeutet, dass es Probleme mit der Trinkwasserversorgung gibt. Daher fuhr ich einen ganzen Tag lang immer wieder mit dem Gummiboot und meiner Allzwecktonne, die ich zum Robben- und Fischeschlachten, für die große Wäsche und das Vollbad alle zwei Wochen benutze, zu einer spärlich rinnenden Quelle, um Tonne für Tonne meinen Wasserbehälter auf dem Schiff zu füllen. Schon eine eigenartige Erfahrung, wie viel Zeit und Kraft man hier in der Wildnis auf banale Dinge verwendet, die zu Hause auf Knopfdruck funktionieren. Abends war ich höchst zufrieden: das Schiff gut gesichert, die Wasservorräte aufgefüllt, das Fleischgestell voller Robbenspeck, an Deck jede Menge getrockneter Fische und zwei gerupfte Gänse. Der Winter kann kommen.

Und ich spüre, dass er bald kommen wird. Gestern Abend war, wie bei einer Gala, Lichterzauber angesagt. Die Szene: eine windstille, spiegelblanke Lagune in rosig-violetter Beleuchtung, die Gebirgswände ringsum rotgolden angestrahlt, und über meinem Hausberg, der Deutschen Wacht, ein Regenbogen ohne jeden Regen. Ich musste sofort an Richard Wagner denken; so mochte er sich die Götterdämmerung vorgestellt haben.

Ich schwelge in Eindrücken, werde hellhöriger, weitsichtiger, führe Selbstgespräche, spreche mir Mut zu oder klopfe mir in Gedanken auf die Schulter, wenn ich glaube, dass ich meine Sache hier ganz gut mache. Aber manchmal plagt mich auch mein Gewissen. Müsste ich nicht eigentlich etwas Vernünftiges tun? Daraufhin verordne ich mir die wissenschaftliche Fleißaufgabe, die energetische Überlebensstrategie von Enten und Robben systematisch zu untersuchen. Es macht richtig Spaß.

Frage: Wie halten Enten, die hier im rauen Klima von Spitzbergen in Scharen brüten, ihre Jungen und ihre Eier in den Nestern ausreichend warm? Für die Versuchsanordnung versehe ich die letzten Hühnereier aus der Proviantkiste mit einem kleinen Temperaturmesser, hole mir eines der verlassenen Entennester, die zwischen den Kieselsteinen am Strand vom Wind zerzaust werden, und beginne systematisch zu messen, wie schnell das vorher aufgewärmte Ei in den Daunen der Entennester abkühlt. Dann erfolgt der Vergleich mit dem Abkühlvorgang bei einem ungeschützten Ei. Das Ergebnis ist nicht sehr überraschend: Es belegt die hervorragende Isolierqualität von Entendaunen. Anschließend wiederhole ich den Versuch mit einer Thermoskanne. Ihre Isolationskraft ist auch nicht besser.

Unter dem Mikroskop zeigt sich, dass die Entenfederchen eine verzweigte, mit kleinen Widerhaken versehene Struktur haben. Daneben sieht mein eigenes Haar in der Vergrößerung wie eine dicke Schweineborste aus. Die Daunenhärchen sind nur etwa einen bis zehn Mikrometer dick, und ihre Widerhaken, ähnlich geformt wie Speerspitzen, sind nach innen zum Federkiel gerichtet. Wenn nun zwei Daunenfederelemente aus entgegengesetzten Richtungen aufeinander treffen, verkeilen sich die Widerhaken, und das Daunenelement plustert sich auf. Die thermische Isolierung wird verbessert. Streicht man jedoch am Federkiel entlang von innen nach außen wie der Entenschnabel bei der Morgentoilette, bieten die Häkchen keinen Widerstand.

Bei genauer Betrachtung unter dem Mikroskop wirkt das System von Härchen und Häkchen wie ein mechanischer Gleichrichter. Gänsefedern sind übrigens ganz ähnlich aufgebaut, wie ich feststellen konnte. Die Proben stammten von meiner Jagdbeute auf Deck. Allerdings sehen ihre Häkchen nicht wie wie Speerspitzen aus, sondern erinnern an Angelhaken.

Beim Betrachten der verschiedenen Daunenfederchen kam mir ein Museumsbesuch vor Jahren wieder in den Sinn. Da waren die Speerspitzen, Harpunen und Angelhaken verschiedener Völkerstämme zusammengestellt. So wie sich ihre Waffen unterscheiden, variiert auch das als Kälteschutz dienende Widerhakensystem der Vogelfedern. Vielleicht wäre eine intensive Untersuchung der Daunen hinsichtlich der thermischen Isolationswirkung ein lohnendes Forschungsvorhaben.

Die Entendaunen bieten einen hervorragenden thermischen Schutz. Sie sind federleicht und verringern bei starkem mechanischem Druck ihr Volumen auf weniger als ein Prozent der normalen Fülle. Das bedeutet für eine Ente, die bei der Nahrungssuche im Wasser taucht, dass sich die vorher aufgeplusterten Daunen praktisch ohne Volumen an ihren Körper anlegen und so den Tauchvorgang nicht durch Auftrieb behindern. Nachteilig ist dabei nur, dass mit dem Volumen auch die Kälteisolierung unter Wasser dahin ist. Müssen die Enten eben zusehen, dass sie ein bisschen Fett auf die Rippen bekommen. Außerdem tauchen sie ja immer nur kurze Zeit.

Ganz anders ist es bei den Robben, die immer im eiskalten Wasser leben und lange tauchen. Sie brauchen eine thermische Isolierung, die auch dem Wasserdruck standhält. Da sie nicht fliegen müssen, braucht das Isoliermaterial nicht federleicht zu sein. Also haben sich die Robben eine warme Speckschicht zugelegt, die beim Tauchen ihre Isolierkraft behält.

Nächster Versuch: Ich habe von meinem Fleischgestell ein paar schöne Robbenspeckseiten heruntergeholt, sie um mit warmem Wasser gefüllte Plastikbeutel gewickelt und auf diese Weise mit einiger Mühe eine ganz ordentlich aussehende Kunstrobbe zusammengebastelt. Sie wurde mit Temperatursensoren versehen, und tatsächlich stellte sich heraus, dass die thermische Schutzwirkung des Robbenspecks ähnlich beeindruckend ist wie die von Entendaunen. Aber ich wollte es noch ein bisschen genauer wissen und testete meine Versuchsrobbe in der kühlen Luft am Strand und im kalten Wasser. Die Abkühlung im etwa 4 Grad kalten Wasser erfolgte sehr viel rascher als in der Luft bei 5 Grad – trotz des scharfen Nordwinds. Dieses Ergebnis ist auf die gute Wärmeleitfähigkeit von Wasser zurückzuführen. Und es erklärt, warum Robben selbst bei Frost gern am Strand oder auf dem Eis liegen: um sich aufzuwärmen. Nur wenn der Wind stark und die Lufttemperaturen sehr niedrig sind, tauchen sie ins wärmere Wasser ein.

Betrachtet man einen Schnitt durch Robbenfell und Robbenspeck unter dem Mikroskop, kann man den schichtweisen Aufbau dieses thermischen Isolationsmaterials bewundern. Das dunkle Außenfell der Robbe speichert außerdem Sonnenwärme.

Vielleicht nehme ich mir die umfassende Frage, wie Tiere unter den extrem kalten Witterungsbedingungen auf Spitzbergen mit unterschiedlichen Isolierungstaktiken überleben, später noch einmal gründlicher vor. Ich habe schon eine Menge Messergebnisse gesammelt und damit genug Stoff zum Nachdenken für die kommenden Wintermonate.

Freitag, 3. September 1999

Heute geht es mir nicht gut. Ich hänge lustlos herum, fühle mich einsam und verlassen. Draußen heult der Sturm, die Böen pfeifen und rütteln im Rigg, und *Mesuf* schaukelt und zerrt an den Ankerketten. Das Barometer ist seit Tagen stark gefallen; inzwischen steht der Zeiger auf 975 Millibar; das habe ich nur selten erlebt.

In Deutschland rechnet man bei einem Sturmtief mit Westwind, hier auf Spitzbergen hingegen bläst es aus Osten. Logisch, denn das Sturmzentrum liegt von hier aus im Süden; nach Norden ist kein Platz mehr, da pfeift der Sturm eben aus dem Osten und dreht dann über Nordwest nach West. Aber egal, woher der Wind weht – es ist so oder so ziemlich ungemütlich. Die umliegenden Berggipfel sind in tief hängende Sturmwolken gehüllt, die hin und wieder den Blick auf einen Berghang freigeben, und über das Deck fegt ein Gemisch aus Schnee und Regen. Die aufgehängten Fische reißen sich los, und ich stürze nach draußen, um sie wieder einzusammeln. Die Hunde an Land haben sich zusammengerollt und lassen das Tohuwabohu mit stoischer Ruhe über sich ergehen.

So eine ergebene Haltung muss ich mir erst noch angewöhnen. Und eigentlich gibt es auch gar keinen Grund für Selbstmitleid. Ich sitze hier in meiner Schutzbehausung wie in einer Weltraumkapsel, behütet vor den draußen wütenden Naturgewalten. Trotzdem fühle ich mich mies. Ich glaube, ich muss es machen wie die Hunde und mir ein dickes Winterfell zulegen – für die Seele.

In den Tagebüchern der alten Trapper wird immer wieder beschrieben, dass man sich in dieser menschenfeindlichen Einsamkeit auf keinen Fall hängen lassen und passiv dahindulden darf, sondern den Widrigkeiten selbstbewusst die Stirn bieten muss, aktiv sein, trotz Sturm und Kälte hinausgehen und sich durchpusten lassen muss. Ich werde es probieren. Gerade komme ich von einem zweistündigen Ausflug zurück und fühle mich tatsächlich besser.

An Land zu kommen war gar nicht so einfach: wasserdichten Schutzanzug überstreifen, den Revolver gut verpacken, dann ab ins Gummiboot und sich durch die kabbeligen Wellen mit fliegender Gischt zur Landstation kämpfen. Die Hunde dankten es mir und begrüßten mich besonders begeistert. Das ist jedes Mal rührend, aufmunternd, turbulent und anstrengend. Sie hüpfen heulend, knurrend, japsend, wedelnd und aufeinander eifersüchtig um mich herum, schmiegen sich mit ihrem nassen Pelz an meinen Körper, springen an mir hoch, verwickeln ihre Leinen zu einem unentwirrbaren Knäuel – und irgendwann haben sie sich und meine Beine gefesselt und fangen plötzlich an, drohend zu knurren und die Zähne zu fletschen. Eine Beißerei scheint unausweichlich. Und ich mittendrin. Manchmal gehe ich in diesem Gewurle zu Boden und muss um meine Hände und meine Nase fürchten.

Aber irgendwie hat sich die Lage bisher immer wieder entspannt. Sicher auch, weil ich dann autoritär zu brüllen anfange. Anschließend stürmen wir dann bestens gelaunt bei heftigem Schneetreiben über die Geröllhalden. Die Hunde lieben dieses Wetter. Ausgelassen plantschen sie am Strand in der Uferbrandung und ziehen und zerren mich aufgeregt von einer Riechens- und Sehenswürdigkeit zur nächsten. Wenn wir alle richtig nass und müde sind, geht's zurück zum Lagerplatz, die Hunde kriegen ihr Fressen, und ich kann verschnaufen.

Etwas später mache ich mich wieder mal an die Arbeit an meinem Fleischgestell, und das heißt: Steine und Sand zur Sicherung gegen Sturm und Hochwasser schaufeln, die Halteseile fester spannen und die seit dem Sturm lose hängenden Fleischbrocken neu vertäuen. Die Eisbären sollen nicht noch eine Chance bekommen, sich zu bedienen. Übrigens haben sie seit ein paar Tagen ihre Belagerung aufgegeben und die Gegend verlassen. Ich genieße die Ruhe und kann mich wieder etwas freier bewegen.

Nach der Rückkehr in meine schwimmende Höhle widme ich mich den Bakterienproben. Das geht bei Sturm besonders gut, weil meine rasende Windmühle unermüdlich Strom für die Messgeräte und Mikroskopleuchten produziert. Ich kann arbeiten, ohne mir über den Energieverbrauch Gedanken machen zu müssen.

Mit dem Einsetzen des Winters ist ein großes Sterben von Algen und Mikroorganismen verbundenen. Sehr zur Freude der Bakterien, für die mit dem verwesenden organischen Material der Tisch reich gedeckt ist. Dementsprechend vermehren sie sich. Jedenfalls wimmelt es in den Proben unter dem Mikroskop nur so von krabbelnden, sich windenden und herumwirbelnden Würmchen, Larven, Krebschen, Einzellern und Bakterien – und das bei Temperaturen zwischen 0 und plus 4 Grad. Die Mikrobenfülle ist überwältigend. Ich überlege nun, welche Schlussfolgerungen daraus zu ziehen sind, und welche systematischen Versuchsprogramme ich entwickeln muss.

Eines ist schon jetzt klar: Die Phasen größter Vitalität laufen für pflanzliche Organismen wie Algen und für Mikroorganismen nacheinander ab. Im Sommer bei starker Helligkeit und in Verbindung mit den Nährsalzen, mit denen sich das Wasser im Winter angereichert hat, gedeihen die pflanzlichen Organismen. Wenn dann bei zunehmender Kälte, schwindendem Licht und geringer werdenden Nährstoffen die Pflanzen verwesen, ernähren sich davon die Mikroorganismen. Genau dieses Entwicklungsstadium kann ich jetzt beobachten. Ich habe viele Fotos durchs Mikroskop gemacht, um die Lebensvielfalt zu dokumentieren, und bin sehr gespannt, wie es mit dem Leben im Wasser in den nächsten Monaten weitergeht.

Jetzt muss ich mich aber erst mal um die Ernährungsfrage an Bord kümmern. Ich backe Brot, koche mir einen Spezialkakao mit viel Honig und Rum, zünde mir eine Pfeife an, nehme mir ein Buch vor und lasse es mir gut gehen.

Montag, 6. September 1999

Die Sonne scheint strahlend. Sie steht zwar sehr tief und wirft lange Schatten, aber sie erzeugt ein funkelndes Farbenspiel am Ufer und auf den schneebedeckten Bergen und Gletschern. Es ist schön, nach den düsteren Tagen mit Sturm, Schnee- und Regenschauern wieder die Sonne zu sehen. Wie soll das erst in der *mørketid*, der monatelangen Polarnacht, werden, wenn ich die Sonne jetzt schon nach wenigen Tagen so vermisse?

Nach meiner Morgenwäsche mit eiskaltem Wasser aus der Lagune springe ich splitterfasernackt an Deck herum, wedle mit den Armen und hopse im engen Cockpit auf und ab, um trocken zu werden, ohne zu erfrieren. Es hat etwa null Grad; jeden Morgen wird es spürbar kälter, und nach dem Aufstehen sehe ich immer ganz neugierig nach, ob sich auf der Wasseroberfläche schon Eisschollen zeigen. Plötzlich wird meine Morgengymnastik von lautem Platschen und Schnaufen unterbrochen: Eine Bartrobbe guckt mir aus der Nähe zu und wundert sich über dieses merkwürdige Wesen ohne wärmenden Robbenspeck auf den Rippen.

Frühstück. Es gibt Knuspermüsli-Ersatz aus ein paar Brotscheiben, die ich abends auf dem Ofen röste und morgens in Milch mit Honig und Haferflocken zerbrösle. Dazu wird Kaffee serviert.

Anschließend wende ich mich den Bakterien zu. Erst sortiere ich alle bisher gesammelten Proben: Schlamm aus den Gletscherbächen, kleine Krabben, Schnecken, Algenreste aus dem Meer, von nassen

Steinen abgekratzte Rotalgen, Hautschleim von Lachsforellen, Magen- und Darminhalte meiner Beutefische, Schaum von der Lagune, organisch gebildete Haut von kleinen Tümpeln. Dann setze ich Bakterienkulturen nach allen Regeln der Kunst in unterschiedlichen Nährlösungen an.

Vor meiner Abreise habe ich unter der geduldigen Aufsicht der Doktorandin Tatjana aus Sibirien im Labor meines Kollegen Antranikian einen Schnellkurs für Bakteriologen absolviert. Ich glaube, meine Lehrmeisterin wäre zufrieden, wenn sie mich jetzt sehen könnte, wie ich in meinem Minilabor auf *Mesuf* herumspringe, die Bestecke über einem Bunsenbrenner sterilisiere, im Dampfdruckkessel die Nährlösungen mit Hitze behandle, die Nährstoffplatten mit Bakterien impfe, zwischendurch immer wieder zur Kontrolle durchs Mikroskop schaue. Ich komme mir sehr professionell vor und bin gespannt, wie sich die Bakterien bei den kalten Umgebungstemperaturen entwickeln.

Es ist schon später Nachmittag, als ich endlich Zeit finde, mich den Hunden zu widmen. Sie sind sehr geduldig und scheinen nur für die beiden Stunden am Tag zu leben, in denen ich mit ihnen in der Umgebung umherstreife und ihnen ihr Fressen bringe. Die beiden brauchen, wie alle Grönländer Schlittenhunde, viel Zuwendung. Sie genießen es, wenn ich mit ihnen schmuse, sie abklopfe und mit ihnen spreche. Sie kriechen mir vor Begeisterung fast in die Hosenbeine, seufzen und stöhnen, jaulen und heulen vor Freude und schließen andächtig die Augen, wenn ich sie kraule. Unsere gemeinsamen Touren führen immer zu Aussichtspunkten, zu windgeschützten Plätzen am Meer oder zu einem imposanten Treibholzstamm, der als bequemer Sitzplatz dient. Dort machen wir dann Pause, die Hunde bekommen ihre Streicheleinheiten, und wir liegen und sitzen alle drei ineinander verknäuelt da. Die Hunde dösen, zufrieden, dass ich dabei bin, und ich blicke aufs Meer und denke so vor mich hin.

Endlich habe ich Zeit – viel Zeit – und kann in aller Ruhe allen möglichen Gedanken nachhängen. Niemand stört mich, keine Termine. Was für ein Luxus!

An der Universität hatte ich zuweilen Zweifel, ob alles, was man da täglich so tut, die Bezeichnung Wissenschaft verdient. Dieser Aktionismus, der Zwang, möglichst viele Forschungsmittel heranzuschaffen, möglichst viele Doktoranden abzufertigen, das viele Gerede in den Gremien, der Zwang zur Selbstdarstellung, die Jagd nach Anerkennung – ob das alles automatisch zu wichtigen Erkenntnissen führt? Dazu die Nerven aufreibende Bürokratie, in deren Mühlen schon manches Projekt untergegangen ist. Ich hoffe, dass trotz aller Sparmaßnahmen die wirklich originellen Köpfe in der Heerschar der Durchschnittswissenschaftler ihre Nische finden. Ich gebe zu, das ist leichter gesagt als getan. Denn wie soll sich so ein armer Wissenschaftler aus dem Sumpf von Tageshektik, Geldbeschaffungssorgen und Bürokratie für die Forschung frei strampeln?

Ich bin froh, dass ich es geschafft habe, mich aus dem Trubel hierher in die Welt der Robben, Eisbären, Bakterien und der Einsamkeit mit viel Zeit zum Nachdenken zurückzuziehen.

Donnerstag, 9. September 1999

Seit zwei Tagen ist in unserem geruhsamen Idyll wieder »der Bär los«. Es fing ganz harmlos an. Während der morgendlichen Katzenwäsche und dem anschließenden Frühsport auf Deck wurde ich diesmal nicht von Robben beobachtet, sondern von einem Bären. Einem Riesenkerl – einem älteren Herrn, wie es aussah. So genau kann man das aus der Entfernung nicht beurteilen. Jedenfalls habe ich ihn Ole getauft, nach meinem ebenfalls ziemlich groß geratenen Sohn. Der Bär Ole saß am Ufer und beobachtete abwechselnd sein Spiegelbild im Wasser und mich und mein Schiff. Ich kenne diesen sehnsuchtsvollen Blick von früheren Bärenbesuchen, dieses andächtige Einsaugen der verlockenden Witterung mit gehobener Nase. Auch diesmal lief mir ein kalter Schauer den Rücken hinunter. Es ist kein angenehmes Gefühl, als Beute ins Auge gefasst zu werden. Also unterbrach ich meine Morgengymnastik und schlüpfte rasch in meine Trapperklamotten, um für alle Fälle bereit zu sein. Das war auch notwendig, denn Ole stand nach demonstrativem Gähnen und gewaltigem Maulaufreißen auf und schlenderte mit immer flotteren Schritten am Rande der Lagune entlang auf mein Landlager zu.

Ich war gerade fertig angezogen, da blafften die Hunde schon warnend. Den Bären beeindruckte das überhaupt nicht. Im Gegenteil, er legte noch an Tempo zu und war nur noch 50 Meter von den Hunden entfernt. Ich sprang ins Gummiboot und preschte mit demonstrativ aufjaulendem Motor auf Ole zu. Er zögerte, schüttelte unwillig den Kopf und marschierte einfach weiter, worauf ich mein mit Hochdruckgas betriebenes Nebelhorn tuten ließ und mit der Signalpistole auf ihn feuerte. Das brachte ihn zum Nachdenken. Jetzt wusste er, dass wir keine harmlose Gesellschaft von Seehunden sind. Er umschlich das Lager und legte sich in 100 Meter Abstand auf Beobachtungsposten, während ich mit den Hunden eine Lagebesprechung abhielt. Was war zu tun? Die Hunde schienen den Bären auf Abstand zu tolerieren. Also gut, Nichtangriffspakt. Ich ging auf Ole zu, bis auf etwa 30 Meter, und erklärte ihm, dass dies hier mein Revier ist und ich nicht weichen werde, und dass er seine Robben gefälligst selber jagen soll. Die Robben auf dem Fleischgestell gehören mir! Um meiner Ansprache Nachdruck zu verleihen, bin ich dabei an meinen imaginären Reviergrenzen entlangmarschiert und habe an die Eckpunkte gepinkelt. Ein Trapper hat mir mal erzählt, dass erfahrene Bären das respektieren.

Mein Hund Svarte kommentierte die Verhandlungen mit dem Bären mit ängstlichem Gejaule, als wollte er sagen: »Mensch, Hauke, komm zurück, das ist gefährlich, so nah an den Bären ranzugehen!« Irgendwie, fand ich, hat er recht. Der Bär sah mich ziemlich unbeeindruckt an und gähnte. Gähnen, habe ich irgendwo gelesen, steht für einen Interessenskonflikt. In dem Fall wägte der Bär vermutlich gerade ab, ob er liegen bleiben oder mir auf den Pelz rücken sollte. Bevor Ole überhaupt Gelegenheit hatte, meine friedlichen Verhandlungen durch aggressives Verhalten zunichte zu machen, bewegte ich mich, gesetzt und nicht fluchtartig, im Rückwärtsgang zum Lager und wartete ab, was passieren würde.

Anfangs glaubte ich an den Erfolg meiner Taktik, denn Ole stand auf und trottete davon. Ich hatte wohl den richtigen Ton getroffen. Ich kann wirklich gut mit Tieren umgehen, habe schon ungestüme junge Pferde eingeritten, Hunde erzogen und zum Polizeidienst abgerichtet und während meiner Atlantiküberquerung mit Delfinen und Walen Zwiesprache gehalten. Daher die Erfahrung, dass Tiere, wenn eine Situation nicht aggressiv eskaliert, sehr vernünftig reagieren. Sie halten sich an faire Spielregeln, die man allerdings, für alle Beteiligten verständlich, vereinbaren muss – durch Körpersprache, feste Gewohnheiten und Sprechen. Die Tiere hören am Tonfall, was Sache ist.

Abends, es war schon dämmerig, schreckten mich die Hunde mit einem Riesenradau in meiner Kajüte auf: Ole war zurück und hatte, da ich nicht zu sehen war, den Angriff auf meine vierbeinigen Freunde gestartet. Fressen wollte er sie vermutlich nicht, wohl aber ruhig stellen, weil ihn das Gebell bei seinem schwierigen Vorhaben störte: der Erstürmung meines Fleischgestells, die er mit wissenschaftlichem Eifer anging. Dass die leckeren Fleischbrocken für ihn zu hoch hingen, hatte er schnell begriffen. Aber nun versuchte er sehr systematisch, die Leinen, an denen ich die Vorräte nach oben ziehe, mit Maul und Tatzen zu entwirren. Als er damit kein Glück hatte, machte er sich über die Haltetaue des Gestells her. Aber das sind Stahlseile. Wieder nichts. Da ich das vertragsbrüchige Verhalten des Bären nicht tatenlos hinnehmen konnte, sprang ich sofort ins Gummiboot, um den Hunden zu Hilfe zu eilen. Es kam zu einer lauten Auseinandersetzung in dieser stillen Gegend. Ich beschimpfte den Bären, beschoss ihn mit Signalmunition und schließlich sogar mit der Schrotflinte. Ein Höllenlärm, untermalt vom Dröhnen des Signalhorns und den wütenden Kommentaren der Hunde – bis der Bär genug hatte und abzog. Vorerst.

Das Spielchen wiederholte sich am nächsten Tag noch ein paar Mal. Ich wurde immer aggressiver und preschte zum Schluss sofort, wenn ich den Bären herumschleichen sah, mit dem Gummiboot los und nahm ihn aufs Korn. Irgendwie hatte das auch etwas Sportliches. Vielleicht sah der Bär es genauso. Jedenfalls konzentrierte er seine Attacken jetzt nur noch auf mich. An den Hunden hatte er das Interesse verloren. Zuletzt lag er weit entfernt am Rand der Lagune und schien zu meditieren. Aber sein Gähnen verriet ihn – er hatte unredliche Absichten. Schließlich stand er auf, ließ sich provozierend langsam ins Wasser gleiten und schwamm mir aus den Augen hinter eine Landzunge.

Inzwischen habe ich hier in Mushamna den großen Platzvorteil, dass ich in meinem Revier jede kleine Bodenwelle, jeden dicken Treibholzstamm und jeden Steinhaufen genau kenne. Außerdem habe ich schon so viele Bären beobachtet, dass ich ahne, was sie denken und planen. So war es auch diesmal. Der Bär schwamm von hinten an die steile Uferböschung heran, um uns zu überraschen. Genau damit hatte ich gerechnet und war ganz leise mit dem Boot dorthin gerudert, wo Ole vermutlich auftauchen würde. Als er dann schnuppernd über die Böschung schlich, empfing ich ihn mit einem wahren Feuerwerk. Ich glaube, jetzt weiß er, dass mit mir nicht zu spaßen ist. Jedenfalls hat er sich seit 16 Stunden nicht mehr blicken lassen.

Die gemeinsame Bärenabwehr hat die Hunde und mich noch stärker als Team zusammengeschweißt. Heute Morgen wurde ich besonders liebevoll und anerkennend begrüßt. Das Geschmuse und Geknurre wollte gar kein Ende nehmen.

9 Wie von Ausserirdischen geplant
Das Geheimnis der polaren Steingärten

Dienstag, 14. September 1999

Heute hat es den ganzen Tag gestürmt, der Wind heulte im Rigg, erst aus Südwest, dann aus Südost. Die Messgeräte zeigten 8 Beaufort an, und ich machte mir Sorgen, ob die Anker halten würden. Aber es ging alles gut. *Mesuf* hat zwar deutlich die Position verändert, aber bei der Größe der Lagune ist das nicht dramatisch. Ich freue mich auf die Zeit, wenn das Schiff endlich im Eis eingefroren ist.

Gestern Abend umkreiste ganz plötzlich laut krakeelend ein Seeschwalbenschwarm mein Schiff. Das war ungewöhnlich, und ich stand lange an Deck und überlegte, was die zeternden Vögel wohl von mir wollten. Heute früh wusste ich es: Alle Seeschwalben sind verschwunden. Haben sich auf den Weg in den Süden gemacht. Und sie wollten mir Lebewohl sagen; wir haben uns auf meiner Lagune immer gut vertragen. Ich mochte die kleinen Unruhestifter und habe viel über ihr Sozialverhalten gelernt.

Was auf den ersten Blick wie wildes Durcheinander und Gezänk aussieht, läuft in Wirklichkeit nach festen Regeln ab, fast wie in der menschlichen Gesellschaft. Ich habe oft erlebt, wie Seeschwalben mit einem besonders leckeren, lang heraushängenden Fischchen im Schnabel laut kreischend kreuz und quer durch ihre Kolonie fliegen, um Bewunderung, Neid, Verfolger, aber auch eine attraktive Partnerin zu mobilisieren. Nach einigen Zickzack-Schlägen klappt das immer: Eine wilde Jagd auf den Angeber beginnt, durchaus mit sportlichem Charakter. Ich habe nie erlebt, dass die Verfolger dem Besitzer die Beute abgenommen hätten. Wenn der Verfolgte die Jagd nicht spannend genug findet, lässt er sein Fischchen fallen, um es im Flug wieder aufzufangen. Die Sportschau dauert oft minutenlang, bis der erfolgreiche Held seine Angebetete auf einen abgelegenen

Stein oder Treibholzstamm gelockt hat und ihr dort mit eleganter Gesten den Fisch zu Füßen legt. Das Renommiergehabe wirkt manchmal ziemlich menschlich. Und nun sind meine gefiederten Schreihälse weg, auf dem Weg in die Antarktis, wo sie überwintern. Sie werden mir fehlen.

Mein Freund, der Eisbär Ole, hat die Angriffe auf unser Lager noch nicht aufgegeben. Er schleicht umher und hat sich auf eine regelrechte Belagerung eingestellt. Das kenne ich ja schon, aber dieser Bursche ist ein ganz anderes Kaliber als seine Vorgänger. Er ist mir zu schlau, als dass ich mich auf tagelange Spielchen einlassen mag. Ich beobachtete ihn aufmerksam und ging dann mit den Hunden und per Gummiboot sehr offensiv gegen ihn vor.

Die Hunde betreiben die Sportart Bärenjagen mit großem Vergnügen. Sie stöbern die Tiere hinter Sandwällen auf und jagen dann bellend hinter ihnen her. Ich helfe mit Böllern nach. Und den aufdringlichen Ole wollte ich unbedingt vertreiben, bevor die Nächte sehr dunkel werden und ich gegenüber dem nachtsichtigen Bären stark im Nachteil wäre.

Gestern überraschten wir ihn unerwartet gleich hinter unserem Lager, wo er friedlich schlief. Wieder schlugen wir ihn in die Flucht. Der Schreck ist ihm wohl so in die Glieder gefahren, dass er sich in den Woodfjord stürzte und stundenlang zum weit entfernten anderen Ufer schwamm. Ich beobachtete ihn noch lange mit dem Feldstecher und sah, wie er sich ein paar Mal im Wasser umdrehte, unschlüssig, ob er nicht doch noch kehrtmachen und einen Angriff auf das Fleischgestell starten sollte. Aber die Hunde und ich veranstalteten jedes Mal ein solches Spektakel, dass er wohl genug von uns bekam. Hoffentlich.

Auf seiner Schwimmtour wurde Ole von einer neugierigen Robbe begleitet, die in einiger Entfernung auf- und abtauchte. Mitten auf dem Woodfjord flogen zu allem Überfluss auch noch Eissturmvögel Angriffe auf den armen Vertriebenen. Sie haben es auf die Augen abgesehen – eine unfreundliche Angewohnheit, die ich vor einigen Jahren am eigenen Leib erlebte, als ich auf einer Segeltour nach

Kanada kurz vor der Ankunft in St. Johns auf Neufundland bei Windstille ins Meer sprang, um ein paar Runden ums Schiff zu schwimmen. Wie auf Kommando stürzte sich damals ein Eissturmvogel auf meinen Kopf. Der schwimmende Bär jedoch ließ sich durch die Attacken nicht aus der Ruhe bringen.

Seit drei Tagen drehe ich mit der Digitalkamera einen Film darüber, wie »Ein Tag in Mushamna« so abläuft. Ich bin gerade fertig geworden. Hat Spaß gemacht: erst ein kleines Drehbuch zu Papier bringen, dann die richtige Kameraposition und -einstellung ausprobieren, die Hunde als Schauspieler einordnen, die Lichtverhältnisse optimal nutzen – und das alles teils bei Sturm, Regen und Kälte und mit Batterien, die immer gerade dann aufgebraucht waren, wenn es spannend wurde. Heute Abend habe ich mir das einstündige Machwerk angesehen und bin eigentlich ganz zufrieden.

Neulich wurde ich nachts munter und konnte lange nicht mehr einschlafen. Auf einmal kam mir eine Idee, wie die Steingärten mit den Ringwällen auf der Hochebene entstanden sein könnten. Gleich am nächsten Morgen wanderte ich, ausgerüstet mit Spaten und Thermometer, mit den Hunden in die Tundra zu den Steinkreisen, wo ich wieder stundenlang buddelte und in der Erde Temperaturen maß. Ich glaube, das Phänomen lässt sich physikalisch erklären: Der Boden auf der Hochebene ist ein Gemenge aus Lehm, Schlamm und großen und kleinen Schottersteinen. Wegen der niedrigen Temperaturen ist die Erde in den tieferen Schichten ständig gefroren – Permafrost. Ich habe mit dem Spaten an verschiedenen Stellen Löcher gegraben und festgestellt, dass die Oberflächentemperatur gegenwärtig bei 3,5 Grad liegt, in einer Tiefe von 50 bis 60 Zentimetern aber schon fast auf 0 Grad abgesunken ist. Dort ist der Boden hart, für den Spaten undurchdringlich. Das steht im Einklang mit meiner Erklärung für das Phänomen der Steinkreise, die, wie von Außerirdischen aufgeschichtet, auf der Ebene liegen.

Nehmen wir an, dass Steine und Lehm ursprünglich gleichmäßig gemischt waren. Wenn im Winter die über dem Dauerfrost liegende nasse Lehm-Stein-Masse gefriert, dehnen sich die Wasseranteile aus. Genau deshalb platzen auch Champagnerflaschen in der Kühltruhe oder Wasserrohre im Winter. Das zunehmende Volumen in der Erde kann sich nicht nach unten ausdehnen, weil dort der knochenharte Dauerfrostboden eine Barriere bildet. Also geht der Druck nach oben. Es kommt zu Aufbrüchen, Rissen, Aufwerfungen, wie bei Frostaufbrüchen im Straßenasphalt nach einem strengen Winter. Die in der unteren Schicht liegenden Steine werden dabei millimeterweise nach oben gedrückt.

Im Frühling steigt die Temperatur in der oberen Erdschicht über null, das Eis schmilzt, das Tauwasser rinnt durch Risse und Spalten im Lehmboden nach unten, unter die schon angehobenen Steine. Nächster Winter, neues Spiel. Das Ganze über ein paar tausend Jahre hinweg, bis alle Steine an der Oberfläche liegen, wo sie sich gegenseitig an den Rand drängen und so die Steinkreise bilden. Die Tiefe der Erdschicht über dem Permafrostboden sowie Menge und Größe der Steine bestimmen den Durchmesser der Wälle. Ich denke, das ist eine brauchbare Arbeitshypothese. Vielleicht lohnen sich weitere Untersuchungen und theoretisch begründete Berechnungen.

Nach Abschluss meiner Grabungen bin ich noch lange mit den Hunden auf der Hochebene herumgewandert und habe dabei mehrere unfertige Steinringe entdeckt, die meine Hypothese bestätigen. Sie brauchen noch ein paar tausend Jahre bis zur Perfektion. An einigen Stellen sind die Wälle so regelmäßig und liegen so dicht nebeneinander, dass Sechseckformationen entstanden sind, die an Bienenwaben erinnern. Ich will versuchen, die Entstehung der Steinkreise im Modell zu simulieren, allerdings in sehr viel kleinerem Maßstab und natürlich im Zeitraffer. Vielleicht fällt mir dazu etwas Schlaues ein.

Freitag, 17. September 1999

Vor vier Monaten bin ich von Hamburg losgesegelt und vor zwei Monaten in Mushamna gelandet. Die Zeit vergeht schneller, als ich dachte. Das Ende meines einsamen Abenteuers lässt sich zwar noch nicht absehen, aber ein nicht unwesentlicher Teil ist bereits vorüber. Einerseits schade, andererseits gut so. Ich bin ständig angespannt und voller Erwartung, was kommt, welche Gefahren ich abwehren muss, ob ich meine gute seelische und körperliche Verfassung während der langen Polarnacht aufrecht erhalten kann, ob die Vorräte reichen, ob das Schiff die Eispressungen und die schaurigen Winterstürme übersteht, ob ich, wie bisher, mit den Eisbären fertig werde. Und schließlich stellt sich die Frage: Was mache ich in stockdunkler Nacht? Dann wieder verbiete ich mir das Grübeln, versuche, mir ein Beispiel an den Hunden zu nehmen, die in aller Ruhe, halb eingeschneit, im eisigen Nordwind schlafen, ohne sich quälende Gedanken über die Zukunft zu machen. Dabei hätten sie mehr Grund als ich.

Heute Nacht ist wieder ein Eisbär um das Lager geschlichen. Die frischen Spuren im Schnee waren unübersehbar. Dabei kam er den Hunden sehr nahe. Ich habe davon nichts gemerkt, weil mal wieder ein kleiner Nordsturm mit allen akustischen Raffinessen tobte.

Seit zwei Tagen liegt Eis auf der Lagune. Mein Schiff beginnt festzufrieren. Die Übergangszeit ist nicht einfach, weil mich das Eis auf dem Weg zur Landstation und zu den Hunden noch nicht trägt und ich mich mit dem Gummiboot nur schwer durch das brüchige, scharfkantige Neueis arbeiten kann. Außerdem treiben die Eisfelder im Wind sehr schnell über die Lagune und sägen knirschend an den Ankertauen und -ketten und natürlich auch am Schiffsrumpf. Da heißt es wieder einmal hoffen, dass alles gut geht.

Mit jedem Tag wird es merklich dunkler. Nachts sind sogar schon Sterne zu sehen. Monatelang musste ich darauf verzichten; sie haben mir gefehlt. Die Beleuchtung der Landschaft mit der tief stehenden Sonne ist traumhaft schön. Auf den verschneiten Berghängen spiegeln sich zarte Pastelltöne – Violett, Rosa, Blau –, über das Land treiben gespenstische Nebelwolken, die wie Trolle aus den umliegenden Tälern über die Lagune auf mein Schiff zugekrochen kommen. Oft stehe ich während des täglichen Rundgangs mit den Hunden auf einem Hügel und schaue mich staunend um. Diese Atmosphäre aus

Stille, Farben, Bergen und Meer ist nicht zu beschreiben. Sie ist so schön, dass man stehen bleibt, trotz Kälte und Wind, einfach nur schaut und die Zeit vergisst. Manchmal wünsche ich mir einen Menschen, mit dem ich meine Erlebnisse, Ängste und Hoffnungen teilen könnte.

Vor zwei Tagen setzte heftiger Schneefall ein. Da beschloss ich, dem hereinbrechenden Winter die Stirn zu bieten, und machte mich daran, das ganze Schiff in wetterfeste Planen einzupacken – eine ziemliche Schufterei bei Wind und Frost. Die Planen waren bretthart gefroren, das Deck vereist, überall salziger Schneematsch. Ich habe es trotzdem geschafft und bin ganz stolz auf mein Werk. Vom Strand holte ich mir angespülte Bretter, um damit den zeltartigen Aufbau abzustützen. Nun ist das gesamte Oberschiff überdacht, windgeschützt und trocken. Das Schiff ist jetzt richtig komfortabel, hat viel neuen Stauraum gewonnen, und durch den Windschutz bleibt es auch im Inneren wärmer.

Zur Belohnung für diese Plackerei gab es abends einen großen Topf heißen Kakao. Anschließend bewunderte ich von Deck aus den Wintertraum. Nicht lange, da entdeckte ich am Südende der Lagune einen großen Eisbären. Es ist erstaunlich, wie gut man die Tiere im Schnee erkennen kann. Ihr Fell wirkt grau-gelblich und hebt sich deutlich vom weißen Hintergrund ab. Hastig suchte ich mein Verteidigungsarsenal zusammen, diesmal besonders nervös, weil sich das Gummiboot auf dem dünnen Eis der Lagune nicht gut manövrieren lässt. Aber der Bär beachtete weder mein Schiff noch das Lager, sondern zog zielbewusst an der Lagune vorbei nach Norden. Durch den Feldstecher konnte ich sehen, wie er sich genussvoll im Schnee wälzte und mit allen vieren in der Luft herumstrampelte. Schließlich kletterte er einen steilen Hang hinauf und rutschte auf dem Rücken wie auf einem Rodelschlitten wieder herunter. Vielleicht trainierte er für Olympia. Oder betrieb einfach nur Fellpflege. Auf alle Fälle sah es possierlich aus. Ohne uns auch nur eines Blickes zu würdigen, verschwand der Bär nach seiner sportlichen Einlage in einem Tal, dem Tårndalen, vermutlich um von dort aus hinunter zum Wijdefjord und vielleicht weiter zur Ostküste zu wandern. Dort gibt es jetzt schon Treibeis und Seehunde. Die Jagdsaison ist eröffnet.

Solche Bärenerlebnisse muntern mich auf. Ich mache mir Notizen und denke stundenlang über das nach, was andere nur aus Filmen kennen, überlege, was der Bär wohl fühlen mag, ob er nicht doch einen gewissen Humor besitzt und warum er uns nicht beachtet hat.

Es ist still und einsam auf der Lagune geworden. Kaum ein Vogel lässt sich mehr blicken. So freue ich mich über jedes Lebewesen, das vorbeischaut. Auch wenn es ein Eisbär ist.

Montag, 20. September 1999

Ich bin geschafft und sitze müde und mutlos herum. Draußen tobt ein scheußlicher Sturm aus Norden, mit Schneegestöber und miserabler Sicht. Die Lagune ist zugefroren und vom Schneetreiben winterlich weiß, aber das Eis trägt noch nicht; es ist mürbe und dünn, nur einzelne Schollen sind schon dick und kräftig. Der Weg an Land ist im Augenblick ziemlich schwierig. Zuerst wollte ich, auf Empfehlung eines Trappers, mein Gummiboot vor mir her schieben und vorsichtig zu Fuß über das dünne Eis gehen. Aber das klappte nicht. Ich brach ein und hatte Mühe, mich ins Boot zu wälzen. Das war mal wieder eine Warnung, wie schnell mein Abenteuer hier zu Ende sein kann, wenn ich nicht vorsichtig bin.

Seit dieser missglückten Überquerung der Lagune setze ich das Gummiboot brutal als Eisbrecher ein. Wann immer das Schiff mit jaulendem Motor in einer hartnäckigen Eisscholle stecken bleibt, hacke ich den Weg frei und dann geht's mit Anlauf weiter. Jetzt ist eine Fahrrinne vom Schiff zum Land eisfrei und ohne große Probleme mit dem Boot befahrbar.

Warum ich so dringend an Land muss? Natürlich brauchen die Hunde Futter und Trost. Den haben sie jetzt bitter nötig, denn erstens ist es kalt, stürmisch, ungemütlich und dunkel, und zweitens werden wir seit Tagen wieder von Bären belästigt. Dieses Mal sind es drei ziemlich dreiste Gesellen, die sich weder durch Signalschüsse und Nebelhorngeschmetter noch durch kläffende Hunde davon abhalten lassen, ständig um unser Lager herumzuschleichen und Scheinangriffe zu unternehmen.

Es ist schon etwas beängstigend, wenn ein ausgewachsener Bär plötzlich einen langen Hals macht und auf die Hunde oder mich zugeschossen kommt. Ich glaube, wir gehen den Bären auf die Nerven, weil wir so zäh unser Robbenfleisch auf dem Holzmast verteidigen und keine Bereitschaft zum Teilen zeigen. Vorgestern Nacht haben sie es doch irgendwie geschafft, ein paar Speckseiten herunterzuholen, was ihren Appetit natürlich erst recht gesteigert hat. Die Bären gehen mit sehr viel Umsicht zu Werk und überlegen genau, wie sie ihre gewaltige Kraft einsetzen, um mein Fleischgestell zu besiegen.

Am Ende gab ich den Versuch auf, das Trio zu verscheuchen. Es war ohnehin aussichtslos. Stattdessen griff ich zur Kamera und filmte und fotografierte. Ein guter Tausch. Die Bilder sind glänzend geworden; bei der Videokamera lässt sich das Ergebnis ja gleich überprüfen. So habe ich im Film festgehalten, wie die Bären meine Gerüstkonstruktion mit dem Robbenfleisch zuerst sehr genau betrachten und dann versuchen, systematisch an den Tauen zu ziehen, die Stützseile durchzubeißen oder zu zerreißen und schließlich, als das alles erfolglos bleibt, mit roher Gewalt das Gerüst umzustürzen. Zudem offenbaren sie akrobatische Kletterkünste, wenn sie wie Turner an dem glatten, senkrechten Stamm nach oben robben.

Die drei sind lästig. Und allmählich wohl auch gefährlich, weil sie nach meinen vergeblichen Abwehrgefechten fast jeden Respekt vor mir und den Hunden verloren haben. Sie betrachten sich inzwischen als die Herren dieser Region und beanspruchen deshalb auch das Robbenfleisch. Ich sehe das natürlich anders.

Das Trio besteht aus einer großen, alten, hungrig aussehenden Bärin, ihrem rüpelhaften Sprössling und einer zweiten, ruhigeren Bärin. Hin und wieder streiten die beiden Damen. Dann stehen sie auf den Hintertatzen und gehen brüllend und fauchend aufeinander los. Die Hunde, die vom Kläffen schon heiser sind, und ich stehen kleinlaut daneben und staunen über diese Urgewalten.

Vor allem letzte Nacht ging es hoch her. Die Bären haben sich das Lager und das Fleischgestell im Dunkeln vorgenommen – eigentlich ungewöhnlich. Vom Schiff aus konnte ich beobachten, wie drei große, dunkle Schatten ungeniert in unserem Lager herumspazierten und die Hunde mit Scheinangriffen und Tatzenhieben einschüchterten. Ich traute mich wegen der Dunkelheit, dem Wetter und der Eislage nicht an Land. Aber die Hunde hielten sich sehr gut und sind bisher noch unverletzt.

Später, wenn das Eis trägt, werde ich sie in solchen Situationen freilassen, dann können sie sich besser wehren. Jetzt ist mir das zu riskant, weil die Bären wahrscheinlich ins halb mit Eis bedeckte Wasser flüchten würden, wo sie den Hunden wegen ihrer Größe und Kraft überlegen wären und sie umbringen könnten.

Im Morgengrauen machte ich dem immer wüsteren Treiben der Bären vom Schiff aus erst einmal ein Ende, indem ich mit Gewehr und Zielfernrohr auf den Boden neben die Angreifer schoss. Das wirkte. Die drei verzogen sich. Ich bin entschlossen, in Zukunft keine Bären mehr in die Nähe des Lagers kommen zu lassen, sondern ihnen gleich durch gezielte Schüsse vor die Tatzen die Grenzen zu zeigen.

Wenn die Lagune endlich zugefroren ist, werde ich die Hunde an Deck unterbringen. Ich glaube, unser derzeitiges offenes Lager ist auf die Dauer nicht zu halten. Nach dem Ende der turbulenten Nacht zogen die Hunde und ich trotz Eisgang und Sturm wieder los. Ich lobte die beiden und servierte ihnen eine Extraration Futter. Das gefiel ihnen. Sie schmusten lange mit mir, als wollten sie von ihren fürchterlichen Erlebnissen erzählen. Und jetzt koche ich mir mein Mittagessen, danach werde ich noch die Waffen reinigen und ölen – der nächste Eisbärenangriff kommt bestimmt.

Auf der zugefrorenen Lagune liegt seit ein paar Tagen eine Kolonie von Robben, die auf Norwegisch *stenkobbe* heißen. Gerade komme ich von einem Rundgang auf Deck zurück; ich habe 13 Tiere auf dem Eis gezählt. Das Wetter hat sich deutlich gebessert, auch wenn es für mein Gefühl bitterkalt ist, zumindest wenn man aus der geheizten

Kajüte kommt: etwa minus 5 Grad, dazu ein scharfer Wind. Aber die Robben fühlen sich in ihrer dicken Speckschicht behaglich warm. Offensichtlich genießen sie die Siesta auf dem Eis, sie wälzen sich auf die Seite, recken und strecken die Flossen. Stundenlang liegen sie so da, scheinbar völlig entspannt und doch äußerst wachsam bei jeder winzigen Bewegung, jedem noch so leisen Geräusch, jeder verdächtigen Witterung. Alle paar Sekunden heben sie den Kopf und sehen sich aufmerksam um. Und wenn sie sich gestört fühlen, verschwinden sie – schwupps! – im Wasser.

Ich schaue dem Treiben fasziniert durchs Fernglas zu. Da höre ich ganz in der Nähe ein rhythmisches Flap-Flap-Flap. Ich sehe mich um, um festzustellen, woher das geheimnisvolle Geräusch kommt. Da beäugt mich doch eine Robbe aus einem Eisloch direkt neben *Mesuf*. Vielleicht fühlen sich die Tiere hier sicher, weil sie wissen, dass wir im Kampf mit ihren Feinden, den Eisbären, liegen.

Eine der Eisbärinnen, die ich am Morgen vertrieben habe, ist wieder da. Aber sie mimt die Tugendhafte. Statt das Fleischgestell zu belagern und die Hunde anzugreifen, liegt sie halb versteckt neben einem gewaltigen Treibholzstamm am verschneiten Ufer und sieht aus 30 Meter Entfernung gebannt zu den Robben auf dem Eis herüber. Vielleicht kriege ich in den nächsten Tagen ja auch noch vorgeführt, wie Bären Robben jagen.

Ein Stück weiter weg hocken jetzt jeden Abend vier Küstenseeschwalben auf dem Eis, dicht nebeneinander, als wollten sie sich wärmen. Sie haben wohl den Anschluss an den Hauptschwarm verloren, der schon vor einer Woche gen Süden aufgebrochen ist. Einsam und verloren sitzen die kleinen Vögel in der Dämmerung im eisigen Wind. Aber frech sind sie immer noch! Untertags konnte ich heute beobachten, wie die paar Nachzügler die großen Eis- und Raubmöwen attackierten und mit ihrem Gekreisch schikanierten. Die kleinen Küstenseeschwalben sind enorm vital und voller Energie. Vielleicht liegt ihr Sommerquartier deshalb so weit entfernt wie irgend möglich, nämlich in der Antarktis. Sie müssen sich einfach austoben. Bei den Menschen gibt es so etwas ja auch manchmal ...

10 Streit ums Revier

Aus dem Bärentagebuch

Donnerstag, 23. September 1999

Die Zeit vergeht wie im Flug. Ich schaffe kaum mein tägliches Programm. Das liegt hauptsächlich an den Eisbären. Nicht dass sie mich ständig angreifen würden, aber ich sehe ihnen stundenlang zu und führe Tagebuch über ihr Treiben. Hier ein paar Kostproben:

Die Eisbären verwenden viel Sorgfalt auf die Körperpflege. Sie wälzen sich im Schnee, drehen sich auf den Rücken, auf die Seite, kratzen sich mit den Vorderpfoten an allen Körperteilen und sehen dabei sehr menschlich aus. Gerade habe ich eine Bärin beobachtet, die sich im Schnee aufsetzte und dann genüsslich eine Rolle rückwärts machte. Die Tiere liegen manchmal stundenlang aufmerksam vor den Atemlöchern der Robben und warten mit einer Bärenruhe auf Beute. Wenn sie lange auf dem Eis bleiben, winkeln sie die Beine an und kauern nur auf den Tatzen. Das ist vielleicht nicht so kalt.

Bären bewegen sich elegant, auch auf dünnem Eis, bei dem ich längst eingebrochen wäre. Dabei treten sie so auf, dass sie Vorder- und Hintertatzen möglichst weit voneinander entfernt aufsetzen. Das sieht ziemlich breitbeinig aus. Wenn ein schwimmender Bär die dünne Eiskante entert, steigt er mit allen vieren gleichzeitig aus dem Wasser, wobei die Hinterbeine breit gespreizt sind. Eine »meiner« Bärinnen mag nicht gern ins Eiswasser tauchen. Ich habe beobachtet, wie sie den brüchigen, fünf Meter breiten Uferstreifen vom Eis aus überspringt. Allerdings ohne Anlauf, wie man das von Hunden kennt, sondern aus dem Stand. Dabei drückt sie sich mit allen vier leicht eingeknickten Beinen auf einmal ab und federt den Sprung dann vorne ab. Es sieht aus wie bei einer Heuschrecke.

Mutter Bär geht zuweilen recht unwirsch mit ihrem Sprössling um. Sie faucht ihn an, lässt sich nichts Fressbares wegnehmen, solange sie es im Maul mit sich herumschleppt. Wenn sie ihr Jagdglück versuchen will, stört so ein quengelnder Balg natürlich. Dann legt sie das Junge sehr energisch an einer geschützten Stelle ab und zieht allein los. Trottet das Bärenkind dann trotzdem hinter der Mutter her, dreht sie sich um und sorgt mit einem Tatzenhieb für klare Verhältnisse. Nichts mit antiautoritärer Erziehung bei Familie Bär.

Die Eisbären haben mich wohl als Teil der Landschaft akzeptiert. Heute bin ich in knapp 50 Meter Abstand an einem vorbeigegangen, der an einem Robbenloch lauerte. Er hob nur kurz den Kopf, und es hätte mich nicht gewundert, wenn er mir gutnachbarschaftlich zugewinkt hätte. Mein Schiff ist jetzt vom Eis eingeschlossen und wird von den Bären umkreist und von außen inspiziert. Ich bemühe mich täglich aufs Neue, den Nachbarn im Pelz meine Reviergrenzen klar zu machen, und denke, dass es funktioniert. Allerdings um den Preis eines beträchtlichen Munitionsverbrauchs.

Oft bin ich völlig durchgefroren, wenn ich stundenlang bei den Hunden oder auch auf Deck stehe und die Bären durch den Feldstecher beobachte. Weite Spaziergänge möchte ich nicht mehr unternehmen. Es wäre wohl zu riskant, mein Revier, wenn auch nur vorübergehend, den Bären zu überlassen. Vielleicht geht dieses Theater den ganzen Winter so weiter, denn die Lagune ist wegen des früh im Jahr festliegenden Eises und der Robben, die sich hier aufhalten, für hungrige Eisbären offenbar höchst interessant.

Eigentlich bin ich ganz froh über die Bären, obwohl sie mich in meiner Bewegungsfreiheit einschränken. Ohne sie wäre es ziemlich still hier. Fast alle Vögel sind verschwunden, der frisch gefallene Schnee schluckt jedes Geräusch – da kommt man sich schon ziemlich einsam und verlassen vor.

Täglich nehme ich Eisproben und registriere die zunehmende Stärke. Acht Zentimeter sind es jetzt. Interessant finde ich, dass das Eis in deutlich abgegrenzten Schichten aufgebaut ist. Vielleicht hängt das mit der Außentemperatur zusammen, die das Eiswachstum steuert. Die unterste Schicht, die ans Meerwasser grenzt, weist nach meinen Messungen einen sehr viel niedrigeren Salzgehalt auf als der übrige Eiskörper. Eigentlich logisch, denn unter dem Eis gefriert zuerst der Süßwasseranteil im Meer. Die erste dünne Eishaut, die ich vor ein paar Wochen untersucht habe, bestand ebenfalls fast nur aus Süßwasser. Ich werde dieses Phänomen weiter beobachten. Vielleicht ist es für das Verständnis der Struktur von Meereseis von Bedeutung.

Je länger ich hier in Mushamna bin, desto wohler fühle ich mich. Daran ist sicher auch mein gedrängtes Arbeitspensum schuld. Für trübsinnige Gedanken bleibt mir gar keine Zeit. Außerdem bin ich überzeugt, dass ich die Situation ganz gut im Griff habe. Die Hunde mögen mich. Heute habe ich Svarte erstmals frei laufen lassen; er ist ein kluger, gehorsamer Hund. Die Eisbären scheinen uns jetzt zu respektieren, die Forschungsaktivitäten sind angelaufen, wie geplant, und mein Alltag mit Backen, Kochen, Waschen und Reparieren verläuft ohne Probleme. Was will ich mehr? Dennoch fühle ich mich manchmal sehr einsam. Einerseits hätte ich gern einen Menschen, der meine Erlebnisse mit mir teilt; wenn ich mir andererseits vorstelle, hier zu zweit in der Enge bei Sturm, Regen, Schnee, Dunkelheit und Eisbären – das wäre die Hölle.

Es ist schon bemerkenswert, wie anspruchslos, vielleicht auch primitiv ein Mensch leben kann, wenn ihn die Umstände zwingen, allein auf sich gestellt mit dem auszukommen, was er hat. Man geht mit allem sparsam um, egal ob es sich um Wasser, Lebensmittelvorräte, Papier, Zahnpasta, Wärmeenergie oder auch Licht handelt. Nichts wird verschwendet oder nachlässig behandelt, ohne dass dahinter der messianische Eifer eines Ökofreaks stünde. Es ist einfach selbstverständlich.

Wenn ich auf mein bürgerliches Leben in Hamburg oder auf das meiner Freunde und Kollegen zurückblicke, erscheint mir die in diesem Umfeld übliche Anhäufung dekorativer Versatzstücke beinahe lächerlich – fast so, als wollten die Menschen ihrem Leben durch den Aufbau kunstvoller Kulissen mehr Sinn verleihen. Dabei genügt ein Windhauch, um diese Kulissen zum Wackeln zu bringen und ihre Bewohner in Angst und Schrecken zu versetzen. Das übertriebene

Sicherheitsdenken unserer Gesellschaft, die krampfhafte Angst um die Gesundheit, das verbissene Streben nach einem möglichst langen, erfüllten Leben – all das sind Phänomene einer reichen, wehleidigen Zeit, zumindest in der westlichen Welt.

Hier in Mushamna erlebe ich täglich, dass die zum Überleben notwendige Bewältigung von Problemen, das Akzeptieren von Risiken und ein bescheidener Lebensstil Quellen großer Zufriedenheit sein können. Das bedeutet natürlich nicht, dass jeder Mensch ein Leben als Trapper in der Wildnis anstreben sollte, aber ein bewusstes Reduzieren von Ansprüchen und Sicherheitsnetzen und mehr Eigenverantwortung – das Risiko eingeschlossen, dass man auf die Nase fällt – würde unserer Gesellschaft gewiss gut bekommen.

Aber genug davon. Draußen im Lager bellen die Hunde. Wahrscheinlich schleicht wieder ein Eisbär vorbei. Ich seh lieber mal nach.

Tatsächlich ist ein Eisbär im Abstand von 20 Metern am Lager vorbeigezogen, ohne die Hunde zu behelligen; langsam pendelt sich unser Zusammenleben mit den Bären und das wechselseitige Akzeptieren der Reviergrenzen ein. Hier noch ein Auszug aus meinem »Bärentagebuch«, der ein Licht auf die Mentalität und die Gewohnheiten der Bären wirft. Tagsüber kann ich sie fast ständig sehen. Und was sie nachts treiben, verraten mir ihre Spuren im Schnee.

Erster Tag (21. September) Der Einzelbär – oder vielleicht doch eine Bärin? – schläft nachts zusammengerollt hinter einem Haufen Treibholz auf dem Südende der Landzunge. Nach Mitternacht wandert er zum Lager. Dabei geht er in etwa 15 Meter Entfernung an den Hunden vorbei, ganz ruhig, ohne sich um die beiden zu kümmern. Er wandert über die vereiste Lagune und inspiziert die Atemlöcher der Robben. Schließlich verlässt er die Lagune, klettert durch den tiefen Schnee eine hohe Böschung hinauf und bleibt oben wie auf einem Beobachtungsposten sitzen. Gegen 5 Uhr früh verlässt er seinen Ruheplatz, umrundet nochmals in respektvollem Abstand unser Lager und legt sich gegen 6 Uhr vor ein Atemloch aufs Eis, 50 Meter vom Schiff entfernt. Dort bleibt er bis 13 Uhr ruhig liegen, hebt nur hin und wieder den Kopf und schnuppert in alle Richtungen. In Lauerstellung liegt er, acht bis zehn Meter gegen den Wind, reglos mit dem Kopf auf dem Eis vor dem Atemloch. Vielleicht hört er die Bewegungen der Robben im Wasser. Nur einmal steht er auf, reckt und streckt sich, wälzt sich kurz im Schnee und legt sich wieder vor das Eisloch.

Um 13 Uhr mache ich mich, mit dem Gummiboot als Schlitten, auf den Weg zu den Hunden an Land. Dabei komme ich in 40 Meter Abstand an dem Bären vorbei. Er schaut zwar auf, zeigt aber sonst kein Interesse. Als ich mit den Hunden das Lager verlasse, um einen Rundgang zu machen, steht der Bär auf und schlendert in Richtung Lager. Als wir ängstlich umkehren, schwenkt er ab und steuert auf *Mesuf* zu. Dort inspiziert er eingehend das schwache Eis in Schiffsnähe, das noch nicht trägt, und lässt sich unmittelbar neben dem Schiff nieder. Ich schieße von Land aus einen Meter hinter dem Bären ins Eis. Daraufhin steht er ganz gelassen auf, als wäre nichts geschehen, und schlendert an den Nordrand der Lagune. Dort begibt er sich um 18 Uhr auf einen etwas erhöhten Ruheplatz am Berghang und schläft bis in die Nacht.

Zweiter Tag (22. September) Um Mitternacht verlässt der Bär seinen Ruheplatz und schleicht zu einem Atemloch. Auf dem Eis liegen nachts fünf bis sieben Robben. Es ist so dunkel, dass man sie nur mit Mühe durch den Feldstecher erkennen kann. Der Bär will sich offenbar nicht an die aufmerksamen Robben anschleichen, sondern sein Jagdglück am Atemloch probieren. Dort lauert er von Mitternacht bis 5 Uhr früh; dann schleicht er zu einem anderen Atemloch, an dem nachts zwei Robben gelegen haben, und lauert dort bis zum Morgen.

Um 8 Uhr steht er plötzlich auf und eilt zielbewusst über das Eis zwei Kilometer nach Süden. Dort, am Rand der Lagune, ruht zusammengerollt die große Bärin mit ihrem Jungen. Der Einzelbär trabt immer schneller auf die Bärin zu, springt über Eisschollen, offenbar in wenig freundlicher Absicht. Diese bemerkt den Angreifer und flüchtet mit ihrem Jungen in wildem Galopp. Dabei dreht sie sich immer wieder nach dem Verfolger um. Ihr Junges, das sonst immer hinter der Mutter hertrödelt, läuft jetzt schnell vorneweg. Dabei schaut es immer wieder zur Mutter zurück, um seinen Fluchtweg der Alten anzupassen. Die beiden rennen immer noch, als der Einzelbär die Verfolgung längst aufgegeben hat. Mutter und Kind verschwinden zwischen den Hügelketten am Ufer der Lagune. Später, so gegen 11 Uhr, tauchen sie am Nordost-Ufer wieder auf und legen sich dort bis in die Nacht schlafen.

Nachdem der Einzelgänger die Verfolgung abgebrochen hat, schlendert er ziellos am Rand der Lagune umher und sucht nach etwas Fressbarem – ohne Erfolg. Schließlich geht er gemächlich mitten über das Eis und nähert sich gegen 11 Uhr dem Lager. Die Hunde bellen, und der Bär dreht ab in Richtung Woodfjord. Gegen 12 Uhr verschwindet er, taucht aber eine Stunde später 50 Meter hinter dem Lager wieder auf und zieht dann weiter auf die Mole der Lagune. Dort lässt er sich 50 Meter von *Mesuf* entfernt nieder. Er betreibt gründliche Körper- und Fellpflege, wälzt sich ausgiebig auf dem Rücken, putzt seine Tatzen, knabbert an den Klauen und schnuppert zwischendurch immer wieder sehnsüchtig zum Schiff herüber. Gegen 14 Uhr rollt er sich zusammen und schläft, bis es dunkel wird.

An diesen Tagesabläufen lässt sich erkennen, welch enorme Ruhe und Geduld die Bären aufbringen. Offensichtlich haben sie seit dem Überfall auf mein Fleischgestell vor fünf Tagen nichts mehr zu fressen gehabt. Und davor war ebenfalls Diät angesagt. Einerseits ist diese stoische Bärenruhe bewundernswert, andererseits macht mich das Gefühl, ständig unter Beobachtung zu stehen, schon auch etwas beklommen. Die Biester werden keine Gelegenheit auslassen, jeden Schwachpunkt in unserer Verteidigungsstellung auszunutzen. Und die Zeit geht dahin, die Bären haben kein Jagdglück, werden immer hungriger und machen keinerlei Anstalten, Mushamna zu verlassen. Ich hoffe inständig, dass sie möglichst bald eine große, fette Robbe zwischen die Zähne kriegen.

11 Keine Fata Morgana
Ein Freund kommt zu Besuch

Montag, 27. September 1999

Es mag vielleicht langweilig erscheinen, dass ich so ausgiebig von den Eisbären erzähle, aber sie bestimmen seit Wochen meinen gesamten Tagesablauf. Ich sitze keine halbe Stunde in meiner Kajüte – und schon krabble ich im Schneegestöber und bei eisigem Wind wieder an Deck und halte Ausschau nach den keineswegs niedlichen Teddys, die mich belauern. Nachts stehe ich mehrfach auf, lasse den Scheinwerfer aufblitzen und sehe die funkelnden Augenpaare auf dem Eis gleich neben dem Schiff. Nicht, dass ich richtig Angst hätte, aber ich mache mir Sorgen um die Hunde an Land. Und dann denke ich mit banger Erwartung an die Zeit, in der es Tag und Nacht dunkel sein wird und das Eis und der hohe Schnee den Bären ungehinderten Zugang zu meinem Schiffchen ermöglichen.

Jeden Morgen spähe ich noch in der Dämmerung vorsichtig aus der Schiffsluke und bin erleichtert, wenn ich die Bären in mehr als 50 Meter Entfernung sehe. Danach widme ich mich auf Deck meiner Morgenwäsche mit kaltem Seewasser. Ich brauche diesen Kälteschock, um richtig munter zu werden. Wenn ich dann, mit den Zähnen klappernd, meine zahlreichen Pullover übereinander gestreift habe und der Kaffeekessel summt, geht es mir schon viel besser. Ich wärme die klammen Finger an einer brennenden Kerze und denke an die glücklichen Winterferien, die ich vor Jahren mit meiner Familie in einem Waldhäuschen in Schweden verbracht habe – ohne Strom, Wasser und Heizung. Das war genau das richtige Training, um solch unbequeme, grauslich kalte Tage mit einem gewissen Vergnügen zu überstehen. Denn nur, wenn ich hin und wieder anständig friere, weiß ich die wohl tuende Wärme meines bullernden Öfchens zu würdigen.

Wenn meine erstarrten Lebensgeister morgens wieder etwas aufgetaut sind, mache ich mir schnell ein paar Brote, einen Pott heißen Kaffee, und dann kann ich es kaum erwarten, gut eingepackt in Pudelmütze, Handschuhe und dicke Jacke mit meinem Frühstück und einem Feldstecher nach draußen zu gehen, um die Bären und die Robben zu beobachten. Es ist jeden Morgen wieder aufregend. Dazu die unberührte Winterlandschaft in diesem unwirklichen Licht – ich muss das Ganze immer wieder fotografieren – es ist zu schön.

Die Bären und Robben leben in einem gleich bleibenden Tages- und Nachtrhythmus. Morgens beim ersten Rundumblick weiß ich schon, wo sie an ihren gewohnten Plätzen schlafen oder lauern. Gegen 9 Uhr wird es unruhig, die Robben verschwinden vom Eis, die Bären räkeln sich, wälzen sich im Schnee, gähnen, verrichten ihr Morgengeschäft und schlendern scheinbar ziellos über die Lagune. Aber ich weiß genau, was kommt, wenn ein Bär auffällig oft in meine Richtung sieht, wenn die lange, schwarze Bärenzunge immer wieder aus dem Maul schnellt und über die Nase wischt. Der Bursche hat Appetit auf ein ausgiebiges Frühstück. Vielleicht ist er auch frustriert, denn er würde sich zu gern bei meinen Speckvorräten bedienen, traut sich aber nicht.

Auch das Verlegenheitsgähnen ist ein Indiz. Der Gewissenskonflikt zeigt sich in einem regelmäßigen Kurswechsel – einmal zum Schiff, dann wieder zum Hundelager. Ich passe gut auf und lasse keinen direkten Kontakt eines Bären zu meinem Lager, dem Schiff, den Hunden und mir mehr zu. Zu Beginn der Bärenbekanntschaften hatte ich noch die Hoffnung, die Tiere würden mein Revier respektieren. Das ist in gewisser Hinsicht auch der Fall. Aber nur so lange, wie ich ihnen immer wieder Respekt einflöße, sei es mit Flintenschüssen hinter die Tatzen oder mit Böllern auf den Pelz. Allerdings muss ich solche Machtdemonstrationen sparsam einsetzen, sonst grinsen die Kerle irgendwann nur noch, wenn es kracht.

Heute Morgen hörte ich ein jämmerliches heiseres Plärren. Es klang durchdringend in der Stille, die jetzt in der Lagune herrscht, und hörte überhaupt nicht mehr auf. Durch den Feldstecher sah ich, dass es das Bärenjunge war, das mit aufgerissenem Mäulchen neben seiner schlafenden Mutter stand. Entweder hatte es einen Anfall von Trotz und Langeweile, oder es war hungrig und wollte die Mutter zum Aufstehen bewegen. Doch die reagierte recht ungehalten auf das Geplärr. Erst beobachtete sie nervös den schlafenden Bären, der ein paar hundert Meter weiter auf dem Eis lag, dann brachte sie ihren Sprössling knurrend, fauchend und mit Nasenstübern zur Räson. Das Junge flüchtete ein paar Schritte zur Seite – und plärrte weiter, allerdings sehr viel leiser. Die Szene kam mir ziemlich menschlich vor.

Gestern Abend, als es schon dämmerig war und ich in der Kajüte mein Mittagessen zubereitete – es gab Pfannkuchen –, hörte ich wieder ungewohnte Geräusche. Ich stürzte nach draußen. Und da kam doch tatsächlich auf dem Woodfjord ein Segelboot angetuckert und versuchte, in die Lagune einzufahren, die freilich zugefroren ist. Also ankerte das Boot in der Einfahrt. Über UKW erfuhr ich: Besuch für mich. Mein alter Freund Harald, ein Trapper, war mit einem Kumpel gekommen. Ich war gerührt und holte ihn in einer sehr mühsamen Aktion mit dem Gummiboot über das Eis, durch die Eisschollen und durch knietiefen Matsch zum Schiff. An Bord tauschten wir gemütlich Erinnerungen aus und fachsimpelten über Eisbären und Robben. Ich glaube, Harald war, genau wie der ehemalige Trapper Trond, der vor vier Wochen mit dem letzten Passagier-Luxusdampfer zu einer Stippvisite vorbeischaute, auch ein bisschen neugierig, ob der komische deutsche Physiker das Trapperleben und die bevorstehende Überwinterung packt.

Überhaupt scheint das Interesse an meinem Abenteuer in Trapperkreisen groß zu sein. Alle wollen wissen, wie ich mich anstelle und ob alles gut geht. Eigentlich nicht verwunderlich, denn sehr viele Neuigkeiten und Ereignisse gibt es hier nicht. Da ist jeder Klatsch hochwillkommen. Harald jedenfalls schien mit meinen Vorbereitungen und der bisherigen Jagdbeute zufrieden zu sein. Er interessierte sich auch für meine wissenschaftliche Arbeit und meine Hypothese über die Entstehung des Lebens im Eis. Schließlich war er als Biochemiker tätig gewesen, bevor er mit 35 als Aussteiger nach Spitzbergen kam, wo er seit 23 Jahren als Trapper lebt.

Nach dem Besuch auf meinem Schiff zogen wir gemeinsam zu dem Boot von Haralds Kumpel Björn, der schon ein Festessen mit Rentierbraten und Rotwein vorbereitet hatte. Ein schöner Abend. Der Rückweg in dunkler Nacht über die Mole, an den lauernden Eisbären vorbei, war allerdings ziemlich gruselig. Als ich endlich an Bord kletterte, war ich erleichtert.

Sonnabend, 2. Oktober 1999

Tagsüber wird es jetzt kaum mehr richtig hell. In meiner Kajüte brennt ständig die Petroleumlampe. Und eine dicke Kerze. Die spendet nicht nur ein wenig Licht, sondern auch Wärme und Gemütlichkeit. Ich gewöhne mich langsam an das Herbstwetter: meist eisiger Nordwind, Schneetreiben, ein paar Grad unter null. Ich bin schon sehr zufrieden, wenn es in der Kajüte 15 Grad warm wird. Es schneit jetzt oft und ausgiebig. An der Uferböschung türmen sich hohe Schneewehen. Aber das Eis auf der Lagune wird trotz der Minusgrade merkwürdigerweise immer brüchiger und beginnt am Rand sogar zu schmelzen. Ich kann mir dieses Phänomen nur damit erklären, dass der letzte Vollmond und der starke Tidenhub mit kräftigen Strömungen in der Lagune daran schuld sind. Außerdem wird bei stürmischem Wetter das salzhaltige Wasser verstärkt an die Oberfläche gewirbelt. Die Folge: Der Gefrierpunkt sinkt ab, das Eis schmilzt. Ich bin jeden Tag mit Eisaxt, Lupe, Fotoapparat und Salzmessgeräten unterwegs und versuche, die komplizierten Vorgänge bei der Bildung und beim Schmelzen von Meereseis besser zu verstehen.

Meerwasser hat im Unterschied zu Süßwasser nahe an seinem Gefrierpunkt die größte spezifische Dichte. Daher sinkt es, kurz bevor es gefriert, in tiefere Schichten ab, und die Eisbildung verzögert sich. Ich habe die Abläufe genau untersucht und beispielsweise die Ausbreitung von Makromolekülen im Eis mit Hilfe farbiger Flüssigkeiten wie Zuckerlösung, Glycerin und Alkohol beobachtet. Zu diesem Zweck habe ich mit Nägeln kleine Löcher ins Eis geschlagen und sie mit verschiedenenfarbigen Flüssigkeiten gefüllt. Nun ging es darum zu klären, wohin und wie schnell sich diese Flüssigkeiten im Eis ausbreiten. Da der Gefrierpunkt wegen der unterschiedlichen Lösungen stellenweise sank, kam es innerhalb des festen Eiskörpers zur Ausbildung kleiner, mit Salzlösung gefüllter Kanälchen, Höhlungen und Verästelungen. Wasser und Eis stellen schon ohne Salz oder andere gelöste Stoffe ein höchst kompliziertes System dar, vor allem in der Nähe des Gefrierpunkts. Gibt man dem Eis organische Moleküle wie Glycerin bei, werden die Verhältnisse noch viel verwirrender.

Nach meinen Messungen draußen auf dem Eis sitze ich abends in der Kajüte und brüte über meinen Physikbüchern, um die beobachteten Phänomene theoretisch einordnen zu können. Das, was im Großen an den Eisschollen sichtbar wird, entwickelt sich sehr diffizil in den mikroskopisch kleinen Eisstrukturen. Dort treten punktuell kräftige Änderungen der Salzkonzentrationen auf, und im Abstand von wenigen Mikrometern kommen Phasensprünge von flüssigem Süßwasser zu gefrorenem Süßwasser und von gefrorenem Salzwasser zu flüssiger Salzlake vor. Der jeweilige Zustand ist nicht stabil, sondern verändert sich – einmal wegen der Temperaturverschiebungen und zum anderen, weil der Gefrierpunkt der verschiedenen Salzlösungen mit den variierenden Konzentrationsgradienten schwankt. Ein bisschen erinnern diese Vorgänge im gefrorenen Meereseis an das so genannte Zonenschmelzverfahren in der Halbleitertechnologie, mit dem reine Halbleiterkristallgefüge hergestellt werden.

So ganz klar sind mir die im Meereseis auftretenden Phänomene noch nicht. Aber ich habe ja noch viel Zeit zum Nachdenken.

Manchmal allerdings bleibt mir nicht einmal eine Sekunde, wenn mich nämlich mal wieder ein heulender Schneesturm aufscheucht. Das Schiff arbeitet bei solchen Stürmen heftig im Eis; an der einen Schiffswand ist schon die Farbe abgeschmirgelt. Außerdem flattern die Planen im Wind, und durch die kleinsten Ritzen und Löcher bläst der Sturm pudrigen Schnee herein. Ich krieche mit der Taschenlampe unter den knatternden Planen auf Deck herum, versuche, Risse und Löcher abzudichten, kontrolliere immer wieder die vom Eis angegriffenen Ankertaue und komme danach halb erfroren in die warme Kajüte zurück.

Der tägliche Landbesuch bei den Hunden wird immer mühsamer. Ich schiebe und zerre das Gummiboot über das brüchige Eis, das bis zur Wasserkante mit dickem Schneematsch bedeckt ist; von dort muss ich noch ein Stück durchs offene, eiskalte Wasser, bis ich durch eine meterhohe Schneewehe zum Landlager krabbeln kann. Das dauert jedes Mal fast eine Stunde. Die Hunde beobachten meine Anstrengungen und feuern mich mit aufmunterndem Gebell und Gejaule an. Wenn ich endlich ankomme, ist die Freude groß – nicht nur über das mitgebrachte Futter. Ich lasse die Hunde jetzt immer frei laufen, sie tollen wie die Wilden im frischen Schnee herum, verfolgen aufgeregt über lange Strecken hinweg Eisbärenspuren und kommen wieder zurück, um sich hingebungsvoll von mir streicheln und loben zu lassen. Ich bin froh, dass ich die Burschen als Gesellschafter habe. Sobald das Eis fest ist, hole ich sie zum Schiff.

Das größte Problem in meinem Winterquartier ist nicht die Kälte, sondern die Feuchtigkeit. An allen kalten Wänden und in den entlegensten Winkeln sammelt sich Kondenswasser. Alles wird klamm und spakig. Vor allem unter der Matratze in der Schlafkoje steht jeden Morgen neue Feuchtigkeit. Anfangs habe ich das Bettzeug regelmäßig aus der Koje gezerrt und zum Trocknen neben dem Ofen drapiert. Irgendwann wurde es mir zu viel. Seit gestern ist die Schlafkammer zur Vorratskammer umgewidmet und der Zugang mit einem Sitzpolster abgedichtet. Mein ganzes Leben spielt sich jetzt in einem einzigen, gut isolierten kleinen Raum ab, in dem ich die Feuchtigkeit viel besser bekämpfen kann. Außerdem hält sich die Wärme besser in der winzigen Kajüte.

Es ist schon erstaunlich, wie sich die Ansprüche an den Komfort unter den hiesigen Bedingungen reduzieren. Und ich glaube, das ist noch nicht das Ende der Beschränkungen. Im Augenblick geht es mir eigentlich noch sehr gut, auch wenn es manchmal ein bisschen unbequem ist. Zum Beispiel wenn ich mit Revolver, Winterklamotten, Hundefutter, aufgetautem Schnee als Trinkwasser, Eismessgeräten und Feldstecher über die mit Abdeckplanen verhängte Reling ins Gummiboot klettere und dabei hin und wieder mit einem Bein im eiskalten Wasser lande. Wenn ich dann zu meinem »Hausbären« hinübersehe, der vor einem Robbenloch lauert, kommt es mir vor, als würde er über mein Missgeschick schmunzeln.

Früher war ich überzeugt, dass eine große, lichtdurchflutete, gut geheizte und trockene Wohnung zum Leben unerlässlich ist. Ich habe mich über vermeintliche Zwänge aufgeregt, die meine Freiheit einschränkten, mir Sorgen um Sicherheit und Gesundheit gemacht und manchmal über das Essen gemäkelt. Und jetzt? Ich bin schon glücklich, dass ich auf einer schmalen Pritsche im trockenen Schlafsack schlafen kann, tappe im Dustern durch meine winzige Behausung und bin zufrieden, wenn es draußen nicht stürmt und mein Schiff nicht im Eis ächzt und schrammt. Vor dem Schlafengehen verrammle ich alle Luken mit Eisenstangen und hoffe, dass kein Eisbär zu Besuch kommt. Und wenn ich zum Frühstück ein Stück selbst gebackenes Brot kaue, nur mit einem Klecks Marmelade, weil ich mit der Butter sparsam umgehen muss, dann fühle ich mich trotz allem sauwohl.

Dienstag, 5. Oktober

Es hat den ganzen Tag geschneit. Der Nordwind wurde immer stärker und entwickelte sich zu einem ausgewachsenen Schneesturm, der durch die Ritzen der Abdeckplanen pfeift. Überall liegt Schneestaub, und die Schneewehen an Land wachsen zu Gebirgen. Der Trapper Harald meinte bei seinem Besuch, dass mein Überwinterungsplatz zwar im Hinblick auf die Eissituation ideal sei, dass es in dieser Gegend aber zu viele Eisbären und zu viel Schnee gebe. Ich fürchte, er hat Recht. Aber noch ist die Schneehöhe erträglich. Und wenn ich mit den Hunden durch die verschneite Winterlandschaft stapfe, ist es für uns drei ein Vergnügen, in den meterhohen Bergen an den steilen Uferhängen herumzutoben. Sobald der Schnee freilich mehrere Meter hoch liegt, werden unsere Wanderungen wohl etwas beschwerlicher.

Es macht uns Spaß, den Spuren der Bären, Polarfüchse und Schneehühner zu folgen, natürlich aus unterschiedlichen Motiven. Mich interessiert es vor allem zu erfahren, was die Tiere unterwegs gesucht und gefunden haben, zu sehen, wie die kleinen Polarfüchse im hohen Schnee zurechtkommen und ausreichend Nahrung finden. Ich habe mir erzählen lassen, dass sie sich bei den Resten der Eisbärenmahlzeiten bedienen und selber Schneehühner erbeuten. Außerdem legen sie im Sommer ein System von gut verteilten Vorratskammern an, die sie mit erbeuteten Jungvögeln und Eiern bestücken.

Die Schneehühner gehören zu den wenigen Tieren, die in Spitzbergen überwintern. Sie halten sich bei Sturm, Kälte und Dunkelheit unter der Schneeschicht auf, wo sie nach Beeren und Samen scharren. Die Polarfüchse schleichen oben auf der Schneedecke herum und schnüffeln nach leckeren Hühnchen – ähnlich wie die Eisbären mit einer Bärenruhe Tag und Nacht auf dem Eis der Lagune vor den Atemlöchern der Robben lauern und auf das große Los hoffen. Mein Hausbär wartet jetzt schon seit über zwei Wochen ohne Erfolg. Überhaupt werden die Bären immer hungriger, missmutiger und angriffslustiger. Ihr Pelz hängt wie ein zu groß gewordener Anzug über dem kantigen Knochengerüst. Die Bärin mit ihrem halbwüchsigen Sprössling hat jede Zurückhaltung aufgegeben und wird manchmal richtig lästig.

Gestern früh, als ich nach dem Waschen zitternd vor Kälte in die Kleider stieg, scheuchten mich die Hunde mit einem Höllenlärm an Deck. Die Bärin versuchte mit List, Tücke und Bärenkräften, mein Fleischgestell zu entern, und ließ sich von dem Gekläffe nicht im Geringsten stören. Dabei bewies sie wieder einmal großes akrobatisches Talent. Sie schob sich mit allen vieren den sechs Meter hohen, senkrechten glatten Pfahl bis zum Fleisch hinauf. Oben versuchte sie, die Fleischstücke mit den Zähnen herunterzureißen, allerdings weniger erfolgreich. Sie wurde immer ungeduldiger und wütender, griff die lärmenden Hunde an und ohrfeigte ihren Sprössling im Vorübergehen. Ich hatte überhaupt keine Lust, mich mit dieser Furie anzulegen. Lieber nahm ich aus 20 Meter Entfernung wunderschöne Filmszenen auf.

Schließlich bekam die Bärin die Haltetaue zu fassen, mit denen ich die Speckseiten nach oben gezogen und befestigt hatte. Es war schon bemerkenswert, wie sie die Zusammenhänge zu ergründen versuchte, an den Tauen zerrte und aufrecht wie ein Zirkusbär mit einem Tau im Maul herumspazierte. Irgendwann hatte sie genug und hockte sich müde und grollend neben unser Lager. Von dort vertrieb ich sie und ihr Junges mühsam mit Schüssen in den Boden.

Doch heute Morgen saßen sie schon wieder da. Dazu der Schneesturm, die schlechte Sicht und auch noch der Altbär, der in respektvollem Abstand an meinem Schiff vorbeischleicht. Ich warte sehnlichst darauf, dass das Eis endlich fest genug ist, damit ich die Hunde zum Schiff oder sogar auf Deck holen kann. Dann überlasse ich die Landstation den Bären. Bei den herrschenden Temperaturen von minus 5 bis 10 Grad muss es doch bald so weit sein!

Trotz der Eisbärenbelagerung konnte ich in den letzten Tagen meine Eisuntersuchungen fortsetzen und außerdem filmen und fotografieren. Besonders begeistert bin ich, wenn ich draußen auf der Lagune unter dem Mikroskop das Eiswachstum beobachten kann. Es ist aufregend, wie mitten aus dem flüssigen Meerwasser plötzlich die winzigen Eiskristalle hervorschießen und faszinierende Muster mit kleinen Nadeln, Grotten und Verästelungen aufbauen. Ein Hauch von Wärme, etwa das Licht einer Taschenlampe, stoppt den Prozess. Die festen Kristalle bilden sich zurück, neue Formen entstehen in der flüssigen Phase. Ich habe die dynamischen Kondensations- und Schmelzvorgänge nicht nur unter dem Mikroskop beobachtet, sonder mit einem empfindlichen Wärmefluss-Sensor auch die dabei hin und her wogenden Energieströme im Eis gemessen.

Wenn das salzige Meerwasser gefriert, entmischen sich die flüssigen Medien – Süßwasser einerseits und Salzlake andererseits. Beide unterscheiden sich zwar nur geringfügig, was die temperaturabhängige spezifische Dichte und den Gefrierpunkt angeht; aber schon diese winzigen Unterschiede haben eine enorme Auswirkung bei der Umwandlung vom flüssigen in den festen Zustand. Das hängt sicher auch mit der Wärmeenergie zusammen, die bei diesen Phasenumwandlungen molekular auftritt. So wird zum Beispiel beim Gefrieren einer bestimmten Wassermenge so viel Erstarrungswärme frei, dass man dieselbe Wassermenge damit von null auf rund 80 Grad erhitzen könnte. Ich kann mir vorstellen, dass diese große Energiemenge tatsächlich in der Lage wäre, innerhalb der zellähnlichen Mikrostrukturen des Eises chemische Reaktionen zu unterstützen, die schließlich zum Aufbau organischer Moleküle führen könnten.

Nun ja, es werden noch viele Eisbären in Mushamna vorbeischauen, bis ich meine Vermutungen zu einer überzeugenden Theorie verarbeiten kann.

12 Forschungsobjekt Eis
Das Labor im Freien

Donnerstag, 7. Oktober 1999

Es wird immer dunkler. Bei Tag herrscht nur noch ein diffuses Dämmerlicht, das die schneebedeckten Berge in unwirkliches Blau taucht. Ich habe mir ein volles Tagespensum auferlegt, um nicht durch Untätigkeit in depressive Gedanken zu verfallen. Wenn ich morgens in meinem warmen Schlafsack aufwache, würde ich am liebsten liegen bleiben und vor mich hindösen. Im Schiff hat es morgens 1 bis 2 Grad über null, draußen fegen eiskalte Schneeböen über die Lagune, und alles sieht abweisend, kalt und ungemütlich aus. Aber ich muss raus aus dem warmen Nest, sonst verfalle ich in Selbstmitleid. Also verpasse ich mir symbolisch einen Tritt und schäle mich in der Enge aus dem Schlafsack. Der Fußboden ist eiskalt und feucht von Kondenswasser, mein Atem produziert Nebelschwaden, und ich gähne und ächze erst einmal eine Weile vor mich hin.

Dann die Bestandsaufnahme des neuen Tages: Wie spät ist es? Aha, wie immer etwa 8 Uhr. Was sagt das Thermometer? Außentemperatur minus 12 Grad, das Wasser beziehungsweise Eis minus 1 Grad, unten in der Bilge plus 1,5 Grad und hier in der Kajüte plus 2 Grad. Was macht der Wind? Kommt aus dem Norden, wie fast immer, aber erfreulicherweise ziemlich schwach. Ich mag keinen starken Wind, dieses Ächzen im Schiff, das Klappern der Leinen im Rigg, das hysterische Sausen meiner kleinen Windanlage, die mir Strom liefert, das Knattern und Flattern der Abdeckplanen, die Schneeböen, die über das Eis fegen – all das finde ich ungemütlich. Nach der Kontrolle der Instrumente der Blick nach draußen zum fernen Strand: Ist mit den Hunden alles in Ordnung? Scheint so – sie liegen eingerollt im Schnee, kaum zu sehen, aber jedenfalls sind sie noch nicht von Eisbären gefressen worden. Apropos Eisbären – wo ist heute mein

Hausbär? Ich spähe mit dem Feldstecher in die Runde – ja richtig, da liegt er ja, kaum 50 Meter entfernt vor einem Robbenloch, wie fast jeden Morgen.

Nach dieser umfassenden Einschätzung der Lage mache ich mich an die Morgenwäsche, was bei der strengen Kälte schon Überwindung kostet. Nach dem Frühstück kommt die tägliche Routine: Petroleum in die Lampen füllen, ein bisschen sauber machen und aufräumen, ein trockenes Plätzchen für die feuchten Klamotten suchen, die verrutschten Abdeckplanen zurechtrücken, auf Deck den Schnee wegfegen und schließlich die Messungen auf dem Eis vorbereiten.

Ich packe Thermometer, Wärmefluss-Sensor, Salzmessgerät, Lupen, Fotoapparate, Filmkamera, Eisbohrer, Protokollheft und Probengläschen zusammen und klettere über die Reling aufs Eis, das mit einer matschigen Pampe bedeckt ist. Ein prüfender Blick hinüber zum Eisbären. Der ist lebensnotwendig, denn die Tiere bewegen sich so blitzschnell, dass ein Abstand von 50 Metern nur ein paar Sekunden bedeutet. Aber heute scheint der Kumpel noch schläfrig zu sein. Er schaut nur kurz zu mir herüber und bleibt ruhig am Robbenloch liegen. Ich hacke und bohre Löcher ins Eis, mache meine Messungen und versuche, Geräte, Handschuhe und Kleidung einigermaßen vor dem Matsch aus halbgefrorenem Salzwasser zu schützen.

Der Salzgehalt an der Eisoberfläche nimmt von Tag zu Tag zu. Physikalisch habe ich das verstanden. Praktisch ist es lästig, in dieser eiskalten, matschigen Umgebung zu arbeiten. Meine Handschuhe sind rasch steif vom Salz und feucht. Meine Finger fühlen sich wie abgestorben an. Manchmal bin ich nach dem stundenlangen Messen und Beobachten ganz verzweifelt. Gleichzeitig muss ich den Eisbären im Auge behalten. Irgendwann steht er gemächlich auf, meistens gegen 12 Uhr, räkelt sich, gähnt, wälzt sich im Schnee und bummelt los. Diesmal fordert er mich nicht heraus, sondern macht einen Bogen um das Lager, schielt aber begehrlich herüber, und seine lange Zunge schnellt immer wieder aus dem Maul.

Schließlich flüchte ich vor der Kälte, packe die Messgeräte zusammen, stopfe die feuchten Protokollblätter in die Hosentasche und verziehe mich halb erfroren aufs Schiff. Auch wenn der Ofen noch nicht brennt, ist es dort windgeschützt und trocken, und eine Petroleumlampe verbreitet Wärme. Nach dem kalten Wind draußen kommen mir die 5 Grad in der Kajüte sehr behaglich vor. Ich trinke heißen Tee, streife mir trockene Handschuhe über und ziehe wieder los. Diesmal geht es an Land zu den Hunden, die mich schon sehnsüchtig erwarten. Wir machen unseren obligatorischen Rundgang, und diesmal geht es aufs Eis. Ich möchte anhand der Spuren im Schnee herausfinden, was mein Bär die ganze Nacht so treibt. Zweimal hat er seine Lauerstellung vor den Atemlöchern der Robben verändert, dann nach dem Aufstehen und der Morgentoilette mit Wälzen im Schnee sein großes Geschäft verrichtet, das die Hunde mit großem Vergnügen verspeisen. Erstaunlich, dass der Bär bei so wenig Fressen immer noch Verdauung hat.

Nach dem Rundgang bekommen die Hunde ihr Fressen. Ich kontrolliere, ob das Fleischgestell auch in Zukunft den Angriffen der Bären standhalten wird, und begebe mich zurück zum Schiff. Inzwischen ist es fast dunkel. Nach einem aufmerksamen Rundblick mit dem Feldstecher entdecke ich den Bären ziemlich dicht beim Lager, halb verdeckt von einer Schneewehe. Und er ruht nicht etwa, sondern er beobachtet uns. Die Hunde können ihn noch nicht bemerken, weil der Wind ungünstig steht. Die Bären sind eben kluge Jäger. Also noch kein Feierabend. Ich hole die Flinte mit Zielfernrohr, kehre zu den Hunden zurück und gebe einen Warnschuss in den Schnee ab. Der Bär springt auf und flüchtet. Gut so. Er hat absichtlich meine Reviergrenzen überschritten, um zu testen, wie weit er gehen kann.

Als ich meine Waffe sorgfältig reinige, weil funktionierende Gewehre in dieser Gegend zum Überleben notwendig sind, wird mir klar, dass die Eisbären, genau wie meine Grönländer Hunde, weder zahm noch nach menschlichen Maßstäben freundschaftliche Geschöpfe sind. Diese wilden Tiere verhalten sich so, dass sie unter den hier herrschenden harten Bedingungen überleben können. Und das bedeutet, Beute machen und um jeden Preis irgendetwas zum Fressen ergattern.

Es wäre falsch, von den Bären oder den Hunden so etwas wie Fairness zu erwarten oder sie in diesem Sinne erziehen zu wollen. Ein erträgliches Nebeneinander funktioniert nur, wenn die Machtbereiche klar abgesteckt und täglich konsequent verteidigt werden. Sobald der Bär bei mir die geringste Angst spürt, wird er zum Angriff übergehen. Das ist bei den Hunden nicht anders. Auch wenn sie noch so verschmust sind – sie akzeptieren mich nur so lange als ihren Herrn, wie ich ihnen klar mache, dass ich stärker bin als sie. Wenn sie wieder mal zu übermütig werden, brülle ich eben, packe einen der ungehorsamen Köter und werfe ihn ein Stück durch die Gegend. Anschließend kriegen sie ihr Fressen, und meine Autorität ist wiederhergestellt.

Bei den zudringlichen Bären klappt das so natürlich nicht. Einmal konnte ich aus nächster Nähe beobachten, wie zwei ausgewachsene Tiere hoch aufgerichtet brüllend und knurrend aufeinander losgingen. Da hätte ich keine Chance. Also muss ich in die Trickkiste mit dem Gewehr greifen. Eigentlich unfair, aber wie gesagt, Fairness ist ein Luxus, den man sich hier im harten Überlebenskampf nicht leisten kann.

Nach einem solchen Tag bin ich froh, wenn ich mich in mein Schiff zurückziehen kann. Dann mache ich Feuer in meinem Öfchen, und innerhalb der nächsten drei bis vier Stunden steigt die Temperatur manchmal auf über 20 Grad. Ich koche mir etwas zu essen, häufig Fisch, weil ich davon so viel an Deck hängen habe und weil mir Robbenfleisch nicht besonders schmeckt. Inzwischen ist es 6 oder 7 Uhr, ich schalte das Radio ein, höre die Deutsche Welle oder den Norwegischen Rundfunk, stecke mein Pfeifchen an, genehmige mir einen Drink und setze mich an mein Tagebuch. So. Nun wird's gemütlich. Nachher will ich noch Brot backen.

Sonntag, 10. Oktober 1999

Es ist bitterkalt geworden, nachts bis minus 15 Grad, dabei fast windstill; so ist die trockene Winterkälte ganz gut zu ertragen. Wahrscheinlich werde ich in den nächsten Monaten ohnehin unempfindlicher.

Wenn ich von draußen komme und das Thermometer plus 5 Grad anzeigt, kommt mir das schon herrlich warm vor. Aber das Wichtigste ist: Mein Bär hat endlich eine Robbe gefangen. Ein großes, dickes Ding. Wie sehr habe ich ihm das gewünscht!

Er schleppte seine Beute den Schneehang am Ufer der Lagune hinauf. Eine dicke Blutspur zieht sich seither durch den Schnee. Und nun frisst und schläft er seit zwei Tagen abwechselnd. Dabei bewacht er seinen Speck- und Fleischberg, verjagt mit wütenden Galoppsprüngen die zudringlichen Eismöwen und entfernt sich nie weiter als ein bis zwei Bärenlängen. Sein Bauch wird immer dicker, er schleift fast über den Schnee. Ich sehe ihm stundenlang zu, wie er gierig frisst, seine Beute ein Stück weiter schleift und sich immer wieder mit Schnee die Blut- und Fettspuren vom Fell putzt, besonders sorgfältig an den Innenseiten der Tatzen.

Danach ruht er sich wieder aus. Es ist eine gewaltige Anstrengung, diese Riesenmenge von Robbenspeck und -fleisch als Fettreserve im Körper einzulagern. Wenn ich die großen Robbenleiber auf dem Eis betrachte, kann ich mir kaum vorstellen, dass ein Eisbär diese Masse in wenigen Tagen in seinem Körper verstauen kann. Solange der Bär noch hungrig vor den Robbenlöchern lauerte, war er die Ruhe selbst und verschwendete keine Energie mit unnötigen Bewegungen. Jetzt, wo er im Überfluss schwelgt, ist er unruhig, als hätte er Angst, dass ihm zu guter Letzt doch noch jemand seine Beute streitig macht. Er guckt auch oft zu mir herüber. Ob er misstrauisch ist, dass ich ihm seine Vorräte abjagen könnte, oder stolz auf sein Jagdglück? Jedenfalls freue ich mich für ihn – und für mich, denn sein Erfolg beschert mir ein wenig Ruhe. Ich genieße es, mich mit den Hunden wieder relativ frei und unbekümmert in der weiteren Umgebung bewegen zu können, ohne in unserer Abwesenheit einen Bärenüberfall auf das Lager oder das Schiff befürchten zu müssen.

In den letzten Tagen habe ich weitere Messungen vorgenommen. Besonders eindrucksvoll waren die Ergebnisse an mit unterschiedlichen Tracer-Farben markierten Eisproben. Es zeigte sich deutlich, dass frisches Meereseis – fast wie ein lebendiger Organismus – mit einem Kreislauf für die Verteilung der farbigen Markierung in den winzigen Adern und Verästelungen sorgt, die mit flüssiger Salzlake gefüllt sind. Und das bei Temperaturen von etwa minus 10 Grad. Die festen Strukturen im Eiskörper, die aus mehr oder weniger reinem Süßwasser bestehen, bleiben von der farbigen Markierung unberührt. Ein Stück Meereseis verhält sich wie ein Schwamm; es ist mit konzentrierter Salzlösung vollgesogen. Wenn ich ein Stück aus der mittlerweile zwölf Zentimeter dicken Eisdecke heraushacke, sickert minutenlang Salzlösung heraus, wie Blut aus einem lebenden Organismus. An mehreren Stellen in der Eisschicht habe ich außerdem Kraft- und Drucksensoren festfrieren lassen, die mir Aufschluss über die dynamischen Kräfte und die Druckverhältnisse liefern sollen.

Das Messen und Hantieren im Freien ist bei der bitteren Kälte anstrengend, kraftraubend und qualvoll. Die Finger sterben ab, die Messgeräte und Batterien verweigern immer wieder den Dienst. Jede Bewegung, jeder Gedanke, jede Aktion läuft bei extremem Frost langsamer, ungeschickter ab. Alles wird mühseliger als in der gepflegten und wohl temperierten Atmosphäre eines Universitätslabors. Hier bin ich schon froh, dass ich überhaupt brauchbare Beobachtungen machen, sie abends beim Schein der Petroleumlampe auswerten und Physikbücher wälzen kann, um die experimentellen Ergebnisse theoretisch zu interpretieren. Trotz allem bin ich fest überzeugt: In einigen Monaten werde ich eine fundierte Modellvorstellung von Meereseis als Lebensraum für primitives Leben entwickelt haben.

Die Nächte sind inzwischen sehr kalt, sehr klar, sehr still und sehr einsam. Manchmal stehe ich nachts an Deck meines eingefrorenen Schiffes und schaue so lange zu dem mit Sternen übersäten Himmel hinauf, bis mich ein Kälteschauer schüttelt und ich wieder in die warme Kajüte flüchte. Es ist märchenhaft schön: Die bläulichweißen, schneebedeckten Berggipfel heben sich vor dem Hintergrund des blauschwarzen Sternenhimmels ab, der Polarstern steht fast senkrecht über mir, und grünlich-bläuliches Nordlicht weht wie vom Wind bewegte Gardinen über den Himmel südlich von mir.

Dienstag, 12. Oktober 1999

Ich bin erschöpft und mit meiner Kraft am Ende, nachdem ich einen ganzen Tag draußen im Dämmerlicht zugebracht habe. Manchmal wird mir vor Kälte fast schlecht. Viele Handgriffe muss ich ohne Handschuhe zustande bringen: Knoten in Bändern und Hundeleinen entwirren, die Planen auf dem Schiff festzurren, Holzbretter sägen und zusammennageln, die Antenne nachspannen. Wenn meine Finger ganz steif gefroren sind, flüchte ich in die Kajüte, gieße mir aus der Thermoskanne heißen Tee in einen Pott und taue als Erstes meine abgestorbenen Hände daran auf, bevor ich trinke. Wenn die Wärme in die Finger kriecht, könnte ich schreien vor Schmerz.

Gestern habe ich bis tief in die Nacht mit Laser, UV-Lampen und Polarisatoren an Meereseis-Stücken herumexperimentiert. Außerdem will ich meine Fotodokumentation über die Feinstrukturen des Eises verbessern. Ich hatte den Ofen ausgehen lassen, um Brennstoff zu sparen, und wollte eigentlich schon in den Schlafsack kriechen, da packte mich der Forscherdrang. Stundenlang. Am Ende war ich hundemüde, in meinem Labor sah es chaotisch aus, und die Temperatur im Schiff war auf unfreundliche 5 Grad gesunken.

Das Barometer fällt, der Himmel sieht nach Schneefall und Sturm aus. Ich wollte die letzten Stunden des ruhigen Wetters nutzen, um mit den Hunden am Strand Bretter und Holzstämme als Baumaterial zu suchen. Bevor später der Schnee meterhoch liegt, möchte ich mir auf dem Schiff einen Vorrat an Bauholz anlegen. Wer weiß, wofür ich es brauche. Der Transport ist auch kein Problem. Ich habe einen Pulk dabei, einen kleinen Lastschlitten für Skifahrer, den ich mit den beiden Hunden als Transportschlitten einsetzen kann. Anfangs war das eine wüste Angelegenheit: verhedderte Hundeleinen, ein scheppernder Pulk, und die Hunde begriffen meine Kommandos nicht. Aber nach einigen Missverständnissen zogen wir wie ein professionelles Gespann über den Uferhang, durch tiefe Schneewehen und in rauschender Fahrt über glitzernde Eisflächen. Ein paar Mal fuhren wir hin- und her, jedes Mal mit einer Fuhre wunderschöner glatter Bretter und Holzpfähle. Unglaublich, wie viel gutes Baumaterial am Strand angespült wird. So eine Arbeit lasse ich mir gefallen.

Zwischendurch gab es wieder mal Bärenalarm. Wir – die Hunde und unser Hausbär, den ich inzwischen zur Familie zähle, und ich – bekamen Besuch von einem grauweißen, mürrischen, hungrigen alten Herrn. Zuerst ging er auf den Hausbären los, der seine Robbe jedoch bis auf den letzten Fitzel verputzt hatte. Danach nahm er stur erst das Landlager und dann *Mesuf* ins Visier. Als er dem Schiff zu nahe kam, bekam er einen Böllerschuss vor die Nase, gefolgt von einem Schuss mit der Flinte ins Eis. Unbeeindruckt ging er ganz in der Nähe vor einem Robbenloch in Stellung. Dort lauert er seit Stunden und schnuppert immer wieder in meine Richtung. Ich muss ihn im Auge behalten.

Jetzt, wo das Eis fest ist, habe ich die Hunde zum Schiff geholt, weil sie an Land immer wieder von den Bären angegriffen wurden. Da das Eis an der Oberfläche gelegentlich noch matschig vom Salz ist, habe ich für meine beiden Kumpels aus Brettern ein Lager gezimmert, das sie auch dankbar annahmen. Wegen der herumschleichenden Bären und der Dunkelheit suchen sie meine Nähe. Für alle Fälle habe ich auf dem Achterdeck auch noch zwei Kojen gebaut und eine hundetaugliche Hühnerleiter zusammengenagelt. Heute Nacht schlafen Svarte und Bjosse probeweise an Bord. Dem lauten Schnarchen nach zu urteilen genießen sie den ungewohnten Luxus. Jetzt ist *Mesuf* für uns wie eine Burg. Ein gutes Gefühl!

13 Unruhige Zeiten
Die Herbststürme greifen an

Sonntag, 17. Oktober 1999

Die letzte Zeit war voll hektischer Betriebsamkeit. Einen ganzen Tag lang habe ich mich mit meinem geliebten Eis und seinen Bewohnern beschäftigt. Zunächst war ich mit den Hunden an einer Art Nebenarm der Lagune, einem seichten Gewässer, das aufgrund des Tidenhubs im Woodfjord einen wechselnden Wasserstand aufweist. Trotz minus 5 bis 10 Grad strömt dort täglich frisches Meerwasser ein, bei Flut bis zu einem Meter hoch; bei Ebbe dagegen liegt nur noch die zehn Zentimeter dicke Eisschicht auf dem Untergrund aus Geröll, Schlamm und Kies. Auf diesem Eis bildeten sich in den letzten Tagen runde, schmutzigbraune Flecken mit einem halben Meter Durchmesser. Die wollte ich untersuchen.

Ich hackte ein paar Proben aus dem Eis und sah, dass die braune Farbe tief ins Eis hineinreicht. Auf dem Schiff erfolgte dann die Diagnose, für die ich Mikroskope und Fotoapparate nach draußen brachte, denn in der warmen Kajüte wären die optischen Systeme angelaufen und das Eis geschmolzen. Nach einigem Basteln gelang es mir, die Digital-Videokamera so über dem Okular des Mikroskops zu befestigen, dass ganz passable Videoaufnahmen in hoher Vergrößerung und bei brauchbarer Beleuchtung herauskamen. Der Bildausschnitt hatte einen Durchmesser von entweder 500 oder 50 Mikrometer. Während der Aufnahme konnte ich mit dem Kreuztisch am Mikroskop den Blickpunkt im Eis kontinuierlich verändern und über die Schärfeneinstellung die verschiedenen Schichten der Probe aufnehmen.

Ich war begeistert von dem Ergebnis. Der Film vermittelt den Eindruck, als schwebte man wie ein tief fliegender Pilot über eine zerklüftete Gebirgslandschaft, über einen geheimnisvollen Dschungel mit Schluchten, kleinen Seen, Berggipfeln und Flussmündungen. Schon in Abständen von wenigen Mikrometern sind die Strukturunterschiede im Eis ziemlich groß. Phasengrenzen zwischen festem Eis und flüssiger Salzlake, zwischen unterschiedlichen Eiskristallformationen und kleinen Gasbläschen wechseln auf kleinstem Raum ab. Ich schätze, dass in einem Kubikmillimeter Eis Tausende verschiedener Formationen mit vielen Phasengrenzen zu finden sind.

Besonders spannend ist, dass diese winzige Dschungellandschaft von vielen Mikroorganismen bewohnt wird. Kugel- und stäbchenförmige kleine Lebewesen, Algen, Plankton und Bakterien schwirren, rotieren und strudeln in dem mit Flüssigkeit gefüllten Labyrinth aus kleinen Spalten und Kanälen herum. Manchmal wirkt die Szene wie eine Hafenlandschaft, in der es nur so von kleinen und großen Booten wimmelt.

Dann habe ich die Eisprobe unter dem Mikroskop vorsichtig erwärmt und auch diesen Vorgang im Film festgehalten. Die Phasengrenzen zwischen Eis und Flüssigkeit veränderten sich dramatisch: Eisgebirge fielen erdrutschartig zusammen, die Strömungen in den Kanälen wurden zu Springfluten – kurz, eine Naturkatastrophe im Mikrokosmos. Die Eisbewohner wurden rücksichtslos umhergeschwemmt, versuchten vergeblich, sich irgendwo festzusetzen. Erst als das Eis geschmolzen war, konnte ich erkennen, wie viele Lebewesen darin gehaust hatten. Fast bekam ich ein schlechtes Gewissen, weil ich durch den böswilligen Schmelzvorgang das Lebensumfeld der Mikroorganismen zerstört hatte.

Stundenlang beobachtete, filmte und fotografierte ich, untersuchte verschiedene Eisproben von unterschiedlichen Fundorten. Jedes Mal mit demselben Ergebnis: Meereseis ist sehr fein strukturiert und mit flüssiger Salzlake durchsetzt wie ein lebender Organismus mit Blut und Körpersäften. Das fein verästelte Kanalsystem bietet vielfältigen Organismen optimale Lebensbedingungen. Durch die Strömungen werden Nährsalze und kleine Organismen transportiert, die den größeren Lebewesen als Nahrung dienen. Diese Mikroorganismen waren übrigens nicht nur in den braunen Flecken, sondern in jedem beliebigen Stück Meereseis aus der Lagune zu finden. In den braunen Flecken allerdings war das Gewimmel besonders dicht. Überhaupt bilden sich an einzelnen Stellen regelrechte Kolonien von Kleinlebewesen, die offenbar in symbiotischer Beziehung zueinander stehen. Die Schnelligkeit, mit der solche Kolonien trotz großer Kälte entstehen, deutet auf die enorme Vitalität der Organismen bei niedrigen Temperaturen hin. Dazu gehören auch die psychrophilen – die Kälte liebenden – Bakterien, die ich gesucht habe und für die sich die Industrie interessiert.

Steif gefroren, aber glücklich über die Ergebnisse, verstaute ich im Dämmerlicht die Mikroskope auf dem Schiff und kümmerte mich dann um die Hunde: Fressen vorbereiten, füttern, ein kleiner Rundgang, auf dem mal wieder ein streunender Eisbär verscheucht werden musste, und schließlich die Vorfreude auf den Feierabend in der geheizten Kajüte. Aber daraus wurde nichts. Die Temperatur stieg rasant von minus 5 auf plus 5 Grad. Gleichzeitig kam ein böiger, immer stärker werdender Südwestwind auf. Das Barometer stürzte ab, und der Himmel, an dem schwarze Wolkenbänke aufzogen, strahlte in grünlich-gespenstischem Licht.

Das war der Auftakt für ein Theater, das die ganze Nacht dauerte. Der warme Wind griff das ohnehin brüchige und matschige Eis an, an den Uferrändern der Lagune schwappte wieder offenes Wasser. In aller Eile brachte ich die Hunde zurück zur Landstation und sicherte das Schiff mit zusätzlichen Eisankern. Inzwischen heulte und orgelte der Wind mit 8 bis 9 Beaufort im Rigg. Es war schauerlich. *Mesuf* riss an den Haltetauen, die Abdeckplanen auf dem Oberdeck knatterten und flatterten, einige rissen sich los und verschwanden wie riesige Fledermäuse auf Nimmerwiedersehen. Das Eis am zuvor fest eingefrorenen Schiff war mittlerweile zerborsten, und *Mesuf* taumelte in einem brodelnden kleinen See. Ich turnte in dem Chaos herum, band fliegende Ausrüstungsgegenstände fest und beobachtete besorgt den Zustand des Eises. Inzwischen war es fast dunkel. Im Sturm konnte ich undeutlich die Hunde bellen hören. Aha. Eisbären. Und dann ein Knirschen und Knacken: Mein mühsam gebautes

Fleischgestell krachte zusammen. Die Fleischvorräte lagen auf dem Boden: leichte Beute für die hungrigen Eisbären.

So eine neue Bäreninvasion hätte mir gerade noch gefehlt. Also kämpfte ich mich durch Sturm und Dämmerung über das knackende Eis zum Landlager und sammelte eilig die abgestürzten Fleisch- und Speckvorräte ein. Ein paar Mal wankte ich schwer beladen und stinkend wie eine frisch geschlachtete Robbe zum Schiff und zurück, immer in der Furcht vor Bären. Mir war ziemlich mulmig zumute! Der Sturm steigerte sich unterdessen auf 9 bis 10 Windstärken. Die Taue konnten das Schiff im brüchigen Eis nicht mehr halten. Mir blieb nichts anderes übrig, als alle Planen herunterzureißen oder abzuschneiden, um dem Wind weniger Angriffsfläche zu bieten. Die Ausrüstung, die ich unter den Planen gelagert hatte – Pulk, Skier, Taucherausrüstung, Bakterienproben, Werkzeug und einiges mehr –, musste ich verzurren oder in die Kajüte werfen. Auf Deck konnte ich mich dank Sturm und Finsternis nur noch kriechend bewegen. Sehr gemütlich. Irgendwann war der Spuk vorbei. Nach einer bang durchwachten Nacht ließ das Sturmgeheul nach, und ich konnte ein paar Stunden in meinen Schlafsack kriechen.

Am nächsten Tag untersuchte ich im bläulichen Dämmerlicht erst einmal das Schiff auf Schäden. Fast alles war heil geblieben, nur der kleine Windgenerator und die Wetterstation hatten sich in ihre Einzelteile aufgelöst und waren wie Samenkörner über Spitzbergen geweht. Ein paar leere Dieselkanister lagen weit weg auf dem Eis. Aber sonst war alles in Ordnung. Ich nutzte die Ruhe nach dem Sturm, um einen Teil der Planen wieder einzusammeln und diesmal noch fester zu verzurren. Außerdem ist das Schiff jetzt mit weiteren Haltetauen gesichert wie der gefesselte Gulliver!

Nach ein paar Stunden die zweite Runde. Diesmal jedoch kein warmer, sondern ein eiskalter Nordwind. Das Thermometer ist mittlerweile auf minus 10 Grad gefallen, und es stürmt und schneit pausenlos. Der Schnee dringt überall ein, und das mit Planen geschützte Oberdeck sieht aus wie eine romantische Winterlandschaft. Ich muss mich wohl damit abfinden.

Ein Jahr in Eis und Schnee gefangen – *Mesuf* in der »Mäusebucht«

Robben werden von Trappern gejagt, geschlachtet und von Grönländer Schlittenhunden gefressen.

Das letzte Licht verschwindet ... Einsamkeit und viel Zeit zum Lesen und Grübeln in der langen Polarnacht

Links: Hungrige Eisbären waren ständige Gäste und Räuber.
Oben: Im Packeis auf dem Woodfjord

Fertig zum Tauchen unter das Eis – brrr …

Nach vorsichtigen Untersuchungen zwischen knirschenden Eisschollen kann ein Becher heißer Tee manchmal lebensrettend sein.

Forschungslabor unter freiem Himmel

Die Versorgung der Hunde an Land ist jetzt wieder ein Abenteuer. Im wüsten Sturm krabbelte ich heute durch Schneewehen über das Eis der Lagune, was wegen der zahlreichen im Schnee versteckten offenen Wasserrinnen ziemlich unangenehm ist. Ein paar hundert Meter tastete ich mich am Rand des festen Eises entlang und legte dann das letzte Stück über schwankende Eisschollen zurück. Dabei bekam ich einen realistischen Eindruck von der Mühsal früherer Expeditionen, die im brüchigen Eis am Nordpol umhergeirrt waren.

Jetzt ist es 4 Uhr nachmittags. Draußen stürmt es noch immer, eisige Schneeböen stieben in der Dunkelheit über das Schiff. Ich hoffe dennoch, dass ich diese Nacht Ruhe finde. Vor mir liegen alte Tagebuchaufzeichnungen von Überwinterern auf Spitzbergen. Ich freue mich auf einen gemütlichen Schmökerabend. Es ist tröstlich zu lesen, wie vor langer Zeit Menschen in ähnlichen Situationen hier gelitten, gebangt und häufig sogar überlebt haben.

Donnerstag, 21. Oktober 1999

Mit gemütlichem Schmökern wird es vorläufig nichts. Ich habe zu viel Arbeit und Sorge, das Schiff zu sichern und Vorsichtsmaßnahmen zu treffen, falls das Eis noch brüchiger wird. Wohl noch als Spätfolge der letzten Stürme hat sich das gesamte Eisfeld auf der Lagune in Bewegung gesetzt und angefangen, sich in große Eisschollen aufzulösen. Ich war gerade bei schlechter Sicht auf dem Weg an Land, um die Hunde zu füttern, als ein böiger Nordwind einsetzte. Kurz bevor ich festen Boden unter die Füße bekam, versank ich fast in einer Wasserrinne, die unter dem Neuschnee nicht zu sehen war. Ein Kälteschock. Und mein erster Gedanke: Jetzt ist alles zu Ende. Aber ich habe bei unsicherem Eis immer eine kleine Axt am Handgelenk festgebunden. Die hat mir schon einmal das Leben gerettet, als ich vor zwei Jahren mit meinem Freund John den höchsten Berg Spitzbergens, den eisbedeckten Perriertoppen, erkletterte. Beim Abstieg stolperte ich über meine Steigeisen und sauste wie eine Rakete über das spiegelblanke Eis zu Tal. Doch mit der Eisaxt konnte ich den

Absturz bremsen. Und auch jetzt – bis zu den Schultern im eiskalten Wasser, ohne Grund unter den Füßen, eingeklemmt zwischen zwei Eisschollen – war die kleine Axt das Mittel zum Ausstieg. Danach stand ich pudelnass, aber wohlbehalten auf einer Eisscholle, allerdings bei minus 12 Grad und im heftigen Wind. Da friert jedes Kleidungsstück blitzschnell bretthart. Ich stolperte im Dauerlauf zurück zum Schiff. Die Kälte kroch aus den nassen Stiefeln und den steif gefrorenen Handschuhen in meinen Körper. An Bord leerte ich meine Thermoskannen mit Tee in einen Topf, um Finger und Füße aufzutauen. Danach ging es mir eigentlich wieder ganz gut.

Draußen rumorte es weiter im Eis. Das Schiff ging mit der Scholle, in der es eingefroren war, auf Drift. Zum Land hin klaffte plötzlich ein breiter Streifen offenes, stürmisch bewegtes Wasser. Meine hundert Meter lange Festmacherleine zum Land war zum Zerreißen gespannt. Als ich sie vom Poller auf dem Schiff abschlug, zischte sie wie eine gesprungene Geigensaite über die halbe Lagune. Die beiden Anker rissen aus dem Eis und waren verloren. Das Schiff bebte und ächzte.

Als sich das Wetter beruhigte, lag *Mesuf* immer noch fest eingefroren im Eis, aber an einer ganz anderen Stelle, weit weg vom Landlager und den armen Hunden. Am nächsten Tag hakte sich die driftende Eisscholle am Südende der Mole fest; da liegt sie noch, vorerst ohne sich vom Fleck zu bewegen. Die Hunde habe ich auf die Mole geholt, um sie näher beim Schiff zu haben, um das ich mir ernsthaft Sorgen mache. Wenn nun die Eisscholle weiter ans flache Ufer driftet und mein Schiff auf Grund läuft?

Außerdem schleichen bei zunehmender Dunkelheit die Bären herum. Ich höre die Hunde ängstlich bellen. Am Morgen sind die Tatzenspuren im Schnee zu sehen, nur wenige Meter neben dem Schiff und den Hunden. Das ist eben Spitzbergen – Selbstmitleid und Wehleidigkeit sind hier fehl am Platz.

Das habe ich mir auch heute früh wieder vorgebetet und beschlossen, die im Eis verschwundenen Anker und Ketten nicht so einfach verloren zu geben. Den ganzen Tag habe ich mit dem Eisbohrer nach den Sicherungsleinen gesucht – und sie gefunden! Damit fing die harte Arbeit erst an. Ich funktionierte *Mesuf* zum Eisbrecher um und sprengte die rund 20 Zentimeter dicke Schicht bis zu den Ankern. Mit Taljen und Winschen, Kraft und Geduld, Tricks und abgefrorenen Fingern holte ich die Anker zurück an Bord. Danach war ich ziemlich stolz auf mich.

Und nun komme ich hoffentlich endlich dazu, in den alten Tagebüchern der Trapper zu schmökern, die vor über hundert Jahren auf Spitzbergen überwintert haben. Gerade diese Gegend hier war Schauplatz spannender und tragischer Ereignisse.

14 Spitzbergen
Ziel der Trapper und Abenteurer

Montag, 25. Oktober 1999

Es sind unruhige, gelegentlich dramatische Tage in diesem Spätherbst in Mushamna. Ständig wehen heftige Winde, meistens aus Norden. Es ist bitterkalt, bis minus 15 Grad, und das Eis auf der Lagune bewegt sich hin und her, wird mal fester, mal brüchiger, Spalten bilden sich und verschwinden wieder. Und mittendrin das Schiff, die Hunde und ich. Mehrfach hat sich unser Standort verändert. Mal lag *Mesuf* fest eingefroren, dann wieder nach dem Aufbrechen der Eisfläche vertäut an einer driftenden Scholle oder zur Abwechslung auch mal im stürmischen Wind eine lange Nacht am Anker im offenen Wasser.

Die Hunde habe ich an Land angebunden und muss ihnen jeden Tag, koste es, was es wolle, Futter bringen und ihnen moralische Unterstützung zukommen lassen. Nachts bei Finsternis und Wind höre ich sie manchmal wild bellen; dann sind die Eisbären unterwegs. Momentan kommt täglich mindestens einer vorbei. Im dämmerigen Tageslicht kann ich sehen, wie sie sich ungeniert den Hunden und meinem Boot nähern.

Neulich nachts polterte etwas an Bord, und ich dachte, es wäre der Wind. Irrtum. Am nächsten Morgen sah ich einen Bären neben der Reling stehen, der sich, aufrecht auf den Hintertatzen, an den Planen zu schaffen machte. Angesichts dieser bärigen Kontaktfreude blieb mir keine andere Wahl, als alles Essbare – Robbenfleisch, Hundefutter, Trockenfische und Gänsebraten – unter Deck zu schaffen. Meine kleine Toilette, die ohnehin zur Eiskammer erstarrt und außer Betrieb ist, dient jetzt als Vorratsraum.

Allmählich gewöhne ich mich an meine neue Lebensweise, die so ganz anders ist als das Hochschuldasein. Wenn es allerdings zu dick und gefährlich kommt, wenn der Sturm zu sehr heult, die Hände zu kalt und die Eisbären zu frech werden, denke ich zuweilen, dass es so toll eigentlich auch nicht sein müsste. Egal. Mit der Zeit zählen andere Sachen. Die Aufmerksamkeit richtet sich auf elementare Dinge: die Freude über trockene Socken oder eine Tasse heißen Tee, die Erleichterung, den täglichen Weg über das Eis heil und trocken überstanden zu haben, die Angst vor Schäden am Schiff, das im Eis herumschrammt oder im Sturm auf Land getrieben werden könnte.

Als Kontrast zu meinem Tagesprogramm höre ich nachts auf der Deutschen Welle von hitzigen Diskussionen über Ladenschlusszeiten, vom Streit über unzureichende Leistungen der Krankenkassen und Rentenerhöhungen in Deutschland. »Was für Probleme!«, denke ich dann, krieche in meinen Schlafsack und hoffe, beim Aufwachen keine böse Überraschung zu erleben.

Endlich komme ich dazu, mich dem Schicksal meiner Vorgänger zu widmen, die seit 400 Jahren auf Spitzbergen unterwegs waren – unter weit schwierigeren Bedingungen und mit weniger Hilfsmitteln als ich.

Spitzbergen ist die größte Insel des Archipels Svalbard – das heißt »kalte Küste«. Obwohl einzelne Inseln dieses Archipels noch nördlich des 80. Breitengrades liegen, ist das Klima relativ mild und die umliegende Meeresregion im Sommer manchmal nur teilweise zugefroren. Das liegt am Golfstrom, der entlang der norwegischen Küste warmes Wasser nach Norden führt.

Spitzbergen wurde 1596 von dem holländischen Seefahrer Willem Barents entdeckt, der eigentlich den Seeweg durch die Nordwestpassage nach Indien suchte – vergebens. Immerhin verbreitete sich die Nachricht vom Reichtum an Walen und Walrossen in den Gewässern von Spitzbergen in Windeseile. Die seefahrenden Nationen, allen voran die Holländer und die Engländer, etwas später auch die deutschen Kaufleute und Seefahrer, rüsteten Walfangschiffe aus. Nun begann in den Fjorden von Spitzbergen ein Morden und Schlachten. In der Blütezeit des Walfangs waren dort Hunderte von Schiffen unterwegs, mit Tausenden von Menschen an Bord – Seefahrern, Walfängern, Trankochern, Küfern, Schmieden, Zimmerleuten. Im Jahr 1680 kamen allein aus Holland 260 Schiffe mit 14000 Mann, die im Eismeer von Spitzbergen auf Walfang gingen.

Auch Hamburger Walfangschiffe waren dabei. Ganz in der Nähe von Mushamna liegt an der Nordwestküste von Spitzbergen die so genannte Hamburger Bucht, die ab 1642 von Walfängern aus der Hansestadt angelaufen wurde. Der Schiffsbarbier Friedrich Martens berichtete in seinen 1675 in Hamburg erschienenen *Grönländischen Reisebeschreibungen* über den Alltag auf dem Walfänger *Jonas im Walfisch* im Jahr 1671. Aus Glückstadt an der Elbe sind uns fünf Walfänger überliefert – *Fortuna*, *Lucia*, *Friederica*, *Neuenkirchen* und *Der kleine Heinrich*. Nach wenigen Jahrzehnten hemmungsloser Ausbeutung lohnte sich der Walfang auf Spitzbergen nicht mehr. Nun entwickelte sich die Kultur der Trapper, der Fallensteller also, die vor allem aus Russland und Norwegen kamen und manchmal auch auf Spitzbergen überwinterten. Wie ich. Nur dass ich keine Bären jage, sondern Bakterien.

Die erste norwegische Überwinterungsexpedition, von der wir wissen, fand 1775 statt. Danach gab es immer wieder wagemutige Geldgeber, Kaufleute, Abenteurer, Entdecker und Jäger, meist aus Russland und Norwegen, die ganzjährige Expeditionen nach Spitzbergen finanzierten und durchführten. In den meisten Fällen brachten sie keinen Gewinn. Im Gegenteil. Viele endeten mit dem Tod der Expeditionsteilnehmer und dem Ruin der Geldgeber. Doch entstand daraus eine Tradition der Fänger und Trapper, auf die Norwegen bis heute stolz ist und mit der es seinen Machtanspruch auf Spitzbergen begründet. Hinzu kommt die bis heute beachtliche Polarforschung der Norweger. Sie bildet den Hintergrund Norwegens für die Bemühungen, die volle Souveränität über Spitzbergen zu erlangen. Mit dem Spitzbergen-Vertrag von 1925 ist dies nur annähernd gelungen. Diesem internationalen Übereinkommen zufolge hat Norwegen zwar eine Art Hausrecht auf den Inseln, aber jeder Bürger der Vertragsnationen – inzwischen sind es 41 Länder, darunter auch

Deutschland – darf hier ohne Einschränkung wirtschaftliche und wissenschaftliche Aktivitäten entfalten. Das ist übrigens auch die Basis für meine eigene kleine wissenschaftliche Expedition nach Mushamna. Allerdings gab es zuvor die eine oder andere Diskussion mit dem norwegischen Gouverneur von Spitzbergen.

Aber zurück zu den Trappern, die vor über hundert Jahren unter großen Strapazen und Gefahren auf Spitzbergen lebten und überwinterten. Diese wenigen wagemutigen Männer, deren Leben, Leiden und Sterben erstaunlich gut dokumentiert sind, genießen in Norwegen noch heute einen legendären Ruf. Ich habe mir fast alle Tagebücher der *fangstemen*, wie sie auf Norwegisch heißen, als Winterlektüre mitgenommen. In meiner jetzigen Situation kann ich die Aufzeichnungen, die Ereignisse und Gefühle sehr viel besser verstehen, als wenn ich in meinem geheizten Wohnzimmer in Deutschland sitzen würde.

Beim Schmökern in der Kajüte, beim Dämmerlicht der Petroleumfunzel und auf meinen Wanderungen mit den Hunden im Schneetreiben habe ich mich mit drei verschiedenen Schicksalslinien befasst, die 1872 hier in der Nähe meines Überwinterungsplatzes in Mushamna zusammenliefen und mit dem Tod von 19 norwegischen Fängern endeten.

Es war im Herbst 1872. Damals versperrte Treibeis viel früher als gewöhnlich die Nordküste von Westspitzbergen, also auch meine Gegend hier am Woodfjord. Auf diese Weise wurde Mitte September sechs kleinen norwegischen Schiffen mit Fängern und Jägern der Rückweg in die Heimat abgeschnitten. Die Fänger waren so lange im Norden von Spitzbergen geblieben, weil sie auf die Walrosse gewartet hatten, die im Herbst an die Küste kommen. Nun lagen ihre Schiffe *Pepita*, *Jacobine*, *Elida*, *Drageducken*, *Svanen* und *Helene* mit insgesamt 57 Mann Besatzung im Eis fest.

Die Situation war prekär, denn man war nur für die Fangsaison im Sommer ausgerüstet. Der Proviant reichte höchstens noch für drei Monate. Und das Eis ist im Herbst hier im Norden unberechenbar. Es kommt plötzlich, versperrt die Fjorde und kann ebenso schnell wieder verschwinden – oder auch bis zum nächsten Sommer bleiben. Ich habe es am eigenen Leib erfahren.

Die Trapper in den eingefrorenen Booten hofften wochenlang, das frühe Eis würde wieder verschwinden. Ich kann die wachsende Nervosität der Skipper nachempfinden. Die Besatzungsmitglieder haben wohl diskutiert und beraten, wie man der drohenden Überwinterung an diesem ungastlichen Ort entgehen und aus dem Eis entkommen könnte. Offenbar konnten sie sich nicht einigen, denn am Ende bildeten sich drei Gruppen.

Die erste Gruppe verließ am 9. Oktober 1872 die Schiffe im Eis. 17 der 57 Seeleute und Trapper beschlossen, sich nach Kap Thordsen, etwa 100 Kilometer weiter südlich, durchzuschlagen. Dort hatte eine schwedische Bergwerksgesellschaft als Stützpunkt für die geplante Ausbeutung von Phosphatvorkommen ein Blockhaus errichtet. Es war bestens mit Proviant und Werkzeug bestückt, wurde aber nicht genutzt. Dieses »Svenske Hus« wollten die 17 Männer als Fluchtburg für den Winter nutzen. Sie zogen mit zwei kleineren Rettungsbooten los, die sie mühselig über Eisschollen und Rinnen zerrten. Sie erreichten offenes Wasser, ruderten vier Tage bis Kap Thordsen und kamen am 14. Oktober wohlbehalten im Schwedenhaus an.

In ihrem Tagebuch beschrieben sie die geradezu komfortable Behausung. In der Tat, es ist ein schönes Haus. Ich war vor vier Jahren dort, als ich mit dem Kajak zu meinem Freund, dem Trapper Trond, paddelte. Man hat einen weiten Blick über den Isfjord. Es gibt eine kleine Werkstatt, Vorratskammern, Schlafkojen, in denen ich jedoch nachts keine Ruhe fand. Zuerst hörte ich Schritte, die von einem Raum in den anderen schlurften, dann öffnete sich knarrend die Tür, und ich wechselte mit gesträubten Nackenhaaren von einer Koje in die andere, konnte aber nicht schlafen. Die ganze Zeit gingen mir die 17 Männer nicht aus dem Kopf, von denen keiner dieses Haus lebend verlassen hatte. Seither spukt es dort. Als ich meinen Freunden auf Spitzbergen von der Nacht auf Kap Thordsen erzählte, schüttelten sie ungläubig die Köpfe. Nicht wegen Spukgeschichten, sondern weil ich dort übernachtet hatte.

Die 17 Männer richteten sich in aller Ruhe für den Winter ein. Viel mussten sie nicht tun. Nahrungsvorräte und Brennholz lagen bereit. Die Jäger vertrieben sich bis zum Beginn der Polarnacht die Zeit mit der Pirsch. Sie erbeuteten zwei Eisbären, ein paar Polarfüchse und Rentiere. Im November war Schluss mit dem Jagen, und das Drama begann.

Ich werde in den nächsten Monaten ihr Schicksal anhand der Tagebucheintragungen zeitgleich mit meinem Aufenthalt hier in Mushamna verfolgen.

Die zweite Gruppe der 57 Besatzungsmitglieder wartete geduldig und voller Gottvertrauen darauf, dass das Eis vor dem Wintereinbruch aufbrechen würde. Sie hatten Glück. Am 4. November segelte der Großteil der Eingeschlossenen auf der *Pepita* und der *Jakobine* vom Velkomstpynten ganz in meiner Nähe nach Süden. Es war eine wochenlange stürmische Fahrt durch die Barentssee nach Norwegen. Dort kamen sie erst kurz vor Weihnachten an.

Zurück blieben zwei Männer, die über den Winter bei den Schiffen im Eis ausharren wollten: der 65 Jahre alte Mathilas Johannesen, von allen nur Mathilas genannt, und Gabriel Anderssen, ein junger Bursche, der mit Mathilas befreundet war. Beide ließen sich auf den zähen Überlebenskampf in einer primitiven Winterbehausung ein – und unterlagen.

Mathilas war schon zu Lebzeiten eine Trapperlegende gewesen. 42 Sommer lang hatte er auf Spitzbergen erfolgreich gejagt und Fallen gestellt und es zu einem bescheidenen Vermögen gebracht. Der Verlust seines Schiffes und der Fangbeute hätte ihn ruiniert. Als erfahrener Seemann hätte er eigentlich wissen müssen, dass er für die Rettung seiner *Elida* im Eis nicht viel tun konnte. Aber vielleicht wollte der alte Mathilas nach 42 Sommern auf Spitzbergen auch einmal den Winter dort erleben und überleben. Er wusste, was ihm bevorstand: grausame Kälte, Stürme, monatelange Dunkelheit, die Gefahr, an Skorbut zu erkranken. Aber Mathilas war ein sturköpfiger Abenteurer, der lieber der Natur trotzen wollte, als in bürgerlicher Geborgenheit seinen Lebensabend zu verbringen und dabei zwangsläufig seine Freiheit einzubüßen. Ich kann mich gut in Mathilas hineinversetzen. Ich glaube, ich hätte entschieden wie er und wäre auf Spitzbergen geblieben.

Vom 4. November 1872 an führte Mathilas Tagebuch. Als er später krank in der Koje lag, schrieb Gabriel weiter. Ich werde den Winter über die Spur auch dieser beiden Männer verfolgen.

Sonnabend, 30. Oktober 1999

Seit fünf Tagen liegt *Mesuf* fest und wohlbehalten im Eis. Es ist lausig kalt, bis zu minus 18 Grad, und das Eis wird zum Glück immer fester. Nach den Irrfahrten der vergangenen Tage in Sturm und Dunkelheit habe ich mich wie ein Eisbrecher in die letzte stabile Scholle in der Lagune hineingearbeitet und mein Schiff mit zahlreichen Eisankern vertäut. Jetzt liegt es mitten in einer Eisinsel.

Die Hunde können jetzt wieder neben *Mesuf* lagern. Sie buddeln sich jeden Tag eine neue Schlafkuhle im Schnee. In einem Anfall von Milde hatte ich die beiden bei eisigem Nordwind an Bord geholt. Es war ein Flop. Sie haben so lange gewinselt, geschnüffelt, gekratzt und gejault, sind herumgewandert und haben sich gebissen, bis ich sie wieder aufs Eis beförderte. Draußen im Schnee fühlen sie sich am wohlsten. Wie die Eisbären.

Ich nutze das mit jedem Tag matter werdende Dämmerlicht für die letzten Vorbereitungen auf die Polarnacht. Das Schiff ist sturm- und schneesicher eingepackt. Den kleinen Schornstein, der im letzten Sturm zerbrochen ist, habe ich neu aufgebaut. Mit der Außenwelt kommuniziere ich über ein Amateurfunkgerät, dessen Antenne ich vom Schiff aus 40 Meter übers Eis gespannt habe. Der Empfang ist ganz passabel. Jetzt kann ich über die Funkstelle Svalbard Radio in Longyearbyen an das normale Telefonnetz angekoppelt werden und von meinem einsamen Überwinterungsplatz aus mit aller Welt telefonieren.

Nachdem das Schiff jetzt fest liegt, kehrt wohltuende Ruhe ein. Ich fühle mich geborgen. Jeden Tag wandere ich mit den Hunden in der

Gegend herum und genieße die klirrende Kälte, den knirschenden Schnee unter meinen Stiefeln und die faszinierende Beleuchtung. Auf den verschneiten Bergen liegt ein überirdischer Blauschimmer, und über den dunkelblauen Himmel zieht fast den ganzen Tag lang der Mond.

Die Treibstoffvorräte habe ich mit den Hunden und dem Pulk vom Landlager zum Schiff geholt. Dabei mussten wir das immer noch offene Wasser auf der Lagune in großem Bogen umgehen und uns an Land über einige Hügelketten und durch tiefe Schneewehen hindurcharbeiten. Die Eisbären haben unser Landlager und meine Nothütte natürlich durchstöbert und alles durcheinander geworfen. Ein Sack mit Kartoffeln hatte es ihnen offenbar besonders angetan. Die steinhart gefrorenen Erdäpfel lagen angeknabbert im Schnee verstreut.

Als ich gestern mit dem Hundepulk unterwegs war, hing ich wieder mal meinen Gedanken nach und passte nicht auf. Unversehens stöberten wir einen im Schnee halb verbuddelten Bären auf. Er flüchtete, und die Hunde mit Pulk und Gekläffe hinterher. Mir blieb nichts anderes übrig, als den Spuren der wilden Meute durch den tiefen Schnee zu folgen. Dabei machte ich mir Sorgen um die Hunde, die, durch die Gespannleinen und den Pulk behindert, dem Bären ausgeliefert waren.

Irgendwann fand ich den abgerissenen Pulk im Schnee, dann, ein Stück weiter, entdeckte ich die zerfetzten Gespannleinen. Ob der Bär das gemacht hatte? Immerhin waren die Hunde jetzt frei. Von einem Hügel aus sah ich alle drei als dunkle Schatten auf dem Eis der Lagune: Die Hunde griffen den Bären mit wildem Gebell an, der schlug mit den Tatzen nach ihnen. Zwischendurch brach er zur Freude der Hunde im Eis ein und musste mühsam aus dem kalten Wasser krabbeln. Irgendwann schien er das Spielchen satt zu haben und verzog sich in die Berge. Die Hunde kamen stolz und heiser zurück zum Schiff.

Mittwoch, 3. November 1999

Es ist jetzt fast den ganzen Tag dunkel. Mittags schimmert der Himmel südlich von mir bisweilen wunderschön orange oder blaurot. Die weißen Berge um die Lagune geben ein wenig Helligkeit, so dass ich mich auf meinen kleinen Wanderungen orientieren kann. In diesem Zwielicht ist es schwierig, Entfernungen und Bodenerhebungen richtig einzuschätzen. Und überall können Eisbären lauern. Jedenfalls bin ich bei meinen Ausflügen mit den Hunden vorsichtig.

Trotz der seit zwei Wochen anhaltenden strengen Kälte um minus 15 Grad ist ein Teil der Lagune immer noch nicht zugefroren. Die offene Wasserfläche wird nicht kleiner. Vermutlich sind die Gezeitenströmung und das »warme« Meerwasser daran schuld. Ich hoffe sehr, dass das Eisfeld in der Lagune *Mesuf* bis in den Januar hinein Schutz vor Packeis bietet. Danach sind erfahrungsgemäß auch der Woodfjord und das offene Meer zugefroren.

Fast jeden Tag wandere ich mit den Hunden zur Südspitze der Mole und sehe den treibenden, sich reibenden, berstenden Eisschollen im Woodfjord zu. Es knarrt und knirscht und ächzt und hört sich sehr lebendig an.

Das für den Betrieb sämtlicher Messgeräte notwendige Stromaggregat ist ohne erkennbaren Grund ausgefallen und ließ sich trotz verzweifelter Versuche nicht mehr starten. Ich habe geflucht, geschraubt, gereinigt und immer wieder zu starten versucht – ohne Erfolg. Unter den Planen auf Deck war es stockdunkel, eiskalt und bedrückend eng. Schließlich gab ich es auf und wuchtete das Aggregat in die geheizte Kajüte, um es aufzuwärmen. Vielleicht ist es draußen zum Starten zu kalt. Aber auch das half nichts. Keinen Mucks gab das blöde Ding von sich, egal wie unermüdlich ich an der Startleine riss. Nachts konnte ich kaum schlafen, weil ich ständig darüber nachgrübelte, wo der Fehler liegen mochte.

Gerade eben ist die Reparatur gelungen: Mein Aggregat ist angesprungen, schnurrt wie eine zufriedene Katze und lädt alle inzwischen leer gewordenen Batterien auf! Ich bin ganz stolz auf diesen

Erfolg. Die Zündkerze war's. Ein heimtückisches Teil – es sah sehr sauber und gepflegt aus, aber tief drinnen saß ein Metallstäubchen und hatte einen Kurzschluss verursacht. Jetzt genehmige ich mir zur Feier des Tages einen Whisky.

Donnerstag, 4. November 1999

Heute vor 127 Jahren machte Mathilas hier ganz in der Nähe seine erste Tagebucheintragung:

> »Am Montag, den 4. November 1872, brach die ganze restliche Mannschaft von hier aus auf und folgte Amundis und Nils Johan heim nach Norwegen. Wir zwei blieben zurück – ich selbst, der Skipper Johan Mathilas, und der Koch Gabriel Anderssen aus Kristianssund.«

Die beiden saßen in dem kleinen Segelschiff *Elida* im Eis fest, nachdem die restlichen 38 Männer auf zwei Schiffen die Heimfahrt nach Nordnorwegen angetreten hatten. Die 17 Fänger und Seefahrer, die wohlbehalten das Svenske Hus am Isfjord erreicht hatten, stellten unterdessen die Jagd ein. Es war Anfang November 1872, und die Polarnacht brach an, so wie jetzt in Mushamna. Die Männer bedienten sich bei den üppigen Vorräten und ließen es sich gut gehen. Sie wurden bequem und lagen dösend in ihren Schlafkojen.

Damit mir nicht ein ähnliches böses Ende blüht wie den Faulenzern im Schwedenhaus, zwinge ich mich jeden Tag zu körperlichen und geistigen Aktivitäten. Heute habe ich zum ersten Mal meine Skiausrüstung klar gemacht und mit den Hunden einen Ausflug unternommen. Den breiten Zuggurt des Pulks um die Hüften geschnallt, dann die zwei schnellen Kraftprotze davor gespannt – und los ging die wilde Jagd durch stiebenden Schnee. Bjosse und Svarte blickten sich nach den ersten paar Kilometern etwas verblüfft nach mir um, weil ich noch nicht außer Puste war und nicht, wie sonst, das Tempo drosselte.

Trotzdem, es ist schön, nach dem Ausflug »nach Hause« zu kommen und unter die Planen ins Schiff zu schlüpfen. Ich lasse an Bord jetzt immer ein Petroleumlämpchen brennen. Das Licht verbreitet Gemütlichkeit und spendet so viel Wärme, dass sich die Temperatur in der Kajüte bei 5 Grad hält – nach dem eisigen Nordwind draußen ist das sehr warm! Doch nach ein paar Stunden, die ich mit Lesen, Kaffeetrinken, Schreiben verbringe, fällt mir die niedrige, rußgeschwärzte Decke auf den Kopf, und es zieht mich wieder nach draußen. Dort ist es nachmittags schon stockfinster. Daran muss ich mich wohl noch gewöhnen. Ich schleiche trotzdem ein paar Mal ums Schiff und versuche, meinen Blick für lauernde Bären zu schärfen.

Meine Gedanken schweifen zu meinen »Leidensgenossen« vor 127 Jahren zurück. Wahrscheinlich hätten die Bewohner des Schwedenhauses überlebt, wenn sie sich zu mehr körperlicher Aktivität aufgerafft hätten.

Später höre ich den Wetterbericht. Grausige Nachrichten. Fast überall Starkwind oder Sturm mit hohen Wellen und Vereisungsgefahr für die Schiffe. Schaudernd male ich mir aus, wie es den kleinen Segelschiffen ergangen sein mochte, die sich 1872 durch die eisige Barentssee kämpften. Ich kann mir die tosenden Wellengebirge im Dämmerlicht vorstellen, die Gischt, den heulenden Sturm und den Eispanzer, der sich auf den Schiffen bildete. Ich habe das einmal mit *Mesuf* in der Labradorsee vor Grönland erlebt und weiß, wie beklommen und hoffnungslos man sich so ganz allein in der stürmischen Dunkelheit fühlt, wie Kälte, Erschöpfung und Verzweiflung den Körper lähmen, bis man am liebsten heulend in die Koje kriechen möchte. Egal, was kommt.

Aber der Wunsch, nach Hause zu kommen, das Schiff heil durchzubringen, mobilisiert die letzten Lebensgeister. Man gibt sich einen Tritt, kriecht aus der Koje, rauf an Deck, packt mit beiden Händen das Ruder, spürt, wie einem kaltes, salziges Wasser und Gischt ins Gesicht sprühen. So werden die Trapper und Seefahrer die Fahrt von Spitzbergen nach Norwegen wohl erlebt haben.

Sonntag, 7. November 1999

Es ist auch tagsüber sehr dunkel, einsam, still; am Himmel bedrückend dichte Wolken. Der Wind trägt nur das leise Rauschen des Woodfjords von der Mole bis zum Schiff. Die Temperatur ist in den letzten Tagen stark gestiegen, liegt fast ständig über null, entsprechend matschig ist der Schnee. Ich hoffe, dass das Eis hält und nicht wieder in Bewegung gerät. Die salzige Matschpampe ist widerlich, vor allem für die Hunde. Das liegt am niedrigen Gefrierpunkt des Meerwassers. Das im Eis gebundene Salz scheint sich bei niedrigen Temperaturen verstärkt herauszulösen und an die warme Oberfläche zu streben.

Vielleicht muss ich die Hunde doch wieder an Land unterbringen. Gern tue ich es nicht, wegen der Bären. Erst heute Morgen habe ich wieder einen für eine Schneewehe gehalten. Zum Glück wussten die Hunde es besser. Kaum hatte ich sie von den Lagerketten gelassen, strebten sie auch schon zielbewusst auf diesen Schneehaufen zu. Wieder ging die Hatz los. Der Bär flüchtete in langen Galoppsprüngen, setzte sich dann aber zur Wehr und versuchte, die Hunde zu erwischen. Plötzlich wendete er und stürzte auf mich zu. Es war dämmerig, und ich erfasste die Situation nicht gleich. Ich sah nur den dunklen Schatten, der immer größer wurde und näher kam. Als ich das Schnaufen und das knirschende Eis hörte, nahm ich Reißaus und rannte zum Schiff.

Das muss ich meinen Enkelkindern später mal erzählen, schoss es mir durch den Kopf. Bär und Hunde sausten in der Dunkelheit davon. Aus der Ferne hörte ich nur Schnaufen und Bellen. Nach einer halben Stunde kamen meine beiden Helden zurück. Sie versuchten, über die zugefrorene Lagune zum Schiff zu laufen. Dabei brachen beide im dünnen Eis ein. Ich hatte große Angst um sie. Ob sie sich wieder aus dem Wasser herausarbeiten konnten? Sie schafften es und kamen, durch Erfahrung klug geworden, auf dem weiten Umweg am Rand der Lagune entlang tropfnass und stolz bei mir an. War das eine Begrüßung! Vor lauter Liebe rieben sie ihren Pelz an meiner Hose trocken. Zur Belohnung gab es für die Hunde eine extra große Portion Futter und einen kleinen Dauerlauf zum Trocknen, für mich anschließend Tee mit viel Rum. Zum Aufwärmen.

Solche Erlebnisse muntern mich auf und helfen, die gelegentlich trübsinnigen Gedanken und das Gefühl grenzenloser Einsamkeit zu vertreiben. Ich sitze jetzt oft mit Pudelmütze und Pullover in der Kajüte und schmökere beim spärlichen Petroleumlicht in Büchern und Publikationen über die Entstehung des Lebens auf der Erde. Ich möchte herausfinden, welche publizierbaren quantitativen Messungen ich hier im polaren Eis noch durchführen muss, um meine Hypothese zu untermauern. Wenn mir das Brüten über den Büchern nach Stunden zu viel wird und meine Augen wegen der kläglichen Lichtverhältnisse streiken, ziehe ich mich winterfest an, nehme das Petroleumlicht mit und besuche die Hunde auf dem Eis neben dem Schiff.

Auch der wunderschöne Sternenhimmel, der sich mit allen Sternbildern gegen den Uhrzeigersinn um den Polarstern bewegt, lockt mich nach draußen. Und da der Polarstern, dieser Dreh- und Angelpunkt, fast genau über der Mastspitze von *Mesuf* steht, verschwinden die Sternbilder im Laufe der Stunden auch nicht, wie in Deutschland, unter dem Horizont. Zwischen den Sternen eilen Satelliten als kleine Punkte über den Himmel. Auf diesen erdnahen, polaren Bahnen in 100 bis 400 Kilometer Höhe sind dies Satelliten für die Navigation, Kommunikation und zur Erdbeobachtung. Die Betreiber bevorzugen die polaren Flugbahnen, weil darauf praktisch jeder Ort der Erde, die ja ebenfalls um ihre Achse rotiert, wenigstens zwei Mal innerhalb von 24 Stunden überflogen wird.

Fast ständig wehen Nordlichter über das Sternenmeer. Die zerfaserten Lichtsträhnen, bläulich, grünlich, manchmal auch weißgelb, bewegen sich langsam über den Himmel, verändern dabei ihre Formen, leuchten auf oder verblassen. Früher, als ich Vorlesungen über grundsätzliche Phänomene der Physik gehalten habe, gehörten Entstehung und Erscheinungsformen der Nordlichter zu meinen Lieblingsthemen. Das Nordlicht demonstriert die Auswirkungen der so genannten Lorentzkraft im Weltmaßstab. Diese Kraft ist für das Funktionieren aller elektrischen Maschinen und Kraftwerke verantwortlich.

Die Nordlichter werden durch Elektronen, Protonen und Ionen hervorgerufen, die, von der Sonne emittiert, durch den Weltraum eilen und aufgrund der Lorentzkraft von den magnetischen Feldlinien eingefangen werden, die die Erde umhüllen. Die elektrisch geladenen Teilchen folgen den Magnetlinien und dringen bei Annäherung an die Erde mit großer Geschwindigkeit in die atmosphärische Luftschicht ein. Und zwar dort, wo die magnetischen Feldlinien auf die Erdoberfläche treffen, nämlich in der Umgebung des Süd- und des Nordpols. Beim Zusammenprall mit den Luftmolekülen, hauptsächlich Sauerstoff und Stickstoff, werden diese energetisch angeregt, zum Teil sogar ionisiert und geben Licht ab. Wenn nun große Schwärme von Teilchen von der Sonne zur Erde gelangen, kommt es in der Nähe der Pole zu Leuchterscheinungen, die im Rhythmus der auftreffenden Ionenschwärme mal stärker, mal schwächer flackern. Schade, dass ich meinen Studenten diese wunderschönen Nordlichter hier nicht zeigen kann. Vielleicht sollte ich später mal eine Exkursion nach Spitzbergen organisieren.

15 Das Eis
Ein unsicherer Ankerplatz

Mittwoch, 10. November 1999

Seit Tagen heult ein Furcht erregender Sturm, erst aus dem Süden mit frühlingshaften Temperaturen von bis zu 5 Grad und jetzt aus Nordwest mit bitterkalten 15 Grad unter null, Schneetreiben inklusive. Solche Wetterkapriolen bekommen meiner Eisscholle nicht gut, in der *Mesuf* eingefroren ist und auf der die Hunde ihr Lager haben. Der Sturm knabbert an den Schollenrändern, und ich fürchte, dass ich bald wieder als fliegender Holländer über die Lagune drifte. Die Eisoberfläche ist knöcheltief mit salzigem Schneematsch bedeckt, so dass ich für die Hunde jeden Tag einen neuen trockenen Platz suchen muss. Sie auf dem Eis anzubinden ist vergleichsweise einfach. Ich hacke mit dem Beil ein Loch in die 20 Zentimeter dicke Eisschicht und schiebe ein Stück Holz mit dem Strick hinein. Ein bisschen Geduld, und der Strick ist bombenfest eingefroren.

Meine Gedanken spazieren wieder zu Mathilas und seinem Kameraden, die genau um diese Zeit vor 127 Jahren auf Gråhuken eine Hütte für die bevorstehende Überwinterung bauten, die viel kümmerlicher war als meine vergleichsweise komfortable Schiffskajüte. Der norwegische Trapper Kjellman, der die beiden an Skorbut gestorbenen Fänger im Sommer darauf fand, hat die Behausung beschrieben:

> »In dieser öden Gegend, nur ein kleines Stück vom Meeresstrand entfernt, war die Hütte aufgebaut, in der Mathilas und sein Unglückskamerad ihre letzten Tage verbrachten. Mehrere Beiboote waren auf den Strand hinaufgezogen, und rings um die Behausung verstreut lagen Kisten, Ruderblätter und Gerätschaften zum Fangen und Jagen. Die Wände der Hütte bildeten zwei umgedrehte Ruderboote. Das Dach bestand aus Segeltuch, welches über

die Boote gespannt war. Darauf lagen Felle von Rentieren und Eisbären, außerdem noch Ruderblätter und Steine. Die Boote, ausgepolstert mit Rentierfellen, dienten den unglücklichen Männern als Schlafkojen. Im Innern der Hütte stand ein kleiner Ofen, an der Seite waren Kisten aufgestapelt, und der Fußboden bestand aus nackter Erde. Als wir hinkamen, war der Boden mit Wasser und Eis bedeckt.«

Hört sich alles nicht sehr gemütlich an. Da habe ich schon eine bessere Hütte für den kommenden Winter erwischt! Wenn ich allerdings an das Schwedenhaus denke, muss ich zugeben, dass diese Komfort-Behausung dem Vergleich mit *Mesuf* standhält. Den Männern dort erging es zunächst viel besser als Mathilas. Was ihnen jedoch fehlte, war die Motivation für die bevorstehende Überwinterung, das, was für mich mein Eisforschungsprogramm ist. Ich bin überzeugt, dass zum Überleben des einsamen Winters auf Spitzbergen zwei Voraussetzungen notwendig sind: eine Behausung mit ausreichend Proviant und Brennstoff und eine große Portion innerer Disziplin. Mal sehen, ob ich beide Bedingungen erfülle.

Montag, 15. November 1999

Ich bin voller Sorge, ob mir das Eis als Ankerplatz weiterhin Schutz bietet. Das Wetter ist mal wieder umgeschlagen. Es stürmt aus Süden und Südwest, die Temperatur ist von minus 12 auf plus 3 Grad gestiegen. Das Eis wird matschig, bildet Risse, und die Wellen vom offenen Wasser der Lagune schlagen immer aggressiver gegen die Eiskanten. *Mesuf* wird gerüttelt und geschüttelt, und immer wieder legt er sich in einer Bö so weit auf die Seite, dass alles – Petroleumlampen, Teller, Kochtöpfe und ich – durch die Kajüte rutscht. Dabei war doch alles schon so schön stabil zugefroren!

Jetzt aber dümpelt *Mesuf* in einem Salzwasserteich auf dem Eis. Ich muss in der Dunkelheit hindurchplatschen, um die Hunde zu füttern und meine tiefgefrorenen Kartoffeln zu retten. Denn wenn sie einmal eingefroren sind, dürfen sie bis zum Verbrauch nicht mehr auftauen, sonst werden sie matschig und ungenießbar. Also hole ich den Kartoffelsack vom Schiff und buddle ihn im Schnee ein. An diesem Schneeberg heben die Hunde jetzt mit Vorliebe das Bein. Sie nutzen eben jede Erhöhung auf dem flachen Eis, um ihr Revier zu markieren. Und wenn es die Eisbären vergrault, soll es mir recht sein.

Apropos Bären – die treiben sich wohl immer noch in der Gegend herum, aber ich kann sie im Dunkeln nicht sehen. Nur ihre Spuren im Schnee und die gesträubten Haare der Hunde beweisen, dass sie da sind. Die Robben haben ihre Atemlöcher übrigens ganz in der Nähe des Schiffs im Eis angelegt. Vielleicht erhoffen sie sich bei uns einen gewissen Schutz vor den Bären. Etwas Ähnliches hat mir ein Trapper auch von Eiderenten erzählt, die ihre Nester an seiner Hütte bauten, weil die Hunde die Polarfüchse, die auf Futtersuche vorbeikamen, vertrieben.

Es ist jetzt nur noch gegen Mittag dämmerig, sonst herrscht den ganzen Tag nächtliche Finsternis. Die Dunkelheit stört mich bislang nicht, auch die Bären machen mir nichts aus. Wenn nur das unsichere Eis nicht wäre. Mir graut vor den nächsten Stürmen und davor, mit dem Schiff in der Finsternis auf der Lagune herumzudriften.

Mal sehen, wie die Wetterlage bei Mathilas vor 127 Jahren aussah. Am 15. November 1872 schrieb er:

> »Zuerst kam ein Sturm von Nord, dann wurde daraus Nordwest und West, immer noch Sturm. Wir mussten uns fast die ganze Zeit draußen auf Deck unseres Schiffes aufhalten, um große herumdriftende Eisbrocken abzuwehren. Das Land konnten wir wegen des dichten Schneegestöbers nicht sehen. Nun ist die Nacht fast genauso hell wie der Tag. Heute Abend haben wir alle unsere Habseligkeiten zusammengepackt. Wir wollen sie an Land bringen, aber wegen des starken Seegangs ist das nicht möglich. Aber wir danken Gott für jeden Tag, den wir überstehen. Die drei anderen Schiffe liegen immer noch hier in der Nähe vor Anker. Alles ist in Ordnung, und möge Gott uns beistehen.«

Einen Tag später heißt es:

> »Heute haben wir Westwind, kein Sturm, aber Schneefall. Wir haben vier Rettungsboote mit Segeln, Proviant und Feuerholz an Land gebracht. Aber hier ist noch mehr, was wir an Land bringen wollen. Wir müssen uns jetzt eine Behausung für die Überwinterung an Land bauen, ich mache mir Sorgen, dass uns bald Eisbären besuchen werden.«

Das kommt mir sehr bekannt vor. Offensichtlich hat sich in den vergangenen hundert Jahren nicht viel verändert. Spitzbergen ist eben hart und abweisend, besonders im Winter, und kein geeigneter Aufenthaltsort für ängstliche Menschen. Was für Mathilas und seinen Begleiter Gott war – nämlich Zuflucht, Hoffnung, Zuversicht und der Mut, nicht aufzugeben –, sind für mich mein Forschungsprojekt im Eis und die Einblicke in einen Mikrokosmos voller Überraschungen. Stundenlang hocke ich in gebückter Haltung am Mikroskop, bediene mit steif gefrorenen Fingern die Geräte und schaue in die Welt voller kleiner Grotten, Kanäle, pulsierender Gasbläschen, bizarr geformter Zellstrukturen, sprudelnder winziger Bäche mit Bakterien und anderen Mikroorganismen.

Als ich neulich nachts auf dem Eis stand und in den Sternenhimmel sah, dachte ich: Da oben bietet die Pracht des expandierenden Weltalls einen atemberaubenden Einblick in die vom Urknall ausgehende Schöpfung aller Sonnensysteme, und hier bei mir unter dem Mikroskop liegt vielleicht die Wiege des Lebens auf der Erde, eine winzige Welt, die so großartig ist wie die Sterne am Himmel.

Manchmal komme ich mir vor wie die Entdecker vergangener Jahrhunderte, die zu weißen Flecken auf der Landkarte gereist sind. Wer sagt denn, dass es keine weißen Flecken mehr auf der Erde gibt? Ich glaube, dass ich hier, fast am Nordpol, wo nach den Sagen der Inuit der »große Nagel« steckt, an dem die Erde aufgehängt ist, auf genau so einem weißen Fleck stehe. Wir wissen bisher viel zu wenig über die mikroskopischen Vorgänge im Meereseis und über dessen phantastische Strukturen. Das werde ich mit meinen kümmerlichen Versuchen hier nicht grundlegend ändern können, aber vielleicht gelingt es, das Interesse anderer Wissenschaftler auf die Erforschung dieses Mikrokosmos zu lenken.

Mittwoch, 17. November 1999

Gestern war ein scheußlicher Tag, aber ich will mich nicht beklagen; es hätte schlimmer kommen können. Dabei fing der Morgen ganz gemütlich an. Das Außenthermometer zeigte minus 5 Grad. Gut so. Das heißt, das Eis wird fester, und die Lagune friert vielleicht endlich ganz zu. Ich stehe gerade neben dem warmen Küchenherd und löffle meinen Haferflockenbrei, als die Hunde anschlagen. Ganz klar, Bärenalarm. Ich renne also raus und versuche, in der Dunkelheit etwas zu erkennen. Die Hunde sind aufgeregt, aber plötzlich klingt ihr Bellen eher schüchtern, und die beiden Helden flüchten, so weit ihre langen Leinen es zulassen, in Richtung Schiff.

Ein großer Bärenschatten nähert sich, ganz offensichtlich in feindlicher Absicht. Ich stürze unter Deck und hole einen Böller, das sind etwa daumengroße Aluminiumkapseln mit einer Rakete, die sich nach dem Zünden in einen lauten Knall und einen grellen Blitz zerlegt. Ich ziele auf den Bären, drücke den Auslöser – ein ohrenbetäubendes Krachen, ein orangeroter Feuerball direkt vor meiner Nase. Im ersten Moment bin ich wie betäubt; dann läuft mir etwas Warmes übers Gesicht, die Ohren sind taub, irgendetwas tut weh. Es dauert ein paar Sekunden, bis ich begreife, was geschehen ist: Der blöde Böller ist in meiner Hand losgegangen. Ich habe den Rest der aufgeschlitzten Aluminiumkapsel noch in den blutenden Fingern. Ich taumle unter Deck – sehen kann ich fast nichts. Der einzige Gedanke: meine Augen. Ich wühle in Kästen, suche einen Spiegel. Nach dem ersten Blick bin ich etwas beruhigt. Ein paar Schrammen bluten stark, aber die Augen sind heil, die Blendung vom Explosionsblitz lässt nach, ich kann schon wieder sehen. Aber vom Schock ist mir schlecht. Ich möchte mich hinlegen. Da höre ich von draußen hysterisches Geheul. Aha, der Bär nutzt seine Chance. Ich springe wieder auf, schnappe das Gewehr und stolpere nach oben. Ruhig, ruhig. Halt das Gewehr vor lauter Aufregung nicht noch verkehrt herum! Zwei Schüsse vor die Tatzen des frechen Bären in den Schnee. Der Knabe dreht ab, wenn auch zögernd. Aber er hält uns noch den ganzen Tag in Atem.

Doch damit nicht genug. Sturm kommt auf. Innerhalb von Minuten steigt die Temperatur auf plus 5 Grad, das Barometer fällt ins Bodenlose, und der Wind heult, brüllt über das Eis und rüttelt das Schiff durch. Es dauert nicht lange, da ist *Mesuf* aus dem Eis gebrochen und legt sich fast auf die Seite. Geräte und Klamotten fliegen durch die Gegend. Und ich tropfe alles mit Blut voll. Ein Blick auf den Windmesser – 12 Beaufort! Das habe ich auf *Mesuf* noch nie erlebt. Dabei bin ich von dem missglückten Böllerschuss noch angeschlagen. Hilft alles nichts. Ich krabble im warmen Wind auf dem ächzenden Eis um mein schlingerndes Schiff herum, zurre Planen fest, spanne Haltetaue, vertreibe im Vorbeigehen den Bären und tröste die Hunde. Nur gut, dass es so dunkel ist; da bleibt mir der Anblick meines gebeutelten Schiffs und des lauernden Bären erspart.

Das Theater dauert bis zum Abend. Ich bin körperlich ausgelaugt und niedergeschlagen. Spitzbergen ist unbarmherzig. Ich trinke Tee und betrachte die Reste des Böllers. Ich hatte ein Riesenglück, dass die Aluminiumsplitter mein Gesicht nicht ernsthaft verletzt haben. Ob die Kälte den Zünder des Böllers zerstört hat? In Zukunft werde ich die Bären nur noch mit Flintenschüssen erschrecken. Sicher ist sicher.

Heute, einen Tag nach dem Böllerdrama, ist es wieder so richtig gemütlich! Kaum Wind, schön kalt, das Eis kann sich wieder erholen, und mein Schiff scheint auch noch heil zu sein. Ein paar Geräte wurden in dem Durcheinander beschädigt, aber die kann ich reparieren. Das Wetter ist ruhig, der Himmel sieht friedlich aus.

So war es auch damals bei Mathilas. Am 17. November 1872 schrieb er in sein Tagebuch:

> »Heute haben wir sehr helles, ruhiges Wetter, keine strenge Kälte, kaum Wind und kein Eis auf dem Meer, aber dieser Eisbrei. Heute Morgen brachten wir unsere Kleidung an Land und begannen ein Zelt zu bauen. Wir haben dazu zwei umgedrehte Ruderboote zusammengebunden und als Dach alle unsere Segel darüber gelegt. Unser Schiff wurde gelenzt, und alles ist in Ordnung. Am Abend begaben wir uns in unserer kümmerlichen Behausung zur Ruhe; wir haben keinen anderen Trost als Gott!«

Ich nehme mir anstelle einer Zwiesprache mit dem Himmel heute wieder das Eis vor, bestrahle Eisstücke mit intensivem UV-Licht und betrachte sie anschließend unter dem Mikroskop. Auf diese Weise möchte ich herausbekommen, ob die vor vier Milliarden Jahren auf der Erde bestehende sehr starke UV-Strahlung einen erkennbaren Einfluss auf Meereseis haben könnte.

16 Finsternis ohne Ende
Die Polarnacht

Montag, 22. November 1999

Es ist dunkel, still und so einsam! Den ganzen Tag herrscht finstere Nacht, nur um die Mittagszeit lässt sich ein schwacher Lichtschein am Südhimmel erkennen – obwohl fast Vollmond ist. Schuld ist das trübe, wolkige Wetter. Das Barometer steht seit Tagen im Keller, der Wind braust um das Schiff, die Temperaturen bewegen sich um null Grad. Noch hält das Eis. Aber unter dem Druck gewaltiger Böen legt sich *Mesuf* auf die Seite. Ich muss um die Petroleumlampe und die Mikroskope fürchten und bin deprimiert. Es fällt mir schwer, meinen als Selbstschutz notwendigen Optimismus zu bewahren.

Neulich, als ich meine lädierte Visage etwas genauer im Spiegel betrachtete, musste ich feststellen, dass ich doch ziemlich abgewrackt aussehe – zerfurcht, grauhaarig und mager. Ich weiß aus den Trapper-Tagebüchern, dass es am besten ist, den Spiegel zu verstecken. Meine Stimmung sinkt weiter, als ich über Funk höre, dass der Gouverneur von Spitzbergen es angeblich ablehnt, Mushamna seinen traditionellen Weihnachtsbesuch abzustatten. Das würde bedeuten, dass ich auch keine Post bekomme. Denn die wollte er im Helikopter mitbringen und meine Briefe mit zurücknehmen. Ich bin enttäuscht, weil ich meine Weihnachtspost fast fertig geschrieben und mich natürlich auf die Briefe meiner Freunde gefreut habe. Aber vielleicht kommt der Weihnachtsmann ja doch.

Nach einer umfassenden Inspektion meiner Vorräte musste ich vor einiger Zeit das Essen rationieren. Beim Zusammenstellen der Proviantliste in der hektischen Aufbruchsphase habe ich meinen Appetit wohl unterschätzt. Zum Glück verfüge ich über einen großen Vorrat an Hundefutter und bin ein guter Robbenjäger. Zum Frühstück stehen deshalb jetzt bei mir Hundehaferflocken und Hundekuchen auf dem Speisezettel; die schmecken gar nicht so schlecht und sind wahrscheinlich gesünder als manche Nahrungsmittel für Menschen.

Meine Laune wird durch solche Schlemmereien allerdings auch nicht besser. Morgens würde ich am liebsten im warmen Schlafsack liegen bleiben und in der Dunkelheit beim Sausen des Windes weiterträumen. Doch das geht nicht. Die Ereignisse von 1872 im Schwedenhaus sind mir eine Warnung. Also raffe ich mich auf und spule die Morgenrituale ab. In schwierigen Situationen ist ein strikter Zeitplan mit festgelegten Handlungsabläufen hilfreich, sozusagen ein Korsett für den Alltag.

Bei mir heißt das, Morgengymnastik bei lauter, möglichst fetziger Musik. 30 bis 40 Minuten Herumhopsen und Sich-Verrenken in der engen Kajüte helfen, die Lebensgeister auf Trab zu bringen. Dann Hundefutter-Frühstück und danach Service für die Hunde. Das ist der tägliche Höhepunkt – für sie wie für mich. Denn ich kann mit ihnen reden, kann einmal am Tag ein paar hundert Wörter formulieren. Dazu kommen die frische Winterluft und das prickelnde Gefühl, es könnte irgendwo aus der Dunkelheit ein angriffslustiger Bär auftauchen. Weiter geht's mit dem Inspektionsgang um das Schiff und den Messungen im Eis. Nach zwei Stunden im Freien stolpere ich, manchmal recht mühsam, gemäß dem selbst verordneten Jogging-Programm 15 Mal durch die hohen Schneewehen um *Mesuf* herum. Dabei darf ich keine zu weiten Bogen machen, um nicht einem im Dunkeln herumliegenden Bären auf die Pfoten zu treten. Von der Kälte und den Anstrengungen erschöpft, krieche ich schließlich wieder unter die Abdeckplanen und verziehe mich in die geheizte Kajüte. Ich beobachte etwas besorgt, dass ich immer lahmer und lustloser werde. Ich muss mich zusammenreißen.

Die Arbeit an meinem Forschungsprojekt fesselt mich noch immer, zumal ich das Gefühl habe, auf einer heißen Spur zu sein. Stundenlang brüte ich über Physik-, Chemie- und Biologiebüchern, auf der Suche nach Analogien zwischen lebenden Systemen und dem Zellorganismus Meereseis. Eine aufregende Sache. So habe ich zum Beispiel herausgefunden, dass es den für lebende Zellen wichtigen

Natrium-Kalium-Ausgleich auch in den Eiszellen in Verbindung mit der sie umgebenden Salzlösung gibt. Ich habe beobachtet, dass sich die Grenzschichten zwischen Eis und Wasser ähnlich verhalten wie die für das Leben wichtigen Biomembranen in Zellverbänden.

Es ist zwar in der heutigen Wissensgesellschaft nicht leicht, noch irgendetwas wirklich Neues zu entdecken, aber unmöglich ist es nicht. Und vielleicht bin ich mit meiner Hypothese über die Entstehung des ersten primitiven Lebens auf der Erde im Meereseis ja auf so eine wissenschaftliche Goldader gestoßen. Eines ist sicher: Ohne diese selbst auferlegte Einsamkeit auf Spitzbergen hätte ich nie die Muße gefunden, so intensiv einen Gedanken zu verfolgen. Diese Erkenntnis hebt sofort meine Laune.

Donnerstag, 25. November 1999

Der Nordoststurm heult ums Schiff. Draußen ist es eiskalt, minus 12 Grad, stockdunkel. Schneetreiben. Es ist Abend. Mein Ofenrohr quietscht und scheppert, die Fallen am Schiffsmast rappeln, und die Ecken der steif gefrorenen Abdeckplanen knirschen. Ich kenne inzwischen alle Geräusche und beurteile danach die Stärke des Sturms. Erst wenn das ganze Schiff im Eisbett schwankt, werde ich unruhig. Früher dachte ich, eine Überwinterung auf Spitzbergen würde ruhiger verlaufen, ohne diesen ewigen Sturm. Aber diese Gegend hier am Nordpol scheint ein regelrechter Verschiebebahnhof für Hoch- und Tiefdruckgebiete zu sein. Das Barometer fährt wie ein Paternoster rauf und runter, innerhalb von 24 Stunden oft um bis zu 40 Millibar. So etwas habe ich noch nie erlebt. Urplötzlich schlägt ruhiges Wetter in Sturm mit Windstärke 12 um. Draußen kann man dann nichts mehr sehen außer Schnee.

Heute Mittag beim Rundgang mit den Hunden war es so ruhig, dass ich meinen Herzschlag hörte. Die ganze Lagune ist mit Eis bedeckt und tief verschneit. Im fahlen Dämmerlicht lässt sich das nur ahnen. Kein Horizont ist zu erkennen, Berge und Himmel verschwimmen zu einer grauen Masse, merkwürdige Konturen tauchen im Schnee auf. Ein Eisbär? Trolle? Davon soll es viele auf Spitzbergen geben. Wenn man angestrengt hinsieht, verschwimmen die Eindrücke, schließlich sind es zwei Trolle, die erst hintereinander herlaufen, dann auf mich zukommen. Sogar den Hunden sträubt sich das Fell, sie suchen knurrend hinter meinen Beinen Schutz. Alles scheint unwirklich, bedrohlich, und ich komme mir in dieser grenzenlosen Einsamkeit klein und schutzlos vor.

Wo ist in diesem Grau oben und unten? Läuft die Zeit vorwärts oder zurück? Was ist Zeit? Gibt es außer mir und den Hunden noch irgendwo auf der Welt andere Lebewesen? Menschen? Seit Monaten habe ich keinen mehr gesehen, immer nur Eisbären und Robben, aber selbst die sind in der ewigen Finsternis verschwunden. Die Welt ist zu einem milchigen Ball geschrumpft. Und in der Mitte liegt, eingefroren, mein Schiff. Ich flüchte aus dem Reich der Trolle zurück in meine Welt, in die Kajüte mit Petroleumlicht und Kerzen. Fast sieben Monate ist es her, dass ich voller Unruhe, aber auch in Aufbruchstimmung, Hamburg bei strahlendem Frühlingswetter verlassen habe. Jetzt ist die Hälfte meines Spitzbergen-Abenteuers schon vorbei. Vielleicht Anlass für einen Rückblick. Und vor allem für die Frage: Wie geht es weiter?

Ich bin mit meinem Schiff *Mesuf* und den Hunden Svarte und Bjosse wohlbehalten hier angekommen – im doppelten Sinn. Angekommen in Mushamna nach einer aufreibenden Seereise, um hier zu überwintern, und angekommen an einem inneren Ziel. Ich habe eine Grenze erreicht, die ich nicht überschreiten kann. Danach kommt nur noch der Tod. Wenn ich draußen in der finsteren Kälte stehe und in die im Schneetreiben verfließende Unendlichkeit starre, spüre ich: Weiter geht es nicht. Ich will auch gar nicht weiter, ich fühle mich müde und erschöpft, aber auch beruhigt – so wie man sich eben fühlt, wenn man mit letzter Kraft ein lange herbeigesehntes Ziel erreicht hat.

Der Zustand erinnert mich an die letzte Phase meiner Präsidentschaft an der TU in Hamburg. Auch da habe ich Herzblut investiert und war erschöpft bis an den Rand des Erträglichen. Dennoch war es befriedigend, Entwicklungen in Gang zu setzen, andere Menschen mit meinen Ideen anzustecken und – zugegeben – Erfolg zu haben. Auch diese Zeit war eine Zeit der Erfahrungen im Grenzbereich: ein bisschen Machtausüben, ein Kräftemessen mit den Großen der Gesellschaft, mit Politikern und Wirtschaftsmanagern.

Ich glaube, viele Menschen möchten das Leben bis an die Grenzen ausloten, möchten Macht erleben, Leistung, möglichst hoch auf der Karriereleiter klettern, Abenteuer bestehen oder ein zeitloses Lebenswerk schaffen.

Ich selbst will gegenwärtig nur mein Spitzbergen-Abenteuer überleben und meine Forschungsidee publizieren. Danach kann ich in Ruhe in meinem Heidehäuschen Bienen züchten und den immer zahlreicher werdenden Enkelkindern Räuberpistolen von Eisbären, Robben, Trollen und Eisbergen auf Spitzbergen erzählen. Der Gedanke an mein Heimatdorf wärmt mir in meiner eisigen Einsamkeit das Herz. Ich wohne zwar erst ein paar Jahre dort, habe aber viele Freunde. Die Dorfgemeinschaft hat mich aufgenommen. Wesel ist für mich der Heimathafen, den jeder braucht, der sich in den Gewässern der Welt herumtreibt. Vor mir auf dem Kajütentisch steht ein großer Karton von Weseler Freunden. Er enthält viele kleine Päckchen – Trostpflaster gegen Einsamkeit und Trübsinn. Bisher schaue ich mir das Paket nur von außen an. Man kann nie wissen, wann ich hineingreifen muss. (Ein bisschen habe ich natürlich doch schon hineingelugt und den mir zugedachten hausgemachten Rumtopf herausgeangelt. Eine kleine Kostprobe erfüllt mich jedes Mal mit sommerlicher Wärme.)

Montag, 29. November 1999

Seit Tagen herrschen Oststurm, Schneetreiben und bis 10 Grad Kälte. Zwischendurch ist es beängstigend windstill, unheimlich ruhig. Dann wieder kommt ein hohles Sausen auf, wenn der Wind von den Berghängen fegt und knatternd und rüttelnd über das Schiff herfällt;

die Planen schlagen, die Fallen am Mast scheppern, *Mesuf* legt sich in seinem Eisbett auf die Seite. Es knirscht und schlägt an der Bordwand. Ich hasse diese Stürme, auch wenn nicht viel passieren kann. Als Seemann kann ich nicht aus meiner Haut, und solche Sturmlaute bedeuten auf See nun mal nichts Gutes.

Wenn ich hinaus aufs Eis gehe, peitscht mir Schneegriesel ins Gesicht. Zu sehen ist im Dunkeln nichts, und der Schnee auf dem Eis wird von Tag zu Tag matschiger. Die Hunde staksen nur noch widerwillig in der kalten Salzpampe herum und rollen sich möglichst schnell auf den wenigen trockenen Stellen zusammen, um die üble Zeit schlafend hinter sich bringen. Ich bin enttäuscht, dass ich diesmal vom Vollmond fast nichts mitbekommen habe. Es war immer bewölkt, und jetzt nimmt der Mond schon wieder ab. Dabei ist die Landschaft bei Vollmond und klarer Sicht märchenhaft. Das kalte Licht glänzt dann silbrig auf den Berghängen, und in der Stille hat man das Gefühl zu schweben. Na gut, freue ich mich eben auf den nächsten Vollmond im Dezember.

Trotz des schlechten Wetters zwinge ich mich, täglich wenigstens zweimal hinauszugehen, um die Hunde zu füttern, zu trösten und zu streicheln und meine obligatorische Fitnessrunde ums Schiff zu drehen. Das kostet Überwindung. Heraus aus der geheizten, gemütlich beleuchteten Kajüte, weg von der spannenden Lektüre der alten Trappertagebücher, hinaus in die dunkle, kalte, unheimliche Sturmnacht, in den Schneematsch und zu den Eisbären, die – ich weiß nicht, wo – lauern. Aber gerade die Trappertagebücher belegen, dass frische Luft, Bewegung und Optimismus zum Überleben in der Polarnacht unerlässlich sind. Ich kann an mir selbst das labile Gleichgewicht zwischen Zuversicht, Niedergeschlagen und Selbstmitleid beobachten. Die Tagebücher meiner Vorgänger und Leidensgenossen helfen mir, trübe Stimmungen zu bekämpfen. Aber manchmal bewirken sie auch das Gegenteil. So habe ich gestern stundenlang in den Aufzeichnungen von Überwinterungen gelesen, die tragisch endeten.

Da war zum Beispiel 1922 die monatelange Irrfahrt von zwei jungen Männern, Nils Siemonsen und Harald Möleby, in einem kleinen

Segelschiff kreuz und quer durch die Fjorde Westspitzbergens, bis das Boot im Packeis und Eisschlamm festsaß. Eigentlich wollten die beiden dem verschollenen alten Trapper Nilsen aus Tromsø in der Cross Bay in der Nähe von Ny-Ålesund zu Hilfe kommen. Doch Nilsen war zu dieser Zeit schon tot. Und die beiden Retter sind nach einem verzweifelten Überlebenskampf in der Nähe des Magdalenenfjords verhungert.

Ich kenne jede dieser Buchten ganz genau, bin dort entlanggesegelt und kann mir ihre verzweifelten Versuche ausmalen, das Schicksal doch noch zu überlisten. Zum Schluss schossen sie mit ihrer letzten Munition ein paar Seevögel und aßen sie roh. Ein Jahr später fand man ihre Leichen und ihr Tagebuch in der Schneehöhle, in der sie die letzten Wochen ihres Lebens auf Hilfe hofften.

Es gibt aber auch Beispiele für beharrlichen Überlebenswillen und besonnenes Verhalten erfahrener Trapper, die trotz der schwierigen Bedingungen überlebten. Besonders fesselnd finde ich das 100 Jahre alte Tagebuch von Paul Björvig, der 1898 mit einem Kameraden und einigen Schlittenhunden in einer primitiven, mit Walrosshäuten und Bärenfellen abgedeckten Steinhütte überwinterte. Nachdem sein Kamerad Bernt Bentsen an Skorbut gestorben war, mochte Paul den Leichnam nicht den Eisbären und Hunden überlassen, sondern bewahrte ihn die Monate bis zum Sommer steifgefroren neben seinem Schlafsack in der armseligen Höhle auf.

Seine Aufzeichnungen belegen, wie er seine Lage meisterte und die über 30 Grad kalten Nächte überstand:

»Ich habe ein altes Bärenfell aus dem Schnee ausgegraben und auf meinem Schlafsack ausgebreitet. Außerdem hole ich nachts fünf meiner Hunde in die Höhle, wo sie auf dem Bärenfell schlafen, das ist wärmer. Besonders schön ist es nicht, weil die Köter immer auf das Bärenfell scheißen. Aber ich kann mich hier nicht um besonderen Komfort scheren, es geht nur darum, nicht zu erfrieren. Außerdem ist es sehr einfach, sauber zu machen. Wenn ich aufstehe, vertreibe ich zunächst die Hunde, dann krieche ich aus dem

Schlafsack. Nach einer halben Stunde sind Bärenfell und Hundedreck gefroren, und dann schüttle ich alles aus – fertig! Ich habe nur noch ein schlechtes Gewehr und traue mich deshalb nicht mehr weit raus, wegen der vielen Bären. Nachdem ich mich unter diesen schwierigen Bedingungen schon so lange gehalten habe, will ich so vorsichtig wie möglich sein, vielleicht überlebe ich das hier ja doch! Ich bin fest davon überzeugt, dass es ein übernatürliches Wesen gibt, das mich beschützt. Mir geht es immer noch gut und ich lebe.«

Von solchen Menschen kann ich noch lernen.

Es ist Zeit, mal wieder einen Blick auf die Seefahrer und Trapper zu werfen, die im Herbst 1872 ums Überleben kämpften, nachdem das Eis sie an der Nordküste von Spitzbergen überrascht hatte. Die 38 Mann, die am 4. November mit zwei kleinen Segelschiffen die Heimfahrt nach Norwegen angetreten hatten, befanden sich um diese Zeit wahrscheinlich irgendwo auf der Barentssee zwischen der Bäreninsel und dem norwegischen Nordkap, wo sie in der Polarnacht verzweifelt gegen Stürme und riesige Wellen ankämpften.

Es muss eine grausame Schinderei gewesen sein. Am Ende hatten die Männer weder Brennmaterial zum Kochen und Heizen noch ausreichend Lebensmittel und Trinkwasser. Während der endlosen Sturmfahrt kauten sie auf Gewehrkugeln herum, um Hunger und Durst zu betäuben. Das eine Boot, die *Pepita*, erlitt in der Barentssee einen Mastbruch und konnte nur mit Müh und Not über Wasser gehalten und gesteuert werden. Anfang Dezember schließlich erreichten beide Schiffe, stark ramponiert und mit der halb verdursteten, aber vollzähligen Mannschaft, Hammerfest. Dort mussten die Männer die *Pepita* aufgeben und allesamt auf der *Jacobine* nach Tromsø weiterschippern. Ich bewundere das Geschick dieser Seeleute, die mit den morschen Kähnen diese Reise bewältigten.

Die 17 Trapper und Fänger, die sich zum Schwedenhaus auf Kap Thordsen durchgeschlagen hatten, lagen Ende November untätig in ihren Kojen. Die Dunkelheit der Polarnacht nahm ihnen den Lebensmut. Ihre Tagebuchaufzeichnungen sind spärlich. Lediglich aus den verbrauchten Vorräten ließ sich später darauf schließen, dass die Männer nur Lebensmittel angerührt hatten, die sie kannten. Vitaminhaltige Konserven öffneten sie zwar, warfen den Inhalt aber fort. Ein tödlicher Fehler. Schon Anfang Dezember erkrankten die Ersten an Skorbut; doch keiner erkannte die Gefahr. Nach und nach starben alle 17 Männer, der letzte am 19. April 1873.

Und wie erging es Mathilas und seinem Kameraden Gabriel unter ihren umgekippten Booten auf Gråhuken? Heute vor 127 Jahren schrieb Mathilas:

»Heute Vormittag herrschte ein furchtbarer Sturm, nachmittags war es ziemlich ruhig, kein Eis auf dem Meer. Die zwei Schiffe *Drageducken* und *Svanen* sind sehr dicht an Land getrieben worden, aber jetzt sitzen sie fest auf Grund, so dass sie nicht weiter an Land kommen können, bis das Treibeis sie weiter drücken wird. Die beiden anderen Schiffe liegen noch vor Anker.«

Einen Tag später heißt es:

»Wie es an Bord der Schiffe aussieht, wissen wir nicht. Wir können nicht im Boot hinausfahren, um an Bord zu kommen. Es ist so dunkel, dass man von Land aus fast nichts erkennen kann. Wir können undeutlich sehen, dass die *Drageducken* sehr stark nach Steuerbord krängt, weil sie aufgelaufen ist. Die *Svanen* sieht aus, als wäre sie voller Wasser, so tief liegt sie im Wasser.«

Es muss für die beiden Männer traurig gewesen sein mitzuerleben, wie ihre Schiffe, die sie eigentlich zu retten gehofft hatten, nach und nach zerstört wurden, und zu erkennen, wie sehr sie selbst der Polarnacht ausgeliefert waren.

17 Das Leben im Eis
Erste Bilanz

Freitag, 3. Dezember 1999

Seit über einer Woche tobt wieder einmal ein entsetzlicher Sturm. Das Barometer hängt wie festgenagelt im Keller, nur die Windstärke nimmt weiter zu. Das Thermometer zeigt fast minus 20 Grad. Dazu herrscht Schneetreiben. Wenn ich mühsam unter den flatternden Planen durch losen Schnee über Deck aufs Eis gekrochen bin, peitscht mir eiskalter Wind entgegen. Mein Bart ist sofort zu Eis erstarrt, und ich muss aufpassen, dass ich im Gesicht keine Erfrierungen erleide. Das geht nämlich minutenschnell. Die Haare im Gesicht stören bei solchem Wetter ganz extrem. Dauernd muss ich die ins Gesicht hängenden Eiszapfen und Eisbröckchen abreißen, abtauen, wegwischen. So habe ich immer Feuchtigkeit im Gesicht. Und die gefriert sofort.

Die Hunde haben sich im Schnee eng zusammengerollt, sie sind im Schneetreiben kaum noch zu sehen. Anscheinend macht ihnen diese Witterung nichts aus – im Gegenteil, sie sind wesentlich besser gelaunt und auch körperlich frischer als bei dem nasskalten Spätsommerwetter. Jeden Tag untersuche ich die Fett- und Pelzschichten auf den Hundekörpern, damit ich notfalls die Futterration aufstocken kann. Ich glaube, Svarte und Bjosse sind besser dran als ich armer Hund in meinem seelischen Tief.

Wenn draußen schon so ein Unwetter tobt, dann will ich die erzwungene Pause wenigstens für eine Zwischenbilanz meiner Expedition und der Forschungsergebnisse nutzen. Also schnell eine frische Kanne Tee (Ceylon) aufgebrüht, und los.

Ich habe unzählige Proben aus dem Eis und dem Wasser in der Lagune und von Eisschollen aus dem Woodfjord genommen und analysiert, teils auf dem Schiff, teils draußen auf dem Eis, damit sich die Proben nicht verändern. Denn Meereseis reagiert empfindlich wie ein lebender Organismus auf Umgebungsveränderungen und Kälteschwankungen. Über Wochen hinweg habe ich mit winzigen Sensoren die Temperaturen im Eis gemessen, um einen Eindruck von den Wachstums- und Tauphasen zu gewinnen. Wärmefluss-Sensoren dokumentierten die Energieströme im Eiskörper. Hinzu kamen Messungen von Salzgehalt, pH-Wert und Sauerstoffkonzentration. Um die Strukturen unter dem Mikroskop besser erkennen zu können, habe ich das Eis eingefärbt. Gleichzeitig ging es mir auch um die Mikroorganismen, die in den Eislabyrinthen gedeihen. Deshalb habe ich in unterschiedlichen Nährlösungen Bakterienkulturen angelegt, um festzustellen, bei welchen Temperaturen die Mikroben sich am besten vermehren.

Eine ganze Reihe von Proben nahmen meine letzten Besucher mit, um sie in das Biotechnologische Labor der TUHH zu Professor Antranikian zu bringen, wo sie bewertet und untersucht werden sollen. Vielleicht sind ja ein paar Vertreter dabei, die sich für die industrielle Produktion von in der Kälte wirksamen Enzymen eignen. Dies wäre für die Lebens- und Reinigungsmittelindustrie sowie für die Umwelttechnologie von Belang. Eine möglicherweise interessante Gruppe Kälte liebender Bakterien lebt auf der Haut und in den Verdauungsorganen von Fischen und Krebsen. Ein Teil meiner Bakterienproben stammt deshalb aus dem Fischschleim und dem Magen-Darm-Inhalt meiner Lachsforellen.

In der Praxis sieht die Forschung so aus: Der Wind pfeift über das Eis, es ist bitterkalt, und ich muss aufpassen, dass mein Olympus-Mikroskop nicht mit dem salzigen Matsch in Berührung kommt. Ich habe ein Loch ins Eis gehackt und knie in gebückter Haltung über dem mit Fotoapparat und Videokamera bestückten Mikroskop, um meine Beobachtungen im Bild festzuhalten. 80 Meter von meinem Freiluftlabor entfernt liegt ein Eisbär vor einem Robbenloch und schaut hin und wieder interessiert herüber, um zu sehen, ob ich Beute gemacht habe. Habe ich!

Vor meinem Auge liegt in 500facher Vergrößerung eine wild zerklüftete Gebirgslandschaft mit kleinen Bergkuppeln, kugeligen Oberflächen und schroffen Abstürzen mit gezackten Rändern, dazwischen driften, wie Inseln, kleine tropfenförmige Zellen umher. Zwischen den festen Strukturen pulsieren kleine Bäche, die sich zuweilen wie ein Flussdelta ausweiten und unzählige Mikroorganismen mitreißen. Es herrscht ständige Bewegung, vor allem, wenn sich die Temperatur verändert: Ein 0,1 Millimeter hoher Berggipfel explodiert und löst einen Erdrutsch aus, ein Teich, nicht größer als 50 Mikrometer, reißt dabei auf, und seine Bewohner werden durch die angrenzenden Kanälchen gespült. Als es weiter taut, sind rundliche Zellen zu sehen, umhüllt von hauchdünnen dehnbaren Membranen. Diese werden auseinander gedrängt, und plötzlich treten aus der Grenzschicht einer solchen Zelle Hunderte von Gasbläschen aus. Das sieht unter dem Mikroskop aus wie Kohlensäure in Limonade. Ich erwärme das Eis und beobachte, wie die Miniaturlandschaft zerfällt und untergeht.

Oft sitze ich abends in der Kajüte, sehe mir die Filme noch einmal an, bewerte die Messergebnisse, wühle mich durch Fachbücher über Physik, Chemie, Biochemie und Biologie und grüble über Schlussfolgerungen nach. Diese lassen sich folgendermaßen zusammenfassen: Junges Meereseis setzt sich aus mehr oder weniger festen Zellen zusammen, die von Flüssigkeit umgeben sind. Die festen Zellen bestehen aus gefrorenem Süßwasser und sind in jungem Zustand 50 bis 100 Mikrometer klein. Mit zunehmendem Alter wachsen daraus etwa 0,5 Millimeter große zusammenhängende Stützstrukturen, vergleichbar einem Skelett. Das erklärt die Tragfähigkeit von Eis. Jede Eiszelle ist in eine zarte, flexible Grenzschicht eingehüllt, die sie gegen die sie umgebende, nicht gefrorene Salzlösung abgrenzt. Beim Gefrieren oder auch Schmelzen befinden sich die Zellen in einem labilen Zustand, sie verändern ihre Form, schließen sich zusammen oder lösen sich auf. In einem Kubikmeter jungem Meereseis befinden sich schätzungsweise 10 hoch 13 bis 15 einzelne Zellen, die alle über ein fein verästeltes Kanalsystem verbunden sind, in dem mehr oder weniger konzentrierte Salzlake fließt. Wenn man ein frisch gewonnenes Stück Meereseis hochhält, tropft minutenlang die Salzlake aus der Eisstruktur wie Blut aus einem verwundeten Organismus.

Überhaupt ähnelt das »System Meereseis« in vieler Hinsicht einem lebenden Organismus. Außer den festen Zellen und der Salzlake habe ich im Eis Gasbläschen entdeckt, die anscheinend mit der temperaturabhängigen Löslichkeit von diversen Gasen im festen Eis und in der Salzlake zusammenhängen. Besonders interessant ist Kohlendioxid, das im Meerwasser und im Meereseis vor allem bei niedrigen Temperaturen in relativ hohen Konzentrationen gelöst ist.

Der Zustand des Meereseises verändert sich mit zunehmendem Alter. Junges Eis an der Grenze zum Meerwasser macht unter dem Mikroskop einen dynamischen Eindruck und besitzt einen hohen Flüssigkeitsanteil. Altes Eis wirkt tot und spröde. Ich habe viele Blöcke aus der Eisdecke herausgesägt und konnte daran den schichtweisen Aufbau sehen, der an die Jahresringe eines Baumstamms erinnert.

Eis bildet sich auf der oberen Wasserschicht zwischen der kalten Außenluft und dem wärmeren Meerwasser. Das Wasser kühlt ab, die ersten Eisstrukturen wachsen. Dabei findet ein starker Energieaustausch statt – nicht nur zwischen dem warmen Wasser und der kalten Luft, sondern auch an jeder Grenzschicht der Eiszellen. Wenn ein Wassermolekül an einer Eiszelle festfriert, wird Kondensationsenergie in der Größenordnung von etwa 1,5 Kilokalorien pro Mol frei. Das ist etwa so viel Energie, wie man braucht, um genauso viel Wasser von 0 auf 80 Grad zu erhitzen.

Im Klartext heißt das: Wenn das Wasser zu Eis gefriert, werden erhebliche Energiemengen freigesetzt. Sie können nach meiner Überzeugung regelrechte *hot spots* bilden und die Entstehung längerer Molekülketten begünstigen. Auch zwischen den Eiszellen werden ständig erhebliche Energiemengen ausgetauscht, und zwar immer über die Grenzschichten zwischen den festen Eiszellen und der Flüssigkeit. Außerdem lässt sich beobachten, dass bei einem Wärmeeinbruch das Eis nicht einfach taut und verschwindet, sondern dass mit dem Abtauen der äußeren salzigen Eisschicht die Temperatur sinkt, was wiederum dazu führt, dass sich die inneren Eisschichten verfestigen. Das Meereseis kämpft also wie ein lebender Organismus ums Überleben.

Eine herausragende Bedeutung für das System Meereseis haben meiner Ansicht nach die Grenzschichten, die feste Strukturen von der flüssigen Phase trennen. Unter dem Mikroskop lässt sich das dynamische Verhalten dieser Grenzschichten beobachten. Manchmal, vor allem bei niedrigen Temperaturen, sind sie starr; sie können aber auch flexibel und geschmeidig sein, Ausstülpungen bilden und sich mit den Nachbarbereichen zusammenschließen oder Öffnungen bilden und den Zellinhalt abfließen lassen. Die Kommunikation in diesem System würde es begünstigen, dass ein einmal entstandener Lebensfunke sich rasch ausbreitet. Grenzschichten sind dafür verantwortlich, dass die Eiszellen aus gefrorenem Süßwasser bestehen und die Salze in der flüssigen Suppe gelöst bleiben, in der auch die festen Partikel und Mikroorganismen schwimmen. Auch der Austausch von Gasbläschen und Energie findet über die Grenzschichten statt. In den Grenzschichten zwischen festem Eis und Salzlake sind die von den Wasserstoffatomen ausgehenden Bindungskräfte wichtig. Diese Wasserstoffbrücken sind es, die Eis und Wasser sowohl trennen als auch beim Gefrieren zusammenführen.

Alle genannten Eigenschaften der Grenzschichten gelten in ähnlicher Weise auch für organische Biomembranen. Dabei spielen die Wasserstoffbrücken beim Aufbau lebenswichtiger Strukturen wie Proteinmolekülen und Nukleinsäuren eine wesentliche Rolle. Eine weitere Ähnlichkeit zwischen den Grenzschichten im Eis und den Biomembranen besteht im Austausch von Natrium- und Kalium-Ionen in beiden Systemen.

Zum Abschluss der Indizienkette für meine Hypothese, dass Eis die Wiege des Lebens gewesen sein könnte, noch ein Argument: Alle Aminosäuren – die Bausteine organischen Lebens und organischer Verbindungen wie Zucker – sind optisch aktiv, und zwar linksdrehend. Die optische Aktivität hat mit der Asymmetrie der organischen Moleküle und den asymmetrischen Kohlenstoff-Atomen zu tun. Das mag an sich nicht weiter aufregend sein. Aber die Tatsache, dass alle Grundelemente des Lebens linksdrehend sind, ist schon erstaunlich. Wenn eine Substanz optisch linksdrehend ist, gilt das als Indiz für ihren organischen Ursprung.

Und nun die Beobachtung, die mir einiges Kopfzerbrechen bereitet: Meereseis – das heißt, die Eiszellen mit ihren Membranen – könnte vielleicht kräftig optisch aktiv sein – und zwar linksdrehend! Um das herauszufinden, habe ich tagelang mit Eiswasser herumgepanscht, stundenlang Eisproben durch Polarisationsfilter beobachtet, Meerwasser auf verschiedenen optischen Systemen gefrieren lassen und mir dabei die Finger jämmerlich erfroren. Dann endlich hatte ich den gewünschten Effekt, ganz deutlich, reproduzierbar und auf Farbfotos und Videofilm festgehalten: Weißes Licht wird per Polarisationsfilter linear polarisiert, durch eine 0,1 Millimeter dicke Schicht Meereseis geleitet und durch einen zweiten, drehbaren Polarisationsfilter, den Analysator, beobachtet. Die Eiszellen wirken farbig. Beim Drehen des Analysators wechseln die Farben, und zwar genauso, wie es bei linksdrehender optischer Aktivität des Eises sein muss! Ich habe lange durch das Mikroskop auf die farbigen Eiszellen gestarrt und versuche nun zu verstehen, wie dieser Effekt zustande kommt. Eis ist optisch doppelbrechend – könnte es vielleicht auch optisch aktiv sein? Und könnte sich daraus die bevorzugte Linkssymmetrie allen Lebens erklären?

Ich will in meiner Bilanz auch noch ein paar Bemerkungen zu den Mikroorganismen machen, von denen es im jungen Eis, genauer gesagt, in der flüssigen Phase, nur so wimmelt. Sie fühlen sich vor allem auf den Grenzschichten zwischen Eis und Flüssigkeit wohl. Dort setzen sie sich fest und bilden regelrechte Kolonien. Die Nährsalze, vor allem Nitrate, Phosphate und Silikate, die sie zum Fressen brauchen, sind im Meerwasser reichlich vorhanden, und in der Salzlake sind sie hochkonzentriert. Außerdem strömt ja in dem Kanalsystem ständig frisches Futter vorbei. Die Bakterien fressen offenbar auch die Zersetzungsprodukte von Algen, die sich im Sommer im Sonnenlicht stark vermehrt haben. Jetzt in der Dunkelheit schwimmen ihre Reste im Meerwasser und schwappen in die Eiskaviolen – zur Freude der Bakterien, die auf das Eis im Frühwinter wahrscheinlich genauso sehnsüchtig warten wie die Eisbären, denen der Frost auf dem Eis ruhende Robben in Mengen beschert. Bakterien und Bären laufen bei Kälte zu Höchstform auf.

Als ich vor ein paar Tagen bei minus 10 Grad durch den salzigen Schneematsch stiefelte, bemerkte ich in meinen Spuren grünliche Lichtpunkte. Ich fing einige dieser Glühwürmchen ein und legte sie unters Mikroskop. Es sind kugelige Mikroorganismen, die ich in den Labors der TUHH untersuchen lassen möchte.

Meereseis scheint den Mikroben ideale Lebensbedingungen zu bieten. Aber hat es denn vor vier Milliarden Jahren, als das Leben auf der Erde entstand, überhaupt Meereseis gegeben? Angeblich war die Urerde doch warm und von Urmeeren umspült. Unumstritten ist, dass damals auf der Erde reichlich Meerwasser in ähnlicher Zusammensetzung wie heute und Wasserdampf vorhanden waren. Und Eis ist nur ein anderer Aggregatzustand von Wasser. Ich kann mir nicht vorstellen, dass es nicht an irgendeinem Ort der Erde irgendwann vor vier Milliarden Jahren Eis gab, vielleicht in großen Gebirgshöhen oder an den Polen. Die Behauptung, dass es damals zwar jederzeit Wasser in einem relativ engen Temperaturbereich gegeben haben soll, aber niemals Eis, ist meines Erachtens unhaltbar. Wegen der unzähligen Zellen in jedem Eisstück hat der Baumeister des Lebens für sein Werk jedenfalls weder große Mengen Eis noch eine lange Zeit benötigt.

Fazit: Meereseis verhält sich ein wenig wie ein lebender Organismus. Wegen seiner besonderen Eigenschaften dürfte es ein idealer Ort für die Entstehung primitiven Lebens auf der Urerde gewesen sein. Wenn man es untersucht, erscheint es wie ein von einem Architekten entworfenes Haus mit vielen Einzelzimmern, das ideale Lebensbedingungen für seine potentiellen Bewohner bietet. Das biologisch primitive Leben konnte in diese Behausung mühelos einziehen und sich wohlfühlen. Dafür brauchte nur das Licht angeknipst zu werden. Allerdings ist das Haus für Linkshänder konzipiert. Das Leben ist linkshändig!

In diesem Zusammenhang fällt mir die Antwort des Physikers Erwin Schrödinger aus dem Jahr 1944 auf die Frage »Was ist Leben?« ein. Leben, so Schrödinger, ist Materie, die ihre Struktur wie ein Kristall – und zwar ein seltsamer »aperiodischer Kristall« – während ihres Wachstums ständig wiederholt. Aber Leben ist viel faszinierender und weniger vorhersagbar als irgendein kristallisierendes Mineral:

> »Es ist ein Strukturunterschied wie der zwischen einer normalen Tapete mit immer wiederkehrendem Muster und einem Meisterwerk der Stickkunst, beispielsweise einer Wirktapete von Raffael, ohne stumpfsinnige Wiederholung, sondern mit einem raffinierten, zusammenhängenden, bedeutungstragenden Design, das ein großer Meister entworfen hat.«

Ob Schrödinger damit mein Meereseis meinte?

18 Weihnachten naht
Der traditionelle Besuch des Gouverneurs

Montag, 13. Dezember 1999

Diese Tage stehen ganz im Zeichen des ersehnten Weihnachtsbesuchs, des *julebesøk*, durch den Gouverneur von Spitzbergen, Morten Ruud, der nun doch mit einem Pfarrer per Hubschrauber aus Longyearbyen kommen will. In drei Tagen soll es so weit sein – vorausgesetzt, das Wetter spielt mit.

Diese Weihnachtsbesuche haben auf Spitzbergen Tradition. Alle, die weitab von jeder Zivilisation hausen, Trapper und so seltsame Figuren wie ich, werden vor den Feiertagen angeflogen und mit Weihnachtspost, tröstenden Worten und prüfenden Blicken des Gouverneurs beglückt.

Jetzt gibt es viel zu tun. Erst einmal die eigene Weihnachtspost für Familie und Freunde zu Hause fertig machen. Ich möchte meinen Enkelkindern etwas Schönes schicken. Dummerweise habe ich bei meiner Abfahrt im Mai noch nicht an Weihnachten gedacht. Und dann natürlich meine Bakterienproben für das Biotechnologie-Labor in Hamburg ordentlich verpacken, beschriften, dokumentieren und eisgekühlt lagern; außerdem die Fotofilme durchsehen und versandfertig machen. Da mir die Kameras mit ihrer ausgeklügelten Elektronik bei Außenaufnahmen in der Kälte häufig Kummer bereitet haben, befürchte ich, dass einige Starfotos von den Eisbären nichts geworden sind.

Ja, und dann muss natürlich rein Schiff gemacht werden: ein bisschen putzen, Klamotten waschen, aufräumen, Platz schaffen für den angekündigten sechsköpfigen Besuch in meiner engen Behausung. Die wissenschaftlichen Geräte habe ich schon abgebaut und weggeräumt. Aber wo sollen die vielen Menschen sitzen, und wie viel Kaffee muss ich kochen?

Der Anflug mit dem Helikopter ist in dieser Einöde nicht unproblematisch. Die Piloten haben sich bei mir nach Wetterbedingungen, Schneesituation und geeigneten Landeplätzen erkundigt. Also bin ich bei Dunkelheit und Schneetreiben mit den Hunden herumgelaufen, um potentielle Hubschrauberlandeplätze auszukundschaften. Einfach neben dem Schiff auf der Lagune landen, das geht nicht. Das Eis ist nicht dick genug. Und der Hubschrauber darf auch nicht in eine tiefe Schneewehe geraten, von denen es hier überall ganz prächtige Exemplare gibt. Die Piloten erwarten, dass ich einen zehn mal zehn Meter großen Landeplatz mit Benzinkanistern markiere und außerdem per Funk regelmäßig die Wetterdaten von Mushamna an sie durchgebe. Bei kritischer Wetterlage – starkem Wind, Schneetreiben, schlechter Sicht – fällt der Weihnachtsbesuch aus. Ich hoffe sehr, dass sich das seit einer Woche ruhige Wetter noch ein paar Tage hält. Allerdings klingen die Vorhersagen der Meteorologen nicht verheißungsvoll.

Mein Winterquartier hat nun wohl doch einen stabilen Zustand erreicht. Die Lagune ist zugefroren, überall liegt hoher Schnee, und *Mesuf* ist fest in einem Eispanzer verankert. Selbst kräftige Sturmböen lassen seinen Rumpf lediglich leicht erzittern. Ende der Angstpartie wegen der unsicheren Lage. Bleibt die Frage, was bei wachsender Eisschicht mit dem eingefrorenen Schiffskörper passiert. Wird er nach oben gedrückt? Verändert er die Lage? Steht zum Schluss alles schief? Wird die Bordwand eingedrückt? Später, im April, könnte es dramatisch werden. Aber dann ist es wenigstens wieder hell.

Die Hunde lagern jetzt dicht am Schiff, fühlen sich wohl, sind gesund, haben einen wundervoll dichten Winterpelz und genießen ihr faules Leben, das zurzeit fast nur aus Fressen und Schlafen besteht. Die Bärenbesuche sind seltener geworden, so dass meine Vierbeiner nicht einmal besonders aufpassen müssen. Also eigentlich alles paradiesisch. Dennoch habe ich immer wieder mit Phasen von Traurigkeit zu kämpfen. Es ist schon hart, monatelang in dieser Finsternis ganz allein im Schneetreiben herumzukrabbeln und auf die Zukunft zu hoffen.

Die Gedanken gehen, besonders jetzt in der Weihnachtszeit, nach Hause zu meinen Kindern und Enkelkindern. Ich bin gerührt, wenn ich an den Adventssonntagen kleine Päckchen öffne, die sie mir zum Abschied mitgegeben haben. Dann bewirken die als Trost gedachten, liebevollen Gesten das Gegenteil: Ich werde betrübt und verfluche meine Abenteuerlust, die mich von meiner Familie getrennt hat. Wenn ich für das neue Jahr einen Vorsatz fasse, dann bestimmt den, dass dies meine letzte verrückte Expedition ist! Ich glaube, danach mag ich auch nicht mehr.

In einer Woche ist Wintersonnenwende. Vom 21. Dezember an geht es mit der Sonne wieder aufwärts, der Gipfel an trostloser Dunkelheit ist erreicht. Ich freue mich auf Weihnachten und den Jahreswechsel. Nicht weil es ein Grund zum Feiern ist, sondern wegen des Gefühls, eine wichtige Hürde, vielleicht die wichtigste im Verlauf der Expedition, überwunden zu haben. Danach ist Halbzeit, und das hoffentlich erfolgreiche Ende meines selbst gewählten Exils rückt näher. Ende Dezember ist außerdem Vollmond. Vielleicht kann ich in der Silvesternacht mit den Hunden und den Trollen im Mondschein auf dem Eis tanzen.

Über Funk habe ich regelmäßig Kontakt zu einem Schweizer Ehepaar, das mit seinem allerdings an Land liegenden Katamaran *Sposmoker* 50 Kilometer südlich von Ny-Ålesund überwintert. Unsere Gespräche reißen mich aus meinen trübsinnigen Gedanken. Ich tausche mit dem Skipper Juerg Erfahrungen über Wetter, Eis und Schnee aus, über die Besonderheiten unserer Schiffe sowie über Stürme und Begegnungen mit Eisbären. Bei ihm am Johnsfjord gibt es bisher allerdings keine Eisbären und noch nicht einmal Schnee. Hier oben im Norden Spitzbergens ist die Welt doch viel rauer und Eisbären-freundlicher. Dennoch bin ich auch nach diesen Gesprächen gedrückter Stimmung, wenn ich höre, mit welchen kulinarischen Genüssen Juerg von seiner Frau Ali verwöhnt wird und welch erlesene Rotweine sie dazu trinken. Ich glaube, irgendetwas mache ich falsch in meinem Leben. Darüber muss ich in der Silvesternacht nachdenken.

Montag, 20. Dezember 1999

Geschafft! Der *julebesøk* am 16. Dezember hat stattgefunden. Eigentlich ist es ja fast lächerlich, wie ich mich aufrege, weil ein paar Leute vorbeigekommen sind, aber so ist es eben, wenn man monatelang als Einsiedler gelebt, keine Menschenseele gesehen und immer nur mit Eisbären, Robben und Schlittenhunden kommuniziert hat. Und dann die vielen Briefe, Päckchen, Grüße, Neuigkeiten! Ich bin noch immer ganz aufgewühlt. Und meine Weihnachtspost ist auch ordnungsgemäß auf dem Weg.

Aber der Reihe nach. Ich hatte den Weihnachtsbesuch des Gouverneurs weniger wegen der Pakete herbeigesehnt als wegen der Möglichkeit, meine wissenschaftlichen Ergebnisse, Fotos, Filme und Tagebücher nach Hamburg schicken zu können. Vor allem die Bakterienproben mussten dringend auf den Weg gebracht werden. Der Flug mit dem Helikopter in der Polarnacht von Longyearbyen hierher an den Rand von Nordspitzbergen ist gefährlich; deshalb hatte der Gouverneur auch nur zögernd zugesagt. Die Hauptgründe dafür sind das Wetter und die fehlende Infrastruktur im Fall eines technischen Defekts oder eines Unfalls. Die Schneeschauer nehmen den Piloten die Sicht. Zwar hat der Helikopter Scheinwerfer, aber jeder Autofahrer weiß, was die im Schneetreiben ausrichten: gar nichts.

Am Tag des Besuchs, dem 16. Dezember, gab ich morgens um 8 Uhr die Wetterdaten von Mushamna per Funk an die Flugstaffel in Longyearbyen durch. Es war ruhig und klar. Noch. Ein schneereiches Sturmtief kündigte sich an. Laut Wetterbericht des meteorologischen Instituts in Oslo hatte die Schlechtwetterfront bereits Südspitzbergen erreicht. Ich konnte nur hoffen, dass die Piloten den Flug nicht doch noch im letzten Augenblick absagen würden. Dann hätte ich bis April keinen Menschen mehr zu sehen bekommen. Aber sie haben es riskiert – erst zu dem Trapper in Austfjordneset am Wijdefjord 100 Kilometer weiter südlich, dann immer am Gebirgsrand entlang bis zum Woodfjord und dann nach Mushamna.

Ich stand mit den Hunden und dem Pulk schon eine halbe Stunde vor der Landezeit an meinem Privatflughafen am Rand der Lagune. Die Hunde wollte ich dabeihaben, weil in der Dunkelheit ständig Eisbären um das Schiff schleichen. Außerdem hatte ich auf diese Weise einen Transportschlitten für die Post dabei. Dann endlich, ein leises Brummen in der Ferne, schließlich ein Dröhnen und Jaulen – der Hubschrauber kommt!

Zu sehen war noch nichts. Auf *Mesuf* brannten alle Lichter – als Leuchtturm für den Helikopter. Ich wartete am Landeplatz mit einer Petroleumlampe und erklärte den Hunden, was das Theater sollte. Aber sie hatten den Hubschrauber längst gehört und starrten in die Dunkelheit, dem Brummen entgegen. Dann Scheinwerferlicht auf den Schneehängen, und der Helikopter fegte über die letzte Hügelkette – viel zu dicht am Boden, sagten die Piloten später. Wegen des Schneetreibens konnten sie fast nichts sehen. Der Hubschrauber setzte langsam auf, eingehüllt in eine Schneewolke. Die Hunde, der Pulk, die Lampe und ich wurden umgeweht und verhedderten uns in den Zugleinen des Schlittens. Aus einer formvollendeten Begrüßung wurde also nichts.

Dafür war der Empfang umso herzlicher. Ich traute meinen Augen kaum: Zwölf Menschen krochen, mit Paketen beladen, aus dem Hubschrauber und begrüßten mich stürmisch. Mein Schiff platzte aus allen Nähten, als alle an Bord kamen. Aber jeder fand irgendwo Platz. Wir saßen und standen dicht gedrängt und plauderten, lachten, tranken Kaffee und Cognac, knabberten Kekse und Kuchen, besprachen die neuesten Neuigkeiten von Spitzbergen und natürlich auch meine Expedition.

Ich erzählte ein bisschen und tat im Übrigen so, als ob die Belagerung durch die Eisbären, die Herbststürme, das brüchige Eis, die Einsamkeit und die Dunkelheit für mich nur normale polare Arbeitsbedingungen wären. Dabei war ich insgeheim froh, dass *Mesuf* nicht mehr windschief im Eis lag. Das hätte die Empfangssituation doch erschwert. Aber drei Tage vor dem Weihnachtsbesuch richtete eine kräftige Bö das Schiff freundlicherweise wieder auf.

Ein Weihnachtsgeschenk des Wettergottes? Ich habe ihm ein Stück Robbenfleisch mit Rum als Opfergabe versprochen.

Der Weihnachtsbesuch endete feierlich. Der Pastor aus Longyearbyen stimmte ein Weihnachtslied an, und danach zogen die Besucher im Gänsemarsch wieder ab. Händeschütteln, Schneegestöber, Hubschrauberbrummen, und dann stand ich wieder allein mit den Hunden im Dunkeln.

Ich brauchte Tage, um mich zu erholen. Nach und nach öffnete ich die Briefe und Päckchen und wunderte mich über die Intelligenz der Briefzusteller, die Sendungen an so vage Adressen wie »Hauke Trinks, First Sailboat South of Northpole« oder »Hauke Trinks, Spitzbergen« auf den richtigen Weg gebracht hatten. Die Schreiber hatten die Weihnachtsgrüße zum Teil schon im September abgeschickt.

Wenn man so ganz allein in der eisigen Einsamkeit ist, bekommen kleine Briefe und Päckchen ein besonderes Gewicht. Ich lese jeden Brief drei Mal, denke über jede vielleicht gar nicht ernst gemeinte Bemerkung stundenlang nach und bedauere es sehr, selbst nicht noch mehr und ausführlichere Weihnachtsbriefe geschrieben zu haben. Und dann diese vielen Köstlichkeiten: Weihnachtskekse, Nüsse, Mandarinen, Marzipankartoffeln, frische Eier, ein Stück Käse, ein Fläschchen selbst gemachter Schnaps und eine lange Dauerwurst. Tagelang schwelge ich in diesem ungewohnten Reichtum und hebe mir nur einen Rest für die nächsten mageren Monate auf.

Der Alltag ist in mein Winterlager zurückgekehrt. Die Schneewehen türmen sich ums Schiff. Seit Tagen herrscht strenger Frost um 20 Grad. Trotzdem ist der Woodfjord noch immer eisfrei. Ich höre die Brandung an der Mole und das Glucksen der Gezeiten in der Lagune. Das Eis am Schiff ist jetzt allerdings fest. Doch unter dem Schnee liegt noch immer die nasse Salzpampe. Schon erstaunlich, wie schwer sich Meerwasser tut, endlich zu festem Eis zu gefrieren. Aber das ist schließlich das Interessante am Lebensraum Meereseis. Trotz Frost bin ich jeden Tag stundenlang draußen und genieße den

Ausblick auf mein Reich. Wenn ich allerdings zu lange auf den aufgereihten Dieselkanistern sitze, kriecht die Kälte über die Stiefel in Füße und Beine. Dann ist es Zeit aufzuspringen und mit wilden Armschwüngen ein paar Runden ums Schiff zu laufen. Danach krieche ich erschöpft, aber zufrieden in die geheizte Kajüte.

Beim Licht der Petroleumlampe lese ich im Tagebuch von Mathilas den Eintrag vom 20. Dezember:

> »Heute war den ganzen Tag Nordostwind, Schneetreiben und starker Seegang, und am Morgen trieb unser Schiff *Elida* an Land; dort liegt es nun, gestrandet und voller Wasser. Der Bugspriet ist tief unten im Schiff bei den Steven gebrochen. Außerdem ist das Ruder gebrochen und völlig kaputt! Schuld daran waren die anderen vor Anker liegenden Schiffe, die sich losgerissen und das ganze Elend verursacht haben, aber ihnen erging es nicht besser; sie sind mittlerweile auch gestrandet. Sie liegen nicht so dicht an Land wie unser Schiff, so dass ich nicht beurteilen kann, wie schwer sie beschädigt sind. Wir können unmöglich an Bord gelangen, das Treibeis ist immer noch nicht da!«

Bin ich froh, dass *Mesuf* gut und sicher im Eis festsitzt!

Donnerstag, 30. Dezember 1999

Es ist immer noch bedrückend dunkel, Tag und Nacht. Nur gegen Mittag war gestern ein ganz schwacher Lichtschein am Südhimmel zu erkennen. Heute hängen wieder schwarze Wolken tief über Mushamna, dabei bläst ein böiger Wind aus Süd bis Südwest, die Temperaturen sind seit Tagen auf knapp über null geklettert. Ich mag dieses warme, windige Wetter nicht; viel lieber als diese komische Föhnstimmung wären mir 20 Grad Kälte. Der Schnee auf dem Eis ist matschig, das Schiff steht wieder schief, und ich mache mir Sorgen, was die Haltbarkeit des Eises betrifft. Natürlich schleichen auch wieder Eisbären herum.

Ich fühle mich mutlos, erschöpft und einsam – sicher auch eine Reaktion auf Weihnachten. Man ist darauf programmiert, andere Menschen um sich zu haben, ihnen Freude zu machen, festliche Mahlzeiten zu genießen und Besuche zu empfangen. Erfüllen sich diese Erwartungen nicht, breitet sich eine innere Leere aus. Ich habe den Weihnachtsabend mit den Hunden auf dem Eis verbracht, bei ein bisschen Mondschein ein bisschen in die Sterne geguckt, an meine Kinder gedacht, den Hunden ein paar Leckereien zugesteckt und bin dann wieder frierend ins Schiff gekrochen.

Seit ich mich mit den Trapper-Tagebüchern beschäftige, weiß ich den Wert von Vitamintabletten erst richtig zu schätzen. Zum Glück habe ich einen ausreichenden Vorrat an Bord. Die Überwinterer vor über 100 Jahren kannten diese hilfreichen Pharma-Erzeugnisse noch nicht. Skorbut, die Folge von Vitaminmangel, war eine gefürchtete Krankheit. Aus dem Tagebuch, das die Männer im Schwedenhaus während ihrer Überwinterung im Winter 1872/73 schrieben, geht hervor, dass der Erste der 17 bis dahin völlig gesunden jungen Männer Anfang Dezember erkrankte. Am Weihnachtsabend, dem 24. Dezember, ist vermerkt:

> »Der Gesundheitszustand ist äußerst schlecht, so gut wie alle Mann sind von Skorbut befallen. Ich möchte darauf hinweisen, dass wir mit zwei Mann bei den in der Koje liegenden Schwerkranken Tag und Nacht Wache halten.«

Der Trapper Harald hat mir bei meinem letzten Besuch in seiner Hütte verraten, was er Touristen erzählt, die ihn nach seinem persönlichen Rezept gegen Skorbut fragen: »Das ist ziemlich schwierig«, erläutert Harald dann. »Ich jage mit viel Mühe eine Robbe, dann schneide ich ihr die frische, blutige Leber heraus und esse sie, und danach löse ich ihre Augen aus dem Kopf und schlürfe sie aus.« Wenn sich die Touristen dann angeekelt schütteln, ergänzt Harald: »Ach ja, und anschließend nehme ich noch eine Vitamintablette!« Daran muss ich jeden Morgen denken, wenn ich meine Vitamintablette schlucke.

Übrigens unterscheidet sich die Dosierung bei Vitamintabletten ganz erheblich, je nachdem ob sie aus Deutschland oder aus Norwegen kommen. In Deutschland gehen die Beipackzettel umständlich auf Dosierungsmenge, Zusammensetzung und schädliche Nebenwirkungen ein. Auf der norwegischen Pillendose steht schlicht: »Eine täglich ist genug.« Dafür kosten die deutschen Tabletten auch vier Mal so viel wie die norwegischen.

Der Wärmeeinbruch hat mir viel Arbeit beschert. Bislang dienten mir die Vorder- und die Achterkajüte als Lagerräume für Lebensmittel, Filmmaterial, wissenschaftliche Geräte, Batterien und Munition. Jetzt tauen die dicken Eisschichten an den Wänden ab. Alles ist nass und spakig. Ich habe sämtliche Vorratsbehälter in die geheizte Mittelkajüte gebracht, damit sie trocknen. Nun sieht mein Wohnraum aus wie ein unaufgeräumtes Warenlager, was meinem Stimmungstief nicht gerade förderlich ist.

Ich glaube, am Silvesterabend werde ich mich sinnlos besaufen, um das Elend dieses Jahrtausends zu vergessen.

19 Jahrtausendwende
Und das Nordlicht zündet das Feuerwerk

Sonntag, 9. Januar 2000

Ich bin etwas faul beim Tagebuchschreiben geworden. Es passiert sehr wenig, eigentlich gar nichts, und die Tage und Nächte vergehen in gleich bleibender Finsternis, Stille und Einsamkeit. Aber halt! Ganz so ereignislos war die letzte Zeit doch nicht: Wir hatten immerhin den spektakulären Jahrtausendwechsel! So viel Theater, so viel Aufregung wegen der potentiellen Computerkatastrophe, endlose Kommentare und tiefsinnige Gedanken – und dann doch keine Katastrophen. Ich glaube, es ist eine typisch menschliche Eigenschaft, auf kommende Höhepunkte und Katastrophen zu warten, sich davor zu fürchten oder sie herbeizureden. Vielleicht ist das nötig, um den langweiligen Alltag zu beleben.

Mir geht es in meiner eisigen Einsiedelei ja auch nicht anders. Ich hangle mich mit dem Blick auf den Jahreskalender an der Kajütenwand von Woche zu Woche durch. Und dann definiere ich auf dem Weg zurück in die Zivilisation zeitliche Meilensteine: die Wiederkehr des Tageslichts, das Eintreffen des Packeises auf dem Woodfjord, die ersten Sonnenstrahlen, Seehundjagd auf dem Fjordeis, die Rückkehr der ersten Vögel, das Aufbrechen des Eises in der Lagune und schließlich der Aufbruch nach Hamburg. Aber so weit ist es noch lange nicht.

An Silvester war ich in viel besserer Stimmung, als ich nach den trüben Erfahrungen des Weihnachtsabends erwartet hatte. Von meinem Besuch auf dem Luxusdampfer *Bremen* im Spätsommer hatte ich noch eine Flasche Champagner für den Jahreswechsel aufgehoben. Der knallende Korken war das einzige Geräusch in der Neujahrsnacht in Mushamna. Als der Jahrtausendwechsel nahte, griff ich zum Glas. Aber trinken konnte ich nicht. Bei 20 Grad Kälte war der wenige Minuten zuvor eingeschenkte Champagner zu Eis gefroren. Aber ein alter Trapper lässt sich durch solche Kleinigkeiten nicht irritieren. Ich habe einfach aus der Magnum-Flasche geschlürft.

Um Mitternacht hatte ich einen leichten Schwips und tanzte unter dem Sternenhimmel mit den Hunden auf dem Eis. Ein Blick zum Himmel: Feuerwerk gab es natürlich nicht in der Nähe des Pols, aber kurz nach Mitternacht zauberte das Nordlicht bunte Kaskaden an den Himmel. Dabei wurde es so hell, dass man hätte lesen können. Meine ganze Eislagune mit dem eingefrorenen Schiff war in unwirkliches Geisterlicht getaucht. Ein lautloses Feuerwerk, exklusiv für mich. Zehn Minuten nach Mitternacht war das Spektakel vorbei, das Nordlicht verblasste. Ich schlurfte mit der leeren Flasche unter dem Arm zu meinem Schiff und kroch in die Kajüte.

Sonntag, 16. Januar 2000

In den letzten Tagen tobte ein wütender Sturm aus Süden, das Schiff bebte und legte sich auf die Seite. Alles steht wieder einmal schief, aber das kenne ich ja schon. Die raschen Wetterumschwünge hängen vermutlich mit der geographischen Lage von Spitzbergen zusammen. Durch die Corioliskräfte wird eine Nord-Süd-Luftströmung hier oben im hohen Norden viel stärker nach Westen abgelenkt als weiter südlich, was dazu führt, dass sich die Luftwirbel im Vergleich zu den gemäßigten Breiten verstärken. Dennoch – dieser Winter bringt auch für Spitzbergen ungewöhnlich starke Stürme und warme Temperaturen.

Ein alter Trapper berichtete mir über Funk, dass derart milde Temperaturen und eine so weit im Norden liegende Eisgrenze seit Jahrzehnten nicht mehr vorgekommen seien. Ob das mit den weltweiten Wetteranomalien zu tun hat? Ich hoffe nur, dass das Packeis vom Nordpol im Sommer nicht länger bleibt als in den letzten Jahren. Sonst kann ich Mushamna nicht verlassen. Im Augenblick rechne ich noch damit, spätestens Anfang Juli durch das aufbrechende Eis die Heimfahrt antreten zu können.

Durch das Schneetreiben der letzten Tage haben sich hohe Schneewehen auf dem Eis aufgetürmt. Die Dünenlandschaft erschwert mir den Blick auf das Treiben der Bären. Um die Mittagszeit zeigt sich jetzt von Tag zu Tag helleres Dämmerlicht, das mir und den Hunden ausgedehnte Spaziergänge und Skiausflüge erlaubt. Vielleicht bin ich durch die totale Finsternis der vergangenen Monate aber auch so bescheiden geworden, dass ich den schwachen Schein schon als ausreichendes Licht für Wanderungen im Eisbärenrevier empfinde. Wie dem auch sei – es ist wie eine Befreiung, jetzt wieder die unmittelbare Umgebung des Schiffs verlassen und durch die Gegend streifen zu können.

Jeden Tag gehen wir auf die Mole zwischen der Lagune und dem Woodfjord und schauen auf das plätschernde Meer: keine Spur von Eis. Aber wenigstens die Lagune ist jetzt fest zugefroren. Nur am Ufer klaffen wegen der Gezeiten breite Spalten. Die Höhendifferenz zwischen Hoch- und Niedrigwasser beträgt immerhin 1 bis 2 Meter, je nach Mondstand. Wenn sich das Eis hebt oder senkt, kracht und dröhnt es. Und unter der verharschten Schneedecke auf dem Eis schwappt noch immer ein matschiger Salzbrei.

Svarte und Bjosse genießen den regelmäßigen Tagesablauf mit ausreichendem Fressen und kleinen Spaziergängen. Sie sind ausgesprochen liebenswürdig – zueinander und mir gegenüber. Auf unseren Wanderungen laufen sie zwar gern ein Stück voraus, bleiben dann aber stehen und warten auf ihren etwas lahmen Herrn. Ich bleibe ziemlich oft stehen, peile die Eisbärenlage und bewundere bei klarem Wetter den Sternenhimmel.

Inzwischen kenne ich fast alle deutlichen Sternbilder, etwa 25 an der Zahl, und die meisten Sterne der ersten und zweiten Ordnung. Ich musste erst nach Spitzbergen fahren, um Zeit zu haben, mich mit dem Sternenhimmel vertraut zu machen. Ich hatte es immer schon vor, bin aber nie dazu gekommen. Das ist ein Vorteil der vielen Zeit, die manchmal still zu stehen scheint.

Höhepunkte im gleichförmigen Tagesablauf sind die gelegentlichen Gespräche über Funk mit meinen Kindern, mit Freunden, und ein oder zwei Mal wöchentlich Funkkontakt mit Trappern, die hier überwintern, und anderen Exoten wie Juerg und Ali auf ihrem Schiff *Sposmoker*. Dabei wird dann auch ziemlich viel geblödelt. Und wir entwickeln geistreiche Ideen, etwa wie man in Deutschland einige durch Korruption und Unbeweglichkeit paralysierte Politiker auf Trab bringen könnte. Zuweilen mag ich kaum glauben, was mir hier in meiner Einsamkeit über die Deutsche Welle zugetragen wird.

In der dunkelsten Polarnacht, noch vor Weihnachten, habe ich angefangen, Erzählungen aus meinem Dorf Wesel aufzuschreiben, die ich seit Jahren sammle. Es sind Erinnerungen der alten Leute aus guten und schlechten Zeiten. Daran arbeite ich jetzt täglich. Es gibt mir das Gefühl, neben meiner Forschungstätigkeit etwas Sinnvolles zu tun. Viele der Erzählungen habe ich auf Tonband aufgenommen und kann sie jetzt in aller Ruhe abhören. Es fällt mir nicht schwer, mich bei meiner derzeitigen Versorgungslage in das harte Alltagsleben und die Not der Kriegs- und Nachkriegsjahre auf dem Dorf hineinzuversetzen. Ich hoffe, dass ich eine lesbare Form der alten Geschichten hinbekomme.

Sonntag, 23. Januar 2000

Es ist Sonntag Nachmittag. Zu Hause habe ich diese Zeit immer sehr gemocht – es war so friedvoll, häufig nette Menschen zu Besuch, ein gutes Mittagessen, ein schöner Spaziergang oder eine kleine Wanderung mit dem Hund durch den Wald . Das sind so die Freuden, an die ich jetzt wehmütig zurückdenke, und ich hoffe, sie bald wieder genießen zu können. Ich glaube, so allmählich habe ich das Alleinsein satt und sehne mich nach einem Menschen, um Gedanken auszutauschen, Nähe zu spüren. Immer allein sein, der Natur, den Gefahren, der Einsamkeit und der Kälte ausgesetzt – das ist auf die Dauer nicht das Wahre.

Die ewige Dunkelheit will und will nicht weichen. Vor ein paar Tagen habe ich doch mittags Licht am Himmel im Süden gesehen.

War das nur Einbildung? Wunschdenken? Jetzt ist wieder alles dunkel, dazu pausenlos Schneegestöber, undurchdringliches Grau überall. Draußen ist es sehr ungemütlich, der eiskalte Wind peitscht einem Schnee und Eiskristalle ins Gesicht, und sogar die Hunde bleiben zusammengerollt im Schnee liegen und schlafen.

Die Temperaturen gehen zwischen minus 10 und 20 Grad spazieren. Vorbei ist es mit den Wanderungen. Der tägliche Bewegungsradius hat sich wieder einmal auf die unmittelbare Umgebung von *Mesuf* reduziert. So ist das eben hier am Nordpol. Freilich könnte es noch schlimmer sein, noch kälter, noch unsicherer, fatale Eispressungen am Schiff, Krankheit und tiefe Niedergeschlagenheit. Den Umständen entsprechend geht es mir eigentlich glänzend. Trotzdem dürfte die dunkle, eisige, einsame Gefangenschaft endlich ein Ende haben.

Im Woodfjord ist noch immer kein Eis. Als es einige Tage lang um 20 Grad Kälte hatte, füllte sich die Bucht mit Eisschollen, aber keine 24 Stunden später blies der Südostwind alles wieder weg. Dabei warte ich sehnsüchtig auf die großen Eisbrocken vom Nordpol, weil ich hoffe, bei den Eis- und Bakterienuntersuchungen etwas Neues zu entdecken. Bis dahin schreibe ich weiter an meinen »Geschichten aus Wesel und Spitzbergen«. Es wird nun doch ein Gemisch aus den Erinnerungen der Dorfbewohner und meinen Reflexionen über das Leben in Mushamna.

Heute Vormittag habe ich mal wieder in den Tagebüchern der Trapper geschmökert, die 1872/73 in dieser Gegend zu überwintern versuchten. Die 17 Mann im Schwedenhaus litten Ende Januar fast alle unter Skorbut. Am 19. Januar starben die ersten zwei. Heute vor 127 Jahren heißt es in ihrem Tagebuch: »Die Krankheit wütet in höchstem Maße, nur noch drei Mann sind gesund!«

Den beiden einsamen Jägern auf Gråhuken, Mathilas und Gabriel, erging es auch nicht besser. Das Tagebuch führte jetzt der junge Gabriel weiter. Am 12. Januar schrieb er:

»Heute war ich an Bord unseres Schiffes *Elida*, aber zu den beiden anderen inzwischen ebenfalls gestrandeten Booten kann ich nicht gelangen. Es war sehr schlechtes Eis, aber die Slup war fort, jedenfalls konnte ich sie nicht mehr sehen. Sie war einfach verschwunden, und die anderen drei Schiffe sind zerstört und fast gesunken. Leck geschlagen hängen sie an der Eiskante, allen fehlt schon der Bugspriet und das Schanzkleid, alles ist zerstört. Der Skipper (Mathilas) ist seit langem krank und liegt in der Koje. Er war seit drei Tagen nicht mehr auf. Es ist traurig für mich, hier allein herumzulaufen, aber leider können wir nirgends hingelangen, um Hilfe zu erhalten.«

15. Januar: »Der Skipper liegt immer noch krank darnieder, und es wird immer schlimmer statt besser. Ich selbst habe inzwischen auch Schmerzen in den Füßen, aber noch stehe ich aufrecht.«

19. Januar: »Ständig besuchen uns Bären. Gegen fünf Uhr kroch ich mit der Flinte nach draußen und schoss auf einen Eisbären, aber ich weiß nicht, ob ich getroffen habe oder ob der Schuss vorbeiging, es war so dunkel.«

Offenbar ist es den beiden nicht gelungen, einen Bären zu erlegen. Sie bekamen kein frisches Fleisch, und der Skorbut wurde schlimmer.

24. Januar: »Der Skipper liegt krank da, aber ich bin noch auf, ich gehe jeden Tag hinaus und ziehe einen Schlitten mit einem schweren Stein um unsere Hütte, um meine Füße in Bewegung zu halten.«

31. Januar: »Es ist immer noch kein Eis gekommen, und die *Svan* ist verschwunden, ich weiß nicht, wohin. Eigentlich wollte ich heute rausgehen, aber ich musste wieder zurückkriechen. Es ging mir so schlecht, dass ich nicht mehr stehen konnte. Der Skipper liegt nach wie vor. Möge Gott uns beistehen!«

Vielleicht hat diese traurige Lektüre heute auf mein Gemüt gedrückt.

Sonntag, 30. Januar 2000

Heute war es um die Mittagszeit doch schon merklich heller als in den vergangenen Tagen. Das war keine Täuschung. Der Himmel ist klar, fast ohne Wolken und Nebelschwaden – im Winter in dieser Region eine Seltenheit. Allerdings bläst heute ein kräftiger Ostwind. Bei 15 Grad minus heißt das: schneidende, bittere Kälte. Ich bin mit den Hunden über die Lagune bis auf die Mole gewandert. Im Schneetreiben hatte ich das Gefühl, durch ein wogendes Meer zu stapfen. Auf dem Rückweg musste ich ziemlich gegen den Wind ankämpfen und mich mühsam Schritt für Schritt in meiner alten Fußspur zurückarbeiten. Ich glaube, wenn mal ein richtiger Schneesturm tobt, darf ich meine Kräfte nicht überschätzen, sonst ende ich noch als Ötzi von Mushamna.

Ich arbeite wieder an meinem Bakterien-Forschungsprogramm. Jetzt, wo das Licht zunimmt, werden Algen und Plankton wieder wachsen. Das will ich systematisch untersuchen. Ich habe auch erste Rückmeldungen aus Hamburg zu meinen Proben bekommen. Professor Antranikian teilte mir über Funk mit, sein aus über 20 Forschern bestehendes Team habe darin 23 verschiedene Bakterienarten identifiziert, darunter auch völlig unbekannte. Aus den Bakterien wurden bereits Enzyme isoliert, die bei Temperaturen um den Gefrierpunkt ausgezeichnet arbeiten.

Von Professor Wolter erhielt ich die Nachricht, dass am 1. und 2. März in Hamburg eine Tagung mit hochkarätigen Wissenschaftlern stattfindet, die sich mit dem Thema »Ursprung und Wesen des Lebens« befasst. Ich soll über Funk daran teilnehmen. Ob das klappt? Jedenfalls bin ich froh, dass das Thema auf so großes Interesse stößt.

Mein Funkgerät macht mir Sorgen. Ich bekomme keine Verbindung zu Svalbard Radio, der Stelle in Longyearbyen, die sämtliche Telefongespräche vermittelt. Vielleicht ist daran das Eis schuld, das alle Geräte, Kabelstecker und Isolatoren überzieht. Heute habe ich versucht, die Eisschichten abzubürsten und die Isolatoren mit Spiritus abzureiben. Mal sehen, ob es geholfen hat. Heute Abend möchte ich versuchen, meine Tochter Kerstin anzurufen.

Auch in der geheizten Kajüte wird es am Tag kaum wärmer als 10 bis 12 Grad. Gegen den schneidend kalten Wind kommt mein Öfchen nicht an. Dabei heize ich nur von 2 Uhr mittags bis 10 Uhr abends, um Brennstoff zu sparen. Wenn ich morgens aus meinem Schlafsack krieche, zeigt das Innenthermometer jetzt immer 2 bis 3 Grad unter null.

20 Die Polarnacht geht
Das Licht kehrt zurück

Sonntag, 13. Februar 2000

Das Licht ist zurückgekommen. Sofort stellt sich ein ganz anderer Lebensrhythmus ein. Ich bin jetzt jeden Tag drei bis vier Stunden draußen, mache mit den Hunden weite Ausflüge und widme mich der Eis- und Bakterienuntersuchung. Der Himmel schimmert in zarten Pastellfarben, dazu die tief verschneiten Gipfel – ein faszinierender Anblick. Über die Berge wandert der Mond, der auch um die Mittagszeit sichtbar bleibt und das Bild von abweisender Kälte und Ruhe unterstreicht.

Jeden Tag gehe ich zum Woodfjord, um nach dem Eis zu sehen, das kommt und geht. Mal sind es mächtige Eisschollen, die in die Bucht hereintreiben, mal verschwinden die Eisfelder über Nacht, dann wieder ist das Meer mit Pancake-Eis bedeckt; so nennt man die Brocken, die dadurch, dass sie aneinander stoßen, rund wie Teller oder Pfannkuchen werden.

Neulich saß ich lange auf einem Eisblock am Strand und lauschte einer Orchesterprobe: Solo für Eis – Stöhnen, Ächzen, Seufzen, Pfeifen, Trillern und Zwitschern wie ein Kanarienvogel, wenn Blöcke, Schichten und Kanten sich bewegen, aneinander stoßen, reiben, brechen.

Auch die Robben genießen das zurückgekehrte Licht und liegen mittags auf dem Eis. Da werden die Bären nicht weit sein, dachte ich mir. Und wirklich, nachts um 4 Uhr scheuchten mich Lärm und Hundegebell aus dem Schlafsack. Aber der Störenfried verzog sich. Lärm und Taschenlampenblitze gingen ihm vermutlich auf die Nerven. Am nächsten Tag war er wieder da, ein Riesenkerl, aber nicht besonders aggressiv. Als er sich 50 Meter von *Mesuf* entfernt auf Beobachtungsposten legte, schlug ich mit den Blechnäpfen der Hunde einen Riesenradau und ging auf den Bären zu. Ein alter Trappertrick, der angeblich in 90 Prozent der Fälle funktioniert, wenn man beherzt auftritt.

Ich bemühte mich, möglichst entschlossen zu wirken, als ich auf den Bären losmarschierte. Noch 40 Meter, noch 30 – verdammt, jetzt müsste der Trick eigentlich wirken! Endlich, bei 25 Metern, erhob sich der Bär, drehte sich hoheitsvoll um und trottete davon. Ich trommelte noch einen Abschiedssalut, und der ungebetene Gast galoppierte ab in den Schnee. Dennoch, die ganze Umgebung ist durchzogen von frischen Bärenspuren. Ich muss bei meinen Wanderungen also wieder vorsichtig sein.

Vor ein paar Tagen meldete sich über Funk der ehemalige Trapper Trond. Er will mich Anfang März mit zwei Kameraden mit dem Schneemobil besuchen. Das wäre schön. Dann bekäme ich Post und könnte Briefe abschicken. Und vor allem: Ich würde wieder Menschen treffen. Aber ob bis dahin das Eis auf den Fjorden sicher genug ist? Von Longyearbyen aus ist es mit dem Schneemobil ein sehr weiter Weg, auf dem viele Fjorde überquert werden müssen.

In Spitzbergen, so heißt es, fängt der Winter erst am 1. Februar an. Dann wird es richtig kalt, und das Eis wird dick und sicher. Zurzeit habe ich in der Nähe meines eingefrorenen Schiffs eine Eisstärke von 80 Zentimetern, die jetzt rasch zuzunehmen scheint.

Meine Aufzeichnungen über die alten Erzählungen aus dem Heidedorf Wesel sind jetzt fertig. Ich will sie als kleines Buch binden lassen, als Geschenk für die Menschen, die mich so freundlich aufgenommen haben.

Dienstag, 22. Februar 2000

Zehn Tage ist es her, dass ich die letzte Tagebucheintragung gemacht habe. Das liegt nicht an der Ereignislosigkeit meines Daseins, sondern am Ende der Polarnacht. Ich habe keine Lust, drinnen in der engen, dunklen Kajüte zu sitzen und zu schreiben. Ich will raus, Luft und Licht genießen, mit den Hunden und auf Skiern die Gegend erkunden, Eisbären, Vögel und die Landschaft beobachten. Nach der monatelangen Dunkelheit empfinde ich das Licht als körperliche Wohltat.

Das Wetter ist in letzter Zeit wechselhaft. Die Temperaturen springen zwischen fast minus 30 und null Grad hin und her, oft innerhalb weniger Stunden. Dann bricht ein heftiger Wind los, der den Pulverschnee über den Boden treibt. Ich bin jeden Tag drei bis vier Stunden unterwegs, meistens auf Skiern. Die Hunde binde ich an einen breiten Gürtel und lasse mich ziehen. Bergab sind die beiden jedes Mal verblüfft, dass ich schneller laufen kann als sie.

Heute habe ich zum ersten Mal wieder Vögel gesehen. 14 Teisten tummelten sich auf dem Woodfjord an der gezackten Eiskante. Die kleinen Vögel tauchen unter das Eis, weil dort der Tisch mit Algen, Krebsen und Mikroorganismen reich für sie gedeckt ist. Auch die Eissturmvögel erkunden schon einmal die zukünftigen Brutplätze. Das Leben kehrt nach Spitzbergen zurück. Die Polarnacht ist endgültig vorbei.

Vor ein paar Tagen musste ich zum Zahnarzt. Bei einem der Winterstürme hatte mir eine Bö meinen Schnee-Eimer ins Gesicht geschlagen. Das ist einem Zahn gar nicht gut bekommen. Er hat einen Sprung, wackelt und tut weh. Das wurde langsam lästig; daher beschloss ich, die Zahnreste zu ziehen. Aber womit? Ich inspizierte meine Werkzeugkiste und beförderte eine kleine, spitze Zange, mit der ich sonst den Ofen repariere, zum Zahnarztinstrument. Nach einer oder vielleicht auch zwei Portionen Rum war mein Mut gewachsen und die Schmerzempfindlichkeit so weit gesunken, dass ich die Operation ohne Komplikationen durchführen konnte. Der Zahn ist raus, die Schmerzen sind weg, die Zange flog wieder in die Werkzeugkiste. Ich werde der Krankenkasse die Rechnung schicken.

Letzten Sonntag meldete sich mein alter Freund Trond wieder über Funk. Er hat vor einem Jahr geheiratet; seine Frau Kristin stammt von den Lofoten. Ende Januar kam das erste Kind zur Welt, ein Mädchen namens Andrea. Jetzt soll ich Pate werden. Ich fühle mich geehrt und bin gerührt. Ich habe gerne zugesagt. Trond meint, sie würden hoffen, dass sich durch die Patenschaft ein bisschen von meiner Verrücktheit auf das Kind überträgt.

Seit es wieder hell ist, denke ich öfter an die Überwinterer vor 127 Jahren. Mathilas und Gabriel waren in ihrer Nothütte schwer an Skorbut erkrankt. Sie mussten zusehen, wie das Eis die Schiffe zerstörte. Ihre letzten Tagebucheintragungen klingen verzweifelt.

> **3. Februar:** »Heute hatten wir Nordweststurm, klare Luft den ganzen Tag und strengen Frost, immer noch kein Eis auf dem Meer! Heute ging es mir so schlecht, dass ich nicht hinausgekommen bin. Ich konnte mit Müh und Not etwas Essen für uns kochen – und der Skipper liegt in seiner Koje, er kommt nicht mehr hoch. Es sieht schlimm für uns aus. Der Herr möge uns beistehen.«
> **8. Februar:** »Westlicher Wind und nachmittags Nordoststurm, Schneetreiben den ganzen Tag. Kein Eis auf dem Meer, und mir geht es von Tag zu Tag schlechter. Es sieht so aus, als ob die letzte Stunde gekommen wäre. Das Meer draußen brandet gewaltig. Die Wellen kommen sehr weit herauf und erreichen fast unser Zelt; wenn es noch schlimmer wird, sind wir verloren. Gott sei unseren armen Seelen gnädig.«
> **10. Februar:** »Heute weiß ich nichts von Wind und Wetter, so schlecht geht es uns. Wir kommen nicht mehr hinaus, aber ich glaube, die Eisschollen sind jetzt angetrieben, wir hören keinen Seegang mehr, und wir sehen vor uns nichts mehr als den Tod. Heute machten wir ein kleines Feuer im Ofen. Aber ich kann kaum mehr Holz für das nächste Mal hacken. Wir werden beide erfrieren und verhungern, wenn Gott uns nicht hilft. Der Skipper liegt jetzt seit einem Monat fest in der Koje. Gott steh uns bei, ich glaube, er wird uns helfen.«
> **11. Februar:** »Über das Wetter kann ich nichts sagen, weil wir nicht hinaus konnten, so schlecht geht es uns.«

12. Februar: »Heute genauso.«

13. Februar: »Heute genauso, ich war nicht draußen.«

14. Februar: »Abends bin ich auf dem Bauch nach draußen gekrochen, aber ich musste gleich wieder umkehren.«

15. Februar: »Heute bin ich zwischen 3 und 4 Uhr hinausgekrochen. Kein Wind zu hören, aber strenger Frost. Einmal ein kleines Feuer im Ofen und eine Mahlzeit, und uns geht es unverändert schlecht. Gott steh uns bei.«

16. Februar: »Nachmittags war ich kurz draußen und habe etwas Brennholz geholt. Heute geht es dem Skipper sehr schlecht, Gott weiß, ob er noch ein paar Tage leben wird, und mir geht es fast genauso schlecht. Gott steh uns bei, wir haben keinen anderen Freund.«

17. Februar: »Heute war ich nicht draußen, aber es herrschte ein Sturm, ich weiß jedoch nicht, aus welcher Richtung. Einmal hatten wir etwas Wärme im Ofen. Gott steh uns bei.«

18. Februar: »Heute war ich draußen und habe etwas zu essen gemacht; jetzt am Nachmittag war ich nicht in der Lage, für morgen etwas Holz zu hacken. Ich bin nicht sicher, ob ich das noch schaffe, und es geht jeden Tag schlechter; wir sehen keine Hilfe, wenn sich Gott nicht bald unser erbarmt. Gott sei unseren armen Seelen gnädig, darum bitte ich!«

Dies war die letzte Tagebucheintragung. Am 17. Mai wurden die beiden Männer von einem anderen Fänger namens Johan tot in ihrer Hütte aufgefunden.

Bis hierher, bis Ende Februar, haben mich Mathilas und Gabriel während meiner Überwinterung begleitet. Ich habe oft an sie gedacht. Damals um diese Zeit waren sie bereits tot. Sie werden mir fehlen.

Den 17 Männern im schwedischen Spukhaus erging es nicht besser. Am 23. Februar starb der Dritte der ursprünglich kräftigen jungen Männer. Die Übrigen waren alle krank. Die letzte Tagebucheintragung stammt vom 19. April. Bis dahin waren 14 Männer gestorben.

Mittwoch, 23. Februar 2000

Tagsüber ist es jetzt schon sehr hell, die Sonne scheint auf die Bergkuppen, und ich genieße die Aussicht auf die tief verschneite, stille Landschaft. Die Tage fließen ruhig dahin, die Angst vor den Herbststürmen, der grausig einsamen Polarnacht, vor den um mein Schiff aufbrechenden Eisfeldern und den angriffslustigen Eisbären ist verflogen. So ist das mit uns Menschen: Ängste sind sehr schnell vergessen, sobald alles wieder freundlicher aussieht. Ich glaube, es ist die Sonne, die Lebensmut und Freude verbreitet.

Es ist bitterkalt geworden, bis 30 Grad unter null. Die Landschaft liegt wie in Totenstarre. Nichts bewegt sich, alle Lebewesen haben sich in einen Schlupfwinkel zurückgezogen. Sogar die Hunde schlafen eingerollt, um in der arktischen Kälte Energie zu sparen. Wenn ich ihnen morgens ihr Futter serviere, sind sie zwar begeistert, aber sie folgen mir nur widerwillig auf den täglichen Ausflug. Zögernd staksen sie durch den verharschten Schnee, humpeln manchmal auf drei Beinen, um die Kälte von den Pfoten fern zu halten. Aber ich bin unerbittlich – nicht nur den Hunden, auch mir gegenüber! Wir müssen jeden Tag raus, uns bewegen, den Körper auf Trab halten und der Kälte widerstehen. Nach der ersten halben Stunde geht es besser, die Hunde springen munter umher, und auch aus meinem Körper weicht die Starre.

Vor zwei Tagen packte mich die Sehnsucht nach warmen Sonnenstrahlen. Ich machte mich auf den Weg zu einem Berggipfel in der Nähe, auf den die Sonne schien. Vier Stunden brauchte ich – ein anstrengendes Unternehmen. Man vertut sich hier in der Weite der Arktis leicht bei der Einschätzung von Entfernungen. Alles scheint zum Greifen nah. Das liegt wohl an der klaren Luft und dem weichen Licht. Diesmal erging es mir genauso, der Berg wollte und wollte einfach nicht näher kommen. Als wir an seinem Fuß ankamen, waren wir schon ziemlich erschöpft. Und ich hatte es eilig. Ich wollte doch die Sonne noch erreichen. Aber die befand sich schon auf dem Rückzug.

Eisschollen und Pancake-Eis auf dem Isfjord

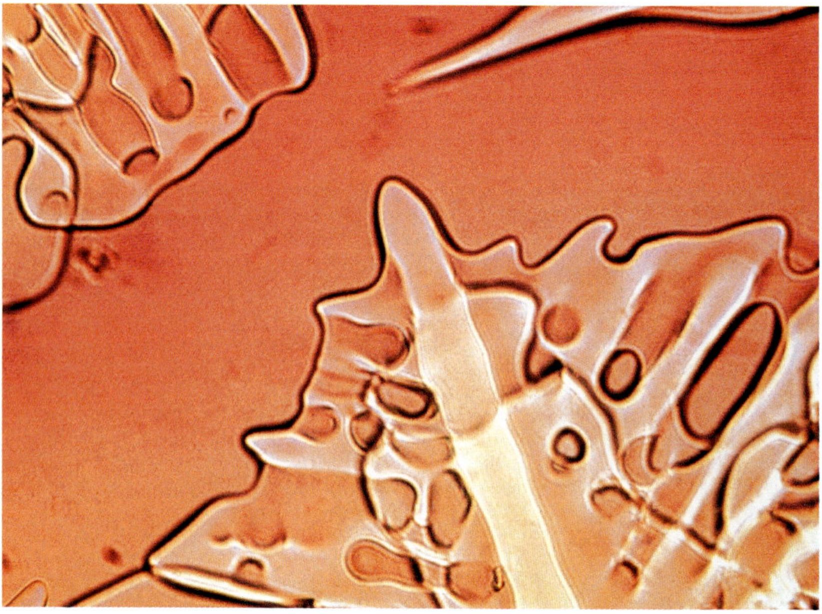

Auf der Meeresoberfläche wachsen Eiskristalle
und formen schließlich lange Kristallnadeln.

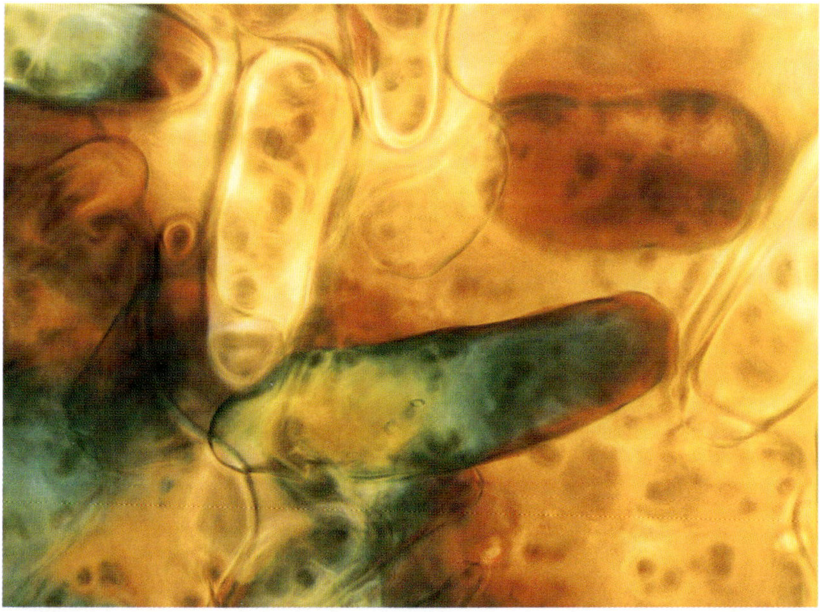

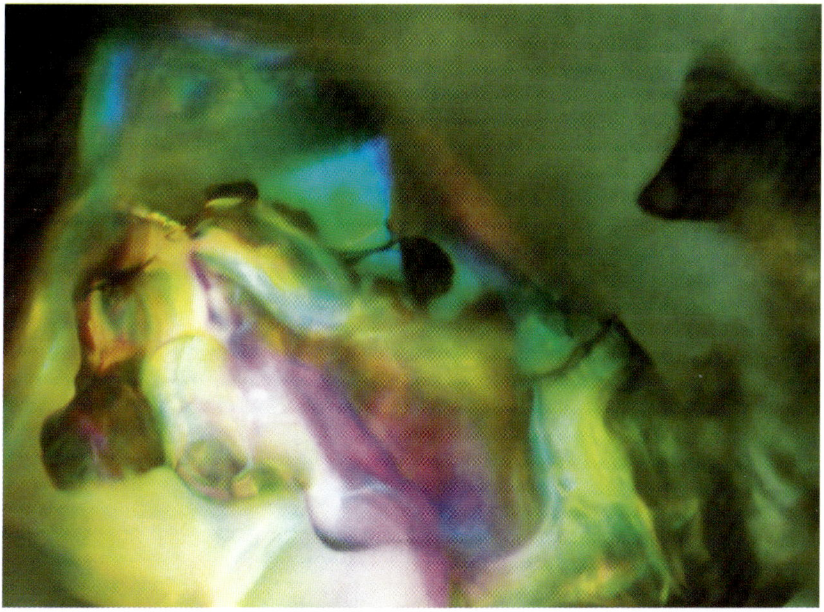

Die Eisnadeln treffen zusammen und bilden Zellen mit abgerundeten Oberflächen; dazwischen entstehen winzige Kanäle.

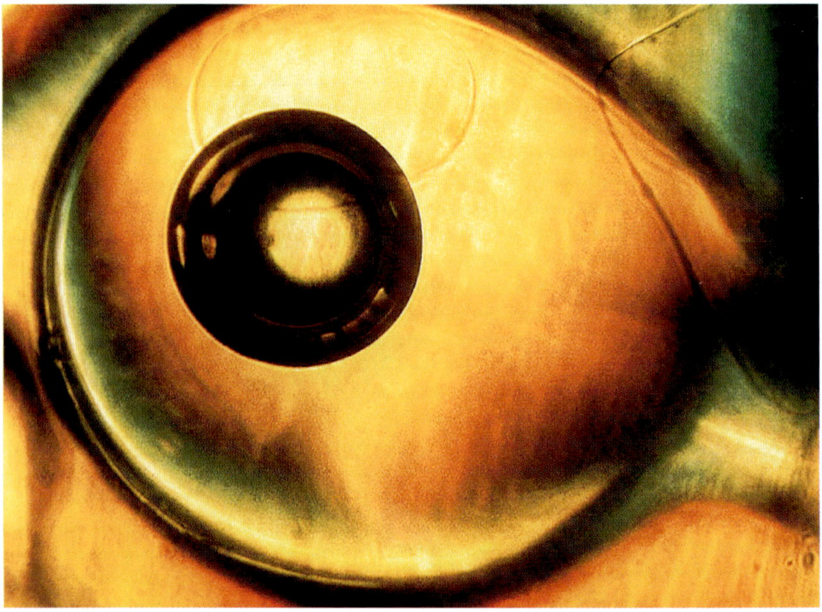

Die Eiszellen werden von hauchdünnen Membranen umhüllt.
Salzkristalle wachsen und vergehen im Eisgefüge.

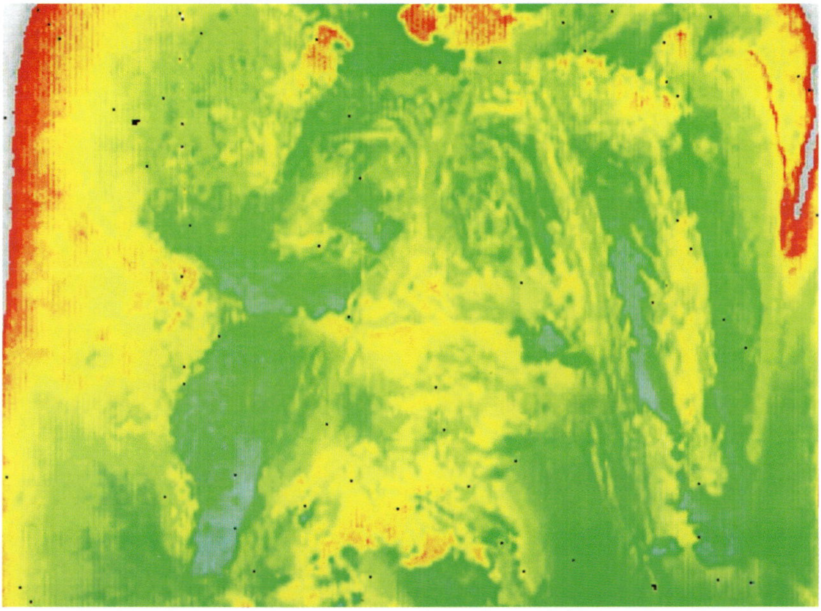

Eine Wärmebildkamera macht Temperaturunterschiede sichtbar.
Im Eis werden mineralische und organische Teilchen eingebettet.

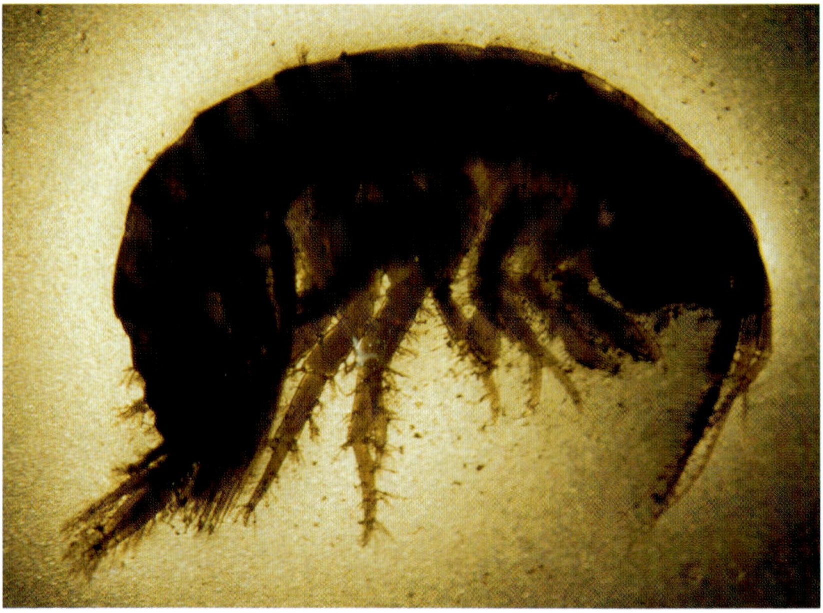

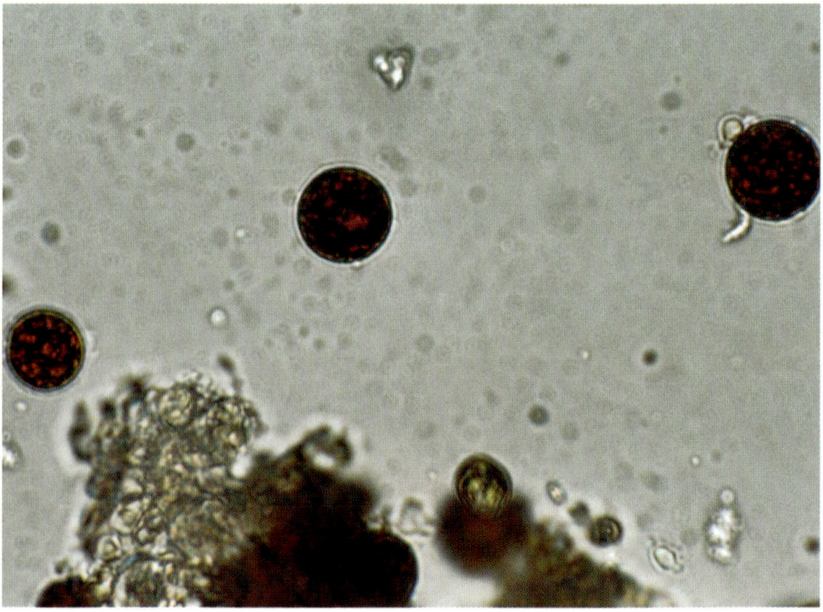

In den Eisspalten leben nicht nur Krebse, Schnecken und Fische, sondern auch Kolonien von Algen und Plankton.

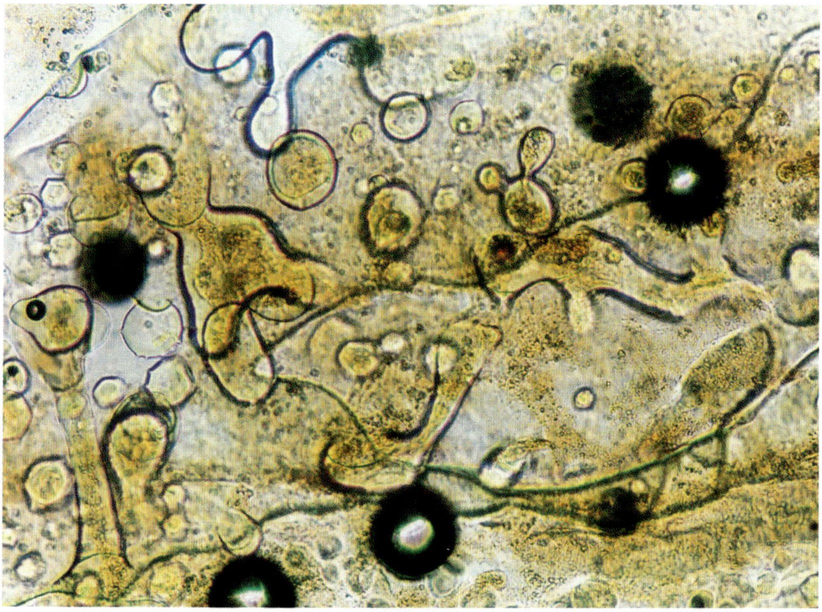

Im Eis wimmelt es nur so von Mikroorganismen, die sich besonders auf Grenzschichten (*oben*) ansiedeln.

Beim Altern des Eises wachsen an der Unterseite Eisstalaktiten.

Der Berghang war steil, vereist und spiegelglatt. Auf Händen und Füßen kroch ich mit den Hunden hinauf. Aber die beiden waren mit ihren vier Pfoten für den Aufstieg viel besser gerüstet als ich mit meiner dicken Jacke und den klobigen Schneestiefeln. Als wir endlich oben ankamen, war die Sonne natürlich weg. Gelohnt hat es sich trotzdem. Ich hatte einen wunderbaren Weitblick über das eisige Meer, auf dem nur vereinzelte Eisschollen trieben. Ich glaube, ich konnte den Nordpol sehen! Jedenfalls habe ich es mir eingebildet.

Abwärts. Einen glatten Steilhang hinunterzukrabbeln ist eine ziemlich mühsame Angelegenheit. Svarte und Bjosse hatten den Bogen schnell raus. Auf allen vieren, etwas breitbeinig, rutschten sie einfach wie zwei Schlitten zu Tal. Auf halbem Wege bremsten sie sehr elegant, legten sich auf die Eisfläche und blickten erwartungsvoll zu mir hoch. Ihr Gesichtsausdruck sagte deutlich: »Na, Alter, mach das mal nach!« Warum eigentlich nicht? Ich setzte mich auf den Hosenboden und preschte in voller Fahrt an den verdutzten Hunden vorbei.

Dienstag, 29. Februar 2000

In den vergangenen Monaten habe ich mir einen einfachen – man kann auch sagen primitiven – Lebensstil angewöhnt. Vieles, was ich früher für unverzichtbar hielt – frische Wäsche, morgendliche Rasur, Rechnungen bezahlen, Zeitung lesen, pünktlich zur Arbeit, Meinungsaustausch mit anderen, Delikatessen einkaufen –, scheint mir jetzt unwichtig. Alles eine Frage des Standpunkts und der Lebenssituation. Meine derzeitigen Probleme und Nöte sind abgefrorene Fingerspitzen, der klemmende Reißverschluss meines Parka, der Schimmel auf dem Käse, der verloren gegangene Handschuh oder auch die Sorge um meine knappen Lebensmittelvorräte.

Menschen der Überflussgesellschaft können das sicher kaum nachvollziehen. Für mich ist es eine interessante und wichtige Erfahrung. Innerhalb weniger Wochen habe ich mich aus einem hektischen Leben voll vermeintlich wichtiger Dinge und mit einem Übermaß an Kommunikation und Information verabschiedet oder sogar davon befreit. Und nun sitze ich wie verzaubert in der menschenleeren und ziemlich rauen Naturlandschaft. Einfach so. Hokuspokus fidibus!

Hier bin ich ganz allein auf mich angewiesen – ohne Rücksicht nehmen zu müssen auf die Meinung anderer, ohne mich an irgendwelche Konventionen halten zu müssen, ja fast auch ohne Pflichten gegenüber den Mitmenschen; aber natürlich auch ohne das vertraute System aus Sicherheit und Komfort, ohne Netz gewissermaßen.

Seit mein Vertrauen in die eigenen Fähigkeiten gewachsen ist und ich mich wohl zu fühlen beginne, erscheint mir der Alltag der vergangenen Jahre wie ein Alptraum. Was war das für ein Herumgerenne, was für eine Wichtigtuerei, mit all den Eitelkeiten, dem Machtstreben, dem raffinierten Taktieren! Zugegeben, meine derzeitige etwas weltferne Geisteshaltung kann nicht Maßstab für den Konkurrenzkampf in der Gesellschaft sein. Dennoch ist es wohltuend, in dieser Extremsituation wie auf einer Wolke auf das Gewimmel zu Hause zurückzublicken und sich darüber Gedanken zu machen. Ich glaube, dass ich nie wieder in diese Hektik zurückkehren möchte. Ich will nicht mehr Zielen hinterherhecheln, die ich jetzt, nach dieser Erfahrung, nicht mehr ernst nehmen kann. Ich brauche den Komfort nicht mehr und auch nicht die ultimative Sicherheit. Ich habe gelernt, mit welch bescheidenen Habseligkeiten man glücklich sein kann. Informationsvielfalt, Geld, Einfluss, Ehrgeiz, Macht? Ich weiß jetzt was Besseres!

Welche Konsequenzen ergeben sich daraus nach meiner Rückkehr in die Zivilisation? Ich weiß es noch nicht. Sicher ist, dass ich nicht weitermache, als wäre nichts geschehen. Ich habe das Gefühl, aufgewacht zu sein. Ich brauche weder 25 Fernsehkanäle noch Internet. Ich glaube, dass sich die Gesellschaft auf einem falschen Weg befindet. Wehleidigkeit, Wohlstand, Bequemlichkeit und Konsumzwang führen nur zu Orientierungslosigkeit und lähmen jegliche Eigeninitiative.

Donnerstag, 2. März 2000

Mein stilles Eremitendasein wird zurzeit ganz gehörig gestört. Gerade werde ich auf meinem einsamen Außenposten vorübergehend an das pulsierende Leben von Hamburg angekoppelt. Mein Freund Dietmar Wolter hat Ernst gemacht und eine kleine Tagung über die mögliche Entstehung des Lebens im Eis vorbereitet. Namhafte Wissenschaftler wurden eingeladen. Und ich soll mich über Funk einschalten und ebenfalls meinen Senf dazugeben. Das gibt mir Gelegenheit, ein bisschen von meinen Gedanken und Beobachtungen mitzuteilen. Andererseits versetzt mich die Erwartung der Tagungsteilnehmer auch in Aufregung. So viel Unruhe bin ich nicht mehr gewöhnt. Zu allem Überfluss belästigt mich auch wieder ein Eisbär.

Gestern Nacht wanderte ich in tiefer Dunkelheit um mein Schiff und bewunderte, vielleicht zum letzten Mal, weil die Nächte jetzt sehr rasch kürzer und heller werden, den Sternenhimmel mit dem Nordlicht und den vertrauten Sternbildern. Da waren sie, der funkelnde Aldebaran – das Auge des Stiers –, die Plejaden – jene Schar fliehender Mädchen –, der majestätische Schwan hinter dem dahinsegelnden Adler, der Bärenhüter Arcturus, die Zwillinge und der Jäger Orion, Pegasus, Herkules, der Große und der Kleine Wagen und wie sie alle heißen. So wunderbar klare Sternbilder werde ich in Deutschland nicht mehr zu sehen bekommen.

Während ich wie Hans-guck-in-die-Luft durch den Schnee stapfte, setzte sich ein Gedanke in meinem Kopf fest: über mir die Abermillionen funkelnder Sterne als überwältigender Beweis für die faszinierende Schöpfung, entstanden durch den von Physikern angenommenen Urknall des Universums; und unter mir, im meterdicken Meereseis, die vielen winzigen Keimzellen des Lebens. Ich begann zu rechnen und kam zu dem Ergebnis, dass es ungefähr so viele Sterne im Universum gibt wie Eiszellen auf der Erde. Und ich kleiner Mensch stehe dazwischen.

Während ich nachdenklich um mein Schiff herumging, wurden die Hunde unruhig. Ich dachte, sie würden auf Leckerbissen warten.

Aber diesmal waren sie besonders ungeduldig, zerrten an den Leinen, knurrten und schnauften, so dass ich mich kaum mehr auf die Sterne konzentrieren konnte. Plötzlich eine Bewegung. Ich knipse die Taschenlampe an – und vor mir steht ein Bär! Er blickt etwas unschlüssig ins Licht. Seine Augen blitzen wie kleine Spiegel. Glück für mich. Ich flüchte mit ein paar Sprüngen, schnappe mir die beiden Hundenäpfe und schlage Krach. Der Bär verschwindet in der Dunkelheit. Pech für ihn.

Am nächsten Tag verraten mir die Spuren im Schnee, dass der nächtliche Besucher mehrfach ums Schiff geschlichen ist und sich sehr geschickt an mich herangepirscht hat. Die Hunde haben sich wieder einmal als Leibwächter bewährt. Verflixt, ich darf nicht nachlässig werden!

Die Tagung ist vorüber, der Bär verschwunden. Nichts stört mehr mein friedliches Leben. Ich hoffe jetzt auf einen Besuch von Trond, der mit zwei Kumpels per Schneemobil kommen wollte. Aber von Longyearbyen aus ist das eine weite, gefährliche Fahrt: zwei Tage über Gletscher, Gebirge und Fjorde, die mit tückischem Eis bedeckt sind. Ich habe ihm über Funk von seinem Vorhaben abgeraten und ihm von den unsicheren Eisverhältnissen im Woodfjord berichtet. Aber schließlich kennt er Spitzbergen wie seine Parkatasche, und ich würde mich über einen Besuch schon sehr freuen. Mal wieder mit netten Menschen plaudern und Neuigkeiten über sein Töchterchen Andrea, mein zukünftiges Patenkind, erfahren. Jeden Tag lausche ich in die Stille, ob nicht irgendwo das Brummen eines Motorschlittens zu hören ist.

21 Die Sonne kommt wieder
Frühling bei minus 40 Grad

Sonntag, 5. März 2000

Der erhoffte Besuch fand nicht statt. Schade. Dabei hatte ich schon Brot gebacken, eine leckere Mahlzeit aus meinen spärlichen Vorräten zusammengestellt, die Bude gut aufgeräumt, den Hunden von dem bevorstehenden Ereignis berichtet, bis sie schließlich auch ganz aufgeregt waren, und dann: nichts! Das ist wie niesen wollen und nicht können. Über Funk sagte Trond, dass die Schnee- und Eisverhältnisse zu kritisch seien. Vielleicht ein andermal. Jetzt habe ich schon seit drei Monaten keinen Menschen mehr gesehen, da kommt es auf ein paar Wochen mehr auch nicht an. Ich übe mich in Geduld.

Dafür habe ich die Sonne gesehen. Am 3. März, genau um 14 Uhr. Ich bemerkte den Sonnenschein nicht weit vom Schiff entfernt, der auf den gezackten Eisgebirgen am Strand des Woodfjords schimmerte. Sofort stürmte ich mit den Hunden los, um dieses Mal rechtzeitig da zu sein, bevor die Sonnenstrahlen wieder verschwinden. Im Dauerlauf ging es durch den knirschenden Schnee. Geschafft! Und dann saß ich ganz glücklich und andächtig zwischen den Hunden im Schnee und betrachtete das Wunder der wieder geborenen Sonne. Zwischen zwei Felszacken weit hinten am Ende des Woodfjords zeigte sie sich, rot funkelnd. Plötzlich erstrahlten das Eis, die Schneewehen, die Berghänge, sogar die Augen der Hunde. Nach ein paar Minuten war sie wieder hinter den Bergen verschwunden. Wie im Theater. Vorhang. Aus. Wir blieben noch ein Weilchen sitzen, bis mich die grimmige Kälte aus meinen Träumen riss.

Kälte. Jetzt wird es erst richtig frostig. In einer Nacht fiel die Temperatur bis auf minus 39 Grad. Dagegen kommt mein kleiner Ofen nicht an. In der Kajüte wird es nicht wärmer als plus 10 Grad, aber im Vergleich zu draußen ist das geradezu mollig. Und immerhin um 20 Grad wärmer als morgens beim Aufstehen. Da ist alles Flüssige, Wasser oder auch Tee im Glas, hart gefroren, die Metallschrauben, Rahmen und Fensterluken sind mit einer dicken Reifschicht überzogen. Sieht eigentlich ganz hübsch aus.

Bei dieser extremen Kälte muss man aufpassen, dass man sich keine Erfrierungen holt. Besonders das Fotografieren und Filmen draußen wird zur Qual. Die Geräte trage ich, damit sie nicht streiken, in einem Rucksack mit Wärmflasche. Aber allein das Auspacken der Kameras und das Einstellen mit bloßen Fingern ist mühsam und schmerzhaft. Die Fingerspitzen gefrieren innerhalb nur einer Minute, sie werden erst weiß und tun weh, und schließlich hat man kein Gefühl mehr. Dann ist es höchste Zeit, sie wieder aufzutauen um bleibende Schäden zu verhindern. Einfach wieder die Handschuhe anziehen hilft nicht mehr. Ich stecke die Hände dann in die Hose zwischen meine bloßen Schenkel. Das ist zwar unangenehm, hilft aber. Irgendwann kommt der Schmerz, und dann kehrt Leben in die Finger zurück.

Beim Einatmen frieren mir bei dieser Kälte die Nasenflügel zusammen. Außerdem sind Nasenspitze und Kinn gefährdet. Und weil man beides nicht so einfach zum Auftauen zwischen die Schenkel packen kann, muss ich doppelt aufpassen. Meistens schlinge ich ein Tuch vor das ganze Gesicht und lasse nur für die Augen einen Sehschlitz.

Den Hunden macht diese barbarische Kälte wenig aus. Sie rollen sich eng zusammen und stecken dabei ihre feuchten, ungeschützten Nasen unter den Schwanz. So liegen sie stundenlang da und sparen Energie, damit der Körper nicht auskühlt. Wenn sie zwischendurch aus ihrer Regungslosigkeit aufwachen, putzen sie ständig an ihrem Fell herum, um zu verhindern, dass irgendwelcher Filz oder Schmutz den Wärmeschutz beeinträchtigt.

Wir Menschen sind von der Natur für das Leben in der Arktis nicht so gut ausgestattet. Nur die Inuits, die Eskimos, haben sich die Fähigkeit bewahrt, in Eis und Kälte nicht nur zu überleben, sondern sich dort auch wohl zu fühlen. Moderne Weicheier wie ich benötigen dazu Daunenschlafsäcke, wattierte Thermojacken, Wollmützen und polarfeste Super-Schneestiefel.

Montag, 13. März 2000

Die Sonne scheint jetzt schon fast zwölf Stunden täglich. Das fördert meinen Tatendrang, obwohl es tierisch friert – bis zu minus 40 Grad. Dabei ist die Luft trocken und kristallklar; das macht die grimmige Kälte erträglich.

Ich fühle mich sehr wohl und habe in dieser kalten Einsamkeit mein Gleichgewicht gefunden. Die Ruhe und der Fatalismus der Eisbären und Robben haben auf mich abgefärbt. Während einer meiner letzten Wanderungen durch die verschneite Bergwelt habe ich in Gedanken Bilanz meiner bisherigen Forschungen gezogen. Ergebnis: Ich habe eine ziemlich genaue Vorstellung vom Meereseis und seinen Bewohnern, den Mikroorganismen. Eine Frage allerdings ist noch zu klären: Wie sieht es unter dem Eis aus, was passiert an der unteren Schicht? Ich habe diesen Komplex bisher wohl verdrängt, da er sich nur durch einen Tauchgang klären lässt. Und dafür kann ich mich bei der barbarischen Kälte nicht so recht erwärmen.

Aber das Gewissen des Forschers setzt den Abenteurer in mir unter Druck. Und der fasste neulich den heroischen Entschluss, unter das Eis zu tauchen. Also packte ich die Tauchausrüstung auf den Hundeschlitten und zog mit dem Gespann vier Kilometer über den zugefrorenen Woodfjord zur Eiskante am offenen Meer. Der Einstieg durch ein Eisloch schien mir denn doch zu gefährlich. Außerdem erwartete ich an der Eiskante besonders interessante Erkenntnisse. Die Vorbereitungen dauerten: den Hunden Wachsamkeit gegenüber Eisbären einbläuen, denn ich hatte wenig Lust, beim Auftauchen einem Herrn im Pelz in die Augen zu schauen; die Atemluftflasche mit allen Ventilen, Leitungen und Instrumenten kontrollieren, das Atemgerät zusammenschrauben und prüfen, Taucheranzug anziehen, Bleigürtel anlegen, Gesichtsmaske auf – fertig. Aber halt! Fast hätte ich das Wichtigste vergessen: die Sicherungsleine, die Lebensversicherung beim Tauchen unter dem Eis. Dafür habe ich eine kräftige Eisschraube in die dicke Eiskante gedreht und eine 30 Meter lange Leine daran festgebunden.

Mit recht gemischten Gefühlen ließ ich mich schließlich in das mit Schollen bedeckte, dunkel schwappende Meerwasser gleiten. Ich tauche mit einem Nassanzug, das heißt, dass beim Eintauchen das Meerwasser den Körper umspült. Die Kälte schneidet wie hundert Messer in die Haut und brennt im Gesicht. Das Wasser hat fast minus 2 Grad.

Ich muss Acht geben, dass die Taucherbrille nicht von innen mit Feuchtigkeit beschlägt, die sofort zu Eis gefrieren und die Sicht behindern würde. Nun, der erste Schock geht vorüber, und ich traue mich, unter Wasser schwebend, das Panorama zu bestaunen. Das Tageslicht schimmert durchs Eis, überall, auch unter Wasser, schwirren kleine Eisschollen und Eiskristalle herum, alles sieht fremdartig aus. Und dann dieses Gewimmel von kleinen Tierchen – Fischlarven, Krebsen, Quallen – die überall in den Eisspalten und an der Eisunterseite herumkrabbeln und auf dem Algenbewuchs grasen wie Ziegen an steilen Berghängen. Gut, dass ich meine Abneigung gegen das Tauchen unter dem Eis überwunden habe.

Schließlich spüre ich eine durchdringende, schmerzhafte Kälte im Körper. Ich muss auftauchen. Ein Blick nach oben zum Eis – wo ist denn die Eiskante? Panik erfasst mich. Die Strömung hat mich viel weiter unter das Eis gesaugt, als mir beim Bestaunen der Unterwasserwelt bewusst wurde. Ich unterdrücke die Angst und schwimme ruhig gegen die Strömung in Richtung Eiskante. Erschöpft und ausgekühlt wuchte ich mich mit der schweren Tauchausrüstung auf die Eisoberfläche und ziehe mich wie eine Robbe hinauf. Was sagen die Hunde? Sind Eisbären im Anmarsch? Nein, alles in Ordnung.

Ich sitze auf dem Eis, quäle mich aus Flossen, Bleigürtel und Atemluftflasche. Ich bin völlig erschöpft, aber glücklich! Tauchen mit Gerät strengt ohnehin sehr an, und nach einem Tauchgang ist man ziemlich kaputt. Aber das ist nichts gegen das Tauchen unter dem Eis.

Ein paar Minuten lang bin ich völlig erledigt, schnappe mir die Thermoskanne mit heißem Tee und versuche, mich wieder zu beleben. Den Tee trinke ich nicht nur, ich bade auch meine steifgefrorenen Finger darin. Dann geht alles nach Plan: nasse Taucherjacke ausziehen, trockenen Pullover überstreifen, warme Stiefel über die nassen Füße, trockene Handschuhe, Pudelmütze, Anorak. Zuletzt alle Ausrüstungsgegenstände in den Hundeschlitten, und in wildem Galopp ab nach Hause, zu *Mesuf*. Ich werfe mich mit letzter Kraft auf den Schlitten und hoffe, nicht herunterzufallen. Meine Hunde sind inzwischen ein fabelhaftes Schlittengespann. Stark, ausdauernd und umsichtig ziehen sie meinen Pulk durch den Schnee.

In der Kajüte taue ich langsam auf. Das Öfchen wird geheizt, heißer Kakao mit viel Rum belebt den eiskalten Körper, und ich komme mir großartig vor. Eigentlich ist Tauchen im Eis unter diesen Bedingungen ziemlich gefährlich. Bei Lufttemperaturen von minus 20 Grad und minus 2 Grad im Wasser werden alle Dichtungen steif und spröde, die Atemventile können vereisen und versagen, die Sichtfenster wachsen mit Eisschichten zu, und der Körper kühlt gefährlich schnell aus. Als ich meinen heißen Kakao schlürfe, denke ich: »Du bist schon ein zäher Hund, Hauke, und hast bisher noch jeden Quatsch überlebt.« Tatsächlich bin ich in guter körperlicher Verfassung. Was meine Professoren-Kollegen wohl für eine Figur machen würden, wenn sie sich nach dem Tauchen wie Robben aus dem Eis wälzen müssten? Pfui, Hauke, das ist nicht nett!

Kaum hatte ich mich wieder durchgewärmt, war mir klar, dass ich noch einmal unters Eis musste, um das Gesehene zu filmen und zu fotografieren. Inzwischen bin ich vier Mal getaucht. Es war jedes Mal entsetzlich kalt und gefährlich. Aber jetzt habe ich alle Filmaufnahmen im Kasten, und darauf bin ich stolz. Jetzt kann ich zeigen, wie an der Eiskante das Leben tobt.

Heute Morgen bin ich zum letzten Mal mit dem Hundegespann an den Ort meiner Tauchgänge gezogen, weil ich noch ein paar Außenaufnahmen nachholen wollte. Plötzlich entdecke ich im Schnee frische Bärenspuren. Sie führen genau zu meiner Tauchbasis. Schon von weitem kann ich den Bären, nein, die Bärin mit einem halbwüchsigen Jungen sehen. Und was machen die beiden? Sie tauchen, genau wie ich. Durchs Fernglas sehe ich, dass die Bärin Seetang vom Meeresboden holt und ihn frisst. Ich folge den beiden lange in sicherem Abstand und bekomme mit, wie sie auch an anderen Stellen das Eis aufschlagen, tauchen und Tang fressen. Vegetarische Eisbären. Ob das schon jemand beobachtet hat?

Montag, 20. März 2000

Draußen heult ein Nordoststurm bei minus 15 Grad. Das milchigweiße Licht lässt alle Konturen verschwimmen. Wenn ich den Kopf rausstrecke, um nach den Hunden zu sehen, bin ich trotz der Helligkeit wie blind. Die Schneekristalle brennen im Gesicht und in den Augen, ich wische sie mir ständig mit meinen dicken Handschuhen weg. Aber es hilft nichts. Beim Morgenspaziergang mit den Hunden stapfe ich durch tiefen Pulverschnee über das Eis der Lagune und wandere dann an der kilometerlangen Sandmole am Woodfjord entlang. Dabei folge ich den Eisbärenspuren. Das ist einfacher, als sich mühsam einen eigenen Weg durch die Schneemassen zu bahnen. Umgekehrt machen die Bären es genauso: Wo ich eine Spur durch den Schnee getreten habe, kann ich spätestens nach zwei Tagen Eisbärenspuren entdecken, die meinen Fußabdrücken folgen. Ich fühle mich geehrt, dass die Bären immer nur meinen Spuren folgen und nie denen der Hunde.

Ich war noch ganz in die Betrachtung der Eisbärenfährte vertieft, als ich am Himmel eine Sturm- und Schneefront entdeckte. Eine blau-schwarze Wand mit Wasser- und Schneewirbeln schob sich über das mit Eisschollen bedeckte, aufgewühlte Meer auf uns zu. Ich konnte gerade noch die umherstrolchenden Hunde zu mir herbrüllen, als der Sturm losbrach. Nichts mehr ist zu sehen, das Atemholen wird mühsam, das Gesicht brennt von den aufschlagenden Schnee- und Eiskristallen, der Weg ist nicht mehr erkennbar. Den Hunden macht so ein wüstes Wetter wenig aus, und nach Hause finden sie auch immer. Sie drängen sich in solchen Situationen dicht an mich. Ich greife rechts und links in die Hundehalsbänder und lasse mich von den Kraftpaketen durch das tobende Schneegestöber zum Schiff schleifen.

Nach so einem Ausflug tut es gut, unter die flatternden Abdeckplanen zu kriechen und erst einmal wieder richtig Luft zu holen. Ich bin nach diesen häufigen eisigen Stürmen jedes Mal zu Tode erschöpft. Die lange Polarnacht, die ewige Kälte und die einseitige Ernährung – vielleicht auch die ständige Einsamkeit – zehren doch spürbar an meinen Kraftreserven. Ich brauche warmen Sonnenschein, ein paar aufmunternde Gespräche, einen romantischen Abend mit Rotwein, französischem Käse, Kerzenschein. Ich fürchte, jetzt leide ich schon unter Halluzinationen. Nichts als Zivilisations-Sehnsüchte. Dabei geht es mir doch recht gut. Auch wenn ich seit Monaten dieselben speckigen und allmählich zerlumpten Klamotten anhabe, jeden Tag den gleichen Fraß zu mir nehme – Hundehaferflocken, Honig mit einem Stück Margarine, dazu hartes, selbst gebackenes Brot, manchmal gebratenes Robbenfleisch – und nachts in einen mitgenommenen, aber immerhin warmen Schlafsack krieche. Ich leide keine elementare Not, habe mit meinen Forschungsarbeiten viel zu tun und bin sicher, dass ich diese Expedition in wenigen Monaten lebend und erfolgreich abschließen werde.

Eine gewaltige Sturmbö erschüttert das Schiff, alles kracht und bebt, die festgezurrten Planen flattern. Das Eis am Liegeplatz ist 110 Zentimeter dick und wächst noch immer. Trotzdem wackelt *Mesuf* unter dem gewaltigen Winddruck. Der Schiffsrumpf wird immer weiter von Schneewehen zugedeckt, so dass ich durch die Seitenluken nur noch eine weiße Wand sehen kann.

Für die Hunde habe ich aus Treibholzbalken wärmeisolierende Unterlagen zusammengebastelt, ein Luxus, den sie bei diesem barbarischen Sturm gern annehmen. Aber jeden Tag muss ich die Balken wieder ausbuddeln und oben auf den Schnee packen. Inzwischen thronen die Hunde auf einem drei Meter hohen Schneehügel neben dem Schiff.

Ein Trapper hatte mir letzten Sommer gesagt, dass die eigentlichen Schneefälle erst im April/Mai kommen. Bin ich froh, dass *Mesuf* einen 15 Meter hohen Mast hat! Dann schaut wenigstens noch etwas aus dem Schnee heraus.

Aber ich will nicht dramatisieren. In den letzten zwei Wochen gab es auch ein paar wunderschöne Frühlingstage, an denen ich ganz verzückt das Gesicht in die Sonne gehalten habe. Vor einer Woche entdeckte ich dabei einen winzigen schwarzen Punkt auf dem Eis. Ein Blick durchs Fernglas ergab: eine Robbe, ebenfalls beim Sonnenbaden. Die Hunde hatten den potentiellen Braten schon gerochen und sahen mich herausfordernd an. Die Botschaft lautete: Frischer Robbenspeck wäre nicht übel. Eine Frage der Prioritäten. Sonnenbaden oder Jagen? Hundhaferflocken oder ein frisches Robbensteak?

Langsam stehe ich auf, räkle mich in der Sonne und schiele nach dem Gewehr mit Zielfernrohr, dem Sichtschutz, bestehend aus einem Holzrahmen und einem weißen Laken, dem Schlachtermesser. Die Hunde haben begriffen. Ich nehme nur Svarte mit auf die Jagd, der gehorcht besser und stört nicht. Ich belade den Pulk, spanne Svarte davor, beruhige Bjosse und stapfe los. Nachdem ich mich bis auf 300 Meter an die Robbe herangeschlichen habe, muss ich sehr vorsichtig sein. Ich setze Svarte im Schnee ab, befehle ihm, nicht zu mucksen, halte den weißen Sichtschutz vor meinen Körper und schleiche in gebückter Haltung weiter.

Die Robben dösen immer nur wenige Sekunden lang, dann heben sie den Kopf und sehen sich aufmerksam um. Beim geringsten Verdacht schlüpfen sie kopfüber in ihr Eisloch und sind verschwunden. Der Jäger muss sich in den kurzen Schlafpausen der Robbe bis auf eine Schussweite von 100 Metern heranschleichen. Der erste Schuss muss treffen, sonst würde das angeschossene Tier, einem letzten Reflex gehorchend, ins Wasser flüchten.

Eine Stunde lang pirsche ich mich an die Robbe an. Sie wird nervös, kontrolliert immer häufiger die Lage. Ich ziele sorgfältig auf den Kopf, die Robbe schaut auf, der Schuss kracht, die Robbe sinkt aufs Eis. Getroffen! Freudengeheul der Hunde.

Das Schlachten ist schon Routine und dauert keine halbe Stunde. Svarte schleppt die blutige Fracht stolz zurück zu *Mesuf*. Und dann schwelgen wir alle drei. Die Hunde bekommen Speckfladen, ich ein großes Stück Robbenleber, frisch gebraten, mit viel Pfeffer und Knoblauch, dazu ein paar Scheiben frisch gebackenes Brot – alles draußen in der Märzsonne serviert und verspeist. Ein bisschen Steinzeit-Atmosphäre, wenn ich es genau betrachte. Bis auf den ordentlichen Schluck Aquavit zum Nachtisch.

Montag, 27. März 2000

Jetzt kommt wirklich der Frühling. Die Sonne wärmt spürbar. Nachts wird es kaum noch richtig dunkel. In wenigen Wochen geht die Sonne überhaupt nicht mehr unter. Und wenn die nächste Polarnacht im Oktober anbricht, bin ich schon wieder zu Hause, umringt von ein paar Enkelkindern, und erzähle Räuberpistolen von Eisbären, Robben und Trollen.

Nach und nach kehren die Vögel aus dem Süden zurück und inspizieren den Zustand der Nistplätze. Fast jeden Tag wandere ich zur Mole und sehe ihnen zu: den kleinen, putzigen Teisten mit ihren roten Beinchen, die im Sonnenschein auf Brautschau sind und mit ihrer Angebeteten Menuett tanzen, den räuberischen Eismöwen, den Eissturmvögeln, die über Land in die Berge segeln. Bei einigen kommt es mir vor, als würde ich sie schon vom Herbst her kennen. Und dann prustet und schnauft es im Wasser. Dort flirten zwei Walrosse, allerdings recht gemessen. Die Hunde betrachten verträumt die gewaltigen Fleischberge.

Auf dem Woodfjord treiben kleine Eisberge und Eisschollen, die Uferregion ist gesäumt von unzähligen Eisstalaktiten. Das sind keine normalen Eiszapfen, sondern charakteristische arktische Eisstrukturen. Wenn die Gezeiten das Eis aufs Ufer drücken, rinnt die Salzlake, die bis zu minus 20 Grad kalt sein kann, aus den Schollen. Das weniger salzige Meerwasser gefriert wie ein Eispanzer um diese kalten Ströme. So entstehen eisige Tropfsteinhöhlen, deren Eiszapfen hohl sind.

Bei Niedrigwasser klettere ich in der bizarren Eiswelt herum. Irgendwann schaue ich auf und sehe über die 50 Meter breite offene Wasserrinne aufs Eis gegenüber. Da steht ein riesengroßer Bär und taxiert mich. Ein kurzer Schreck, ein Adrenalinstoß, dann beruhige ich mich. Zwischen mir und dem Bären liegt das Wasser. Selbst wenn er zu mir herüberschwimmen wollte, hätte ich Zeit genug, um mich zu verteidigen oder wegzulaufen. Die Hunde nehmen schon eine drohende Haltung ein. Sie sehen mich an. Was machen wir? Ruhe bewahren, Jungs! Abwarten. Das ist ein erfahrener Bär, der greift nicht an. Passt auf, gleich haut er ab!

Der Bär hat offensichtlich einen Entschluss gefasst. Er setzt sich gemächlich in Bewegung. In unsere Richtung! Er schwimmt zwar nicht durch das eisige Wasser, sondern umgeht die Wasserrinne und versucht, uns trockenen Fußes zu erreichen, was sehr gemütlich aussieht. Aber Bären kommen schnell in Fahrt. Wir haben einen Vorsprung von 200 Metern und machen uns schleunigst auf den Heimweg. Ich werde nun doch etwas nervös und haste durch den tiefen Pulverschnee; das ist schweißtreibend. Schließlich hake ich mich im Zuggeschirr der Hunde ein und lasse mich von ihnen vorwärts zerren. Hin und wieder sehe ich mich ängstlich um – der Bär folgt uns, pflügt wie ein Panzer durch den Schnee. Er kommt immer näher, ich sehe seinen Atem als Dampfwolke. »Schneller«, feuere ich die Hunde an, »wir haben es bald geschafft!«

Noch 100 Meter Abstand zum Bären, dann noch 50 Meter. Gleich haben wir *Mesuf* erreicht. Noch der Endspurt, dann schlüpfe ich unter die Abdeckplane, um die Hundeblechnäpfe zum Krachmachen zu holen. Der Bär bleibt stehen, gähnt, legt sich nieder, beobachtet uns. Die Hunde jaulen, bellen. Sie haben Angst. So einen großen Bären haben wir alle drei noch nicht gesehen. Schließlich wird unserem Verfolger das Geschepper zu blöd. Er steht auf, dreht sich um und geht. Mühelos schaukelt er durch den hohen Schnee, steigt einen Berghang hinauf und hinterlässt eine tiefe Doppelspur im Schnee, wie ein Kettenpanzer. Keine Ahnung, was er wollte.

Freitag, 31. März 2000

Ich sitze warm verpackt – in gefütterten Schneestiefeln, Handschuhen, Pudelmütze und vielen Pullovern übereinander – im Windschutz auf Deck und lasse mir die Frühlingssonne auf die Nase scheinen. Die Luft allerdings bleibt mit bis zu minus 25 Grad schneidend kalt, vor allem wenn der Wind über die Lagune fegt und Pulverschnee vor sich herjagt. Die Nächte sind schon sehr hell und erlauben einen Blick auf die schneebedeckten Berge vor dem violettblauen Himmel. Bei Windstille ist es unglaublich ruhig. Mein Atem hört sich wie lautes Schnaufen an.

Die Bären sind weiterhin aktiv. Vielleicht hat ihnen mein Jagdglück Appetit gemacht. Aber die Fleischvorräte lagern sicher in der Vorratskammer auf dem Schiff. Jetzt hat einer von ihnen den Hubschrauberlandeplatz neben *Mesuf* besetzt und systematisch die aus Benzinkanistern errichteten Orientierungsmarken an den Eckpunkten demoliert. Schließlich ließ er sich mitten auf dem Flugplatz nieder. Ein grüner Eisbär offenbar, der gegen den Tourismus auf Spitzbergen demonstriert. Ich wollte nicht gleich gewaltsam gegen ihn vorgehen, musste aber doch klarstellen, dass ich hier auf der Lagune das Sagen habe. Ich forderte ihn ultimativ auf, die Landebahn zu verlassen. Keine Reaktion. Dann würde ich ihn eben wegtragen, wie man das mit Besetzern so macht. Entschlossen marschierte ich auf ihn zu. Doch noch ehe ich den Achselgriff ansetzen konnte, hatte er offenbar eingesehen, dass es klüger war, das Feld zu räumen. Mürrisch rappelte er sich auf und stapfte durch den tiefen Schnee davon. Ein echter Grüner hätte es auf eine Kraftprobe ankommen lassen. Nun liegt mein Bärchen seit einem halben Tag 100 Meter neben *Mesuf*, schläft oder beobachtet uns.

Immer wieder einmal blättere ich in den Tagebüchern der Trapper und stelle fest, dass mit dem Ende der Polarnacht ihre Kräfte ganz massiv nachließen. Oft mit tödlichem Ende. Früher habe ich das nicht begriffen. Wenn die Sonne zurückkommt, dachte ich, ist doch das Schlimmste überstanden. Jetzt verstehe ich es. Auch ich leide unter gelegentlicher Mutlosigkeit und Erschöpfung.

Besonders eindrucksvoll finde ich die Aufzeichnungen von Kapitän Frits Macks, der im Juni 1873 mit seinem Segelschiff *Elida* als Erster zum Schwedenhaus auf Kap Thordsen kam, in dem die 17 Fänger und Seefahrer von Gråhuken im Herbst 1872 Zuflucht gefunden hatten und überwintern wollten. Ihre Tagebuchaufzeichnungen enden am 19. April 1873. Um diese Zeit sind wohl die letzten Männer gestorben.

Kapitän Frits Macks notierte im Juni 1873:

»Ich und ein Mann gingen an Land und bahnten uns den Weg durch Eis und Schnee, bis wir uns zu dem Haus vorgearbeitet hatten. Zunächst wurde ich auf eine Erhebung im Schnee aufmerksam, welche mit einer Persenning abgedeckt war. Ich zog diese ein wenig zur Seite und fand darunter fünf tote Männer. Ich nahm an, dass bereits jemand vor mir hier gewesen war, der diese Leichen aus dem Haus getragen hatte. Ich deckte die Persenning wieder darüber und ging das letzte Stück zum Haus, das verschlossen war. Ich schaute durch ein Fenster hinein und entdeckte zu meinem großen Schrecken, dass Tote dort lagen. Ich ging auf die andere Seite des Hauses und sah durchs Fenster, dass der ganze Fußboden mit Leichen bedeckt war. Nun erkannte ich, dass sich alle 17 Überwinterer hier befanden und dass seit ihrem Tode offensichtlich noch niemand hier gewesen war.

Anschließend ging ich im Haus herum, das sich in einem guten Zustand befand. Proviant gab es noch reichlich; anscheinend hatten die Männer hauptsächlich von dem eingepökelten Fleisch und dem Braten gegessen. Sie hatten alle Vorratsbehälter geöffnet, alle Säcke und Kisten, und in die hermetisch verschlossenen Kanister hatten sie Löcher geschlagen, um an den Inhalt heranzukommen. Es kam mir vor, als ob sie besonders an Süßigkeiten interessiert gewesen wären. Ich hatte den Eindruck, dass diese Menschen es nicht verstanden haben, sich richtig auf die Überwinterung einzustellen. Kein Mensch, der bislang in dieser eisigen Einöde überwintert hat, verfügte über so viele Hilfsmittel wie diese Männer: Proviant aller Art in Hülle und Fülle, ein schönes Haus, genug Brennstoff, alle möglichen Werkzeuge, eine Hobelbank und vieles mehr. Ob sie an Skorbut gestorben sind? Die Letzten jedenfalls wohl nicht. Die haben sich aufgegeben, sie lagen auf dem Fußboden und sind erfroren. Hätten sie unter Skorbut gelitten, wären sie wohl in den Betten gelegen, die gleich danebenstanden.«

Diese Beschreibung zeigt, dass man zum Überwintern auf Spitzbergen mehr braucht als gute Ausrüstung und ausreichend Proviant. Ein starker Wille ist unerlässlich, um alle Qualen, Gefahren und Entbehrungen heil zu überstehen. Ich habe nicht vor, dem Beispiel meiner unglücklichen Vorgänger im Spukhaus zu folgen!

22 Unerwarteter Besuch …

Sonntag, 9. April 2000

Nicht zu glauben, aber ich hatte Besuch hier in Mushamna. Von richtigen Menschen, nicht nur von diesen ewigen Eisbären, Robben und Walrossen. Vorgestern Nacht um halb zwölf – um diese Tageszeit ist es noch recht hell – schlugen die Hunde an. Ein Eisbär, dachte ich und kroch aus meiner gemütlich warmen Kajüte nach draußen. Was war das denn? Kein Eisbär weit und breit, dafür zwei merkwürdige dunkle Gestalten, die sich im tiefen Schnee über die Lagune zum Schiff kämpften. Eine Fata Morgana im Schnee? Durchs Fernglas sah ich deutlich in Pelze gehüllte Menschen, aber ohne Ausrüstung, Pulk, Skier. Sie quälten sich unendlich mühsam durch den hohen Schnee und den knietiefen, eisigen Schneematsch.

Die Hunde und ich gehen niemals quer über die Lagune, weil wir wissen, wie mühsam und gefährlich es ist. Ich habe ein paar Trampelpfade von *Mesuf* zum Festland und zum Helikopter-Landeplatz angelegt und mit Holzstöcken markiert. Wenn ich sie einmal täglich neu festtrete, gefriert der Eismatsch in dieser schmalen Spur, und man kann wie auf einem Brett über ein tückisches Wasser gelangen.

Die zwei Gestalten da hinten wussten das natürlich nicht und arbeiteten sich auf direktem Weg zu meinem Schiff durch. Wer mochte das nur sein? Noch dazu ganz ohne Ausrüstung? Kein Schneemobil in Sicht, kein Hundegespann. Merkwürdig. Ein Unglück? Ein gestrandetes Schiff? Ich winkte, die beiden winkten zurück. Also waren sie noch einigermaßen munter. Als sie näher kamen, sah ich, dass sie dick mit Eis bedeckt waren, wie merkwürdige Eismenschen aus einer anderen Welt. Sie wurden immer langsamer.

Ich schlüpfte in meine Schneestiefel und stapfte ihnen das letzte Stück entgegen. Die beiden Männer waren am Ende ihrer Kräfte. Der eine schleifte seine Schneestiefel hinter sich her und wankte mühsam in vereisten Wollstrümpfen voran: Stephan aus Ny-Ålesund. Der andere war sein Kumpel Roald. Die beiden waren auf dem Weg zu mir ein paar Kilometer entfernt in eine Lawine geraten und von den Schneemassen einen steilen Berghang hinunter ins Meer gerissen worden. Zum Glück, denn auf diese Weise blieben sie unverletzt. Ihre Schneemobile mit der gesamten Ausrüstung standen noch oben am Hang. Sie waren wie Robben über die Eiskante ans Ufer gekrochen. Da sie völlig durchnässt waren und zu erfrieren drohten, bestand ihre einzige Chance darin, sich zu mir durchzuschlagen.

Für Begrüßungen war nicht viel Zeit. Ich schob die beiden in die warme Kajüte. Roald wirkte schon apathisch. Seine Füße waren erfroren. Minuten später lagen überall Berge von vereisten Klamotten herum, dazwischen zwei halb erfrorene nackte Männer, die ich eilig mit trockenen Pullovern, Hosen und Strümpfen versorgte und vor das blubbernde Öfchen setzte, damit sie Füße und Hände auftauen konnten.

Nach einer schmerzhaften Stunde erzählten sie bei einem Topf heißer Suppe von ihrem dramatischen Absturz. Sie hatten ein Riesenglück gehabt und bis auf eine Prellung am Knie keine bleibenden Schäden erlitten. Ich kochte mit meinen bescheidenen Möglichkeiten eine deftige Mahlzeit. Meine Gäste waren begeistert. Und ich bat sie, ein gutes Wort einzulegen, damit mein Zwei-Sterne-Restaurant *Mesuf* endlich aufgewertet wird. Sie versprachen es mir.

Das Trocknen der vereisten Kleidermengen und der nassen Winterstiefel in meiner »Puppenstube« war ein Kunststück, das nur durch dauerndes Umsortieren vor dem winzigen Ofen gelang. Bei Kaffee und Whisky erwachten die Lebensgeister der beiden Wanderer. Nachts um 5 schließlich sanken meine Gäste gut versorgt, gesättigt und in warme Decken gehüllt in diversen Winkeln in Schlaf und schnarchten friedlich vor sich hin.

Es rührt mich jedes Mal, unter welchen Gefahren Freunde und Bekannte immer wieder probieren, mich in Mushamna zu besuchen. Bereits im März waren zwei kleine Expeditionen mit ihren Schneemobilen gescheitert. Die Eis- und Schneeverhältnisse sind dieses Jahr ungewöhnlich schwierig. Vor zwei Wochen waren drei Leute aus Longyearbyen – Lindy, Marina und Mark – mit Skiern und Hundeschlitten aufgebrochen. Als sie einen zugefrorenen Gletscherbach überquerten, rutschten sie mit dem Schlitten bei minus 25 Grad in das eisige Wasser. Mit Müh und Not kamen sie wieder ans Ufer. Allerdings zog sich Lindy schwere Erfrierungen an Händen und Füßen zu. Zum Glück hatten sie einen Notsender dabei, so dass sie den Rettungshubschrauber aus Longyearbyen rufen konnten, der Lindy sofort ins Krankenhaus brachte. Ob seine Finger und Zehen gerettet werden können, ist noch ungewiss. Die beiden anderen kehrten entmutigt nach Longyearbyen zurück.

Ich fühlte mich unterdessen schon wie der verwunschene Eisprinz, weil jeder Versuch, mich zu besuchen, gescheitert ist – egal ob mit Schneemobil, Skiern oder Hundeschlitten. Das hat wohl den Ehrgeiz von Stephan und Roald angestachelt.

Am nächsten Spätvormittag waren meine Besucher gut ausgeschlafen, schön durchgewärmt und wieder versorgt mit ihren eigenen trockenen Klamotten. Der Wetterbericht verhieß nichts Gutes: Sturm und Schneegestöber im Lauf des nächsten Tages. Die beiden beschlossen, sofort aufzubrechen, um vor dem Wetterumschwung nach Ny-Ålesund zu kommen. Das sind knapp 200 Kilometer über Gletscher, Gebirgspässe und Fjorde – eine ziemlich schwierige Strecke, bei schlechtem Wetter nicht zu schaffen. Mit den Hunden begleitete ich meine Besucher über die zugefrorene Lagune und am Woodfjord entlang zu dem Gebirgshang, an dem die Lawine abgegangen war. Nun galt es, zu den Schneemobilen zu gelangen, ohne neue Lawinen auszulösen. Während die beiden vorsichtig nacheinander nach oben kletterten, stand ich mit den Hunden unten auf dem Schnee- und Eisgebirge der Lawine von gestern. Alle Berghänge über mir schienen nur darauf zu warten, ihre mächtigen Schneebretter zu Tal zu schicken und mich zu begraben. Ich sah mich nach einem Zufluchtsort um und entdeckte eine Felsnase, unter der ich im Notfall Schutz finden würde, um nicht im Woodfjord zu landen.

Stephan und Roald hatten gesagt, ich solle warten, weil sie mir ein paar Leckerbissen mitgebracht hätten. Nach einer Ewigkeit erreichten die beiden die Schneekante. Ein paar Minuten später warfen sie wie Nikoläuse einen Sack mit Lebensmitteln herunter. Auf halbem Weg knallte er auf einen Eisbrocken und platzte, und der ganze herrliche Inhalt ergoss sich wie ein Feuerwerk über den Berghang: Apfelsinen, geräucherter Schinken, Schokolade, Zeitungen, eine Flasche Cognac, Zwiebeln. Ich kroch unter den Schneebrettern quer über den Hang und sammelte die Gaben ein. Und dann nichts wie weg! Außerhalb der Lawinen-Gefahrenzone legte ich eine kleine Pause ein, gab den Hunden ein Stückchen vom köstlichen Schinken ab und verwöhnte mich selbst mit einer der mühsam geborgenen Apfelsinen.

Nun bin ich wieder allein auf meinem Schiff. Ich glaube, ich vertrage nicht mehr so viele Menschen um mich herum, schon gar nicht in der engen Kajüte, wenn dann überall nasse Kleidung, Revolver, Munition, triefende Schneestiefel und gebrauchtes Geschirr herumliegen.

Dienstag, 11. April 2000

Ich arbeite jetzt sehr intensiv an den Vorbereitungen für die Veröffentlichung meiner Forschungsergebnisse. In den letzten Wochen habe ich noch ergänzende Messungen über Temperaturverteilung und Energieströme im Eis vorgenommen und das Wachsen und Vergehen von Eisstrukturen viele Stunden lang unter dem Mikroskop beobachtet. So wie bei uns zu Hause im Frühling überall das Grün sprießt, explodiert hier jetzt das Leben im Eis unter den warmen Sonnenstrahlen.

Die Nahrungskette in der hohen Arktis ist recht einfach strukturiert: Mikroorganismen – Bakterien, Algen, Plankton – leben und gedeihen im Eis. Sie werden von kleinen Krebsen und Eisfischen gefressen, die wiederum Seevögeln und Robben als Futter dienen. Und diese geben die Mahlzeiten für die Eisbären ab. Alle Glieder der

Nahrungskette profitieren von den besonderen Bedingungen im Grenzbereich zwischen Eis und Meerwasser. Alle finden hier Schutz und Nahrung.

Inzwischen bin ich mehr und mehr überzeugt davon, dass das primitive Leben auf der Erde vor vier Milliarden Jahren in Zusammenhang mit dem Meereseis entstanden ist. Für diese Hypothese gibt es inzwischen eine beeindruckende Anzahl guter Argumente. Wie sich die ersten Strukturen primitiven Lebens im Eis entwickelt haben könnten, ist allerdings noch unklar. Welche einzelnen Entwicklungsschritte haben stattgefunden? Um das zu beantworten, müssen die Vorgänge in den Grenzschichten zwischen den Eiszellen geklärt werden. Sie sind der Schlüssel für das Verständnis vom Ursprung des Lebens. Für mich ist es an der Zeit, mich wieder in die Gesellschaft anderer Wissenschaftler zu begeben, um kritische Diskussionen mit ihnen führen zu können.

Mittwoch, 19. April 2000

Ich sitze in einem hochkomfortablen, weit ausladenden Ohrensessel mit wunderschön ausgeformter Sitzmulde, etwas erhöht, mit Blick auf *Mesuf* und beschienen von der strahlenden Frühlingssonne. Wo? Nun, gestern kam ein Rieseneisbär vorbei und legte sich, keine 100 Meter vom Schiff entfernt, auf die Ufermole. Dabei hat der mächtige Bursche mit seinem Körper diesen herrlichen Ruheplatz in den Schnee gedrückt, auf dem ich mich jetzt häuslich eingerichtet habe. Nach meiner Sitzung werde ich wohl wie ein Eisbär riechen, aber den Hunden scheint dieser herb-männliche Duft zu gefallen. Während ich so dasitze, ist mir bewusst, dass ich mich sehr wohl fühle, mit der Natur und mit mir selbst in Harmonie. Die vergangenen Monate scheinen mir wie ein Traum voller Ängste und Furcht vor Eisbären, Einsamkeit und Stürmen. Aber das ist vorbei; nach fast einem Jahr auf Spitzbergen bin ich hier zu Hause, kann Wind und Wetter und das Verhalten der Bären einschätzen und habe Zutrauen zu mir selbst.

Allmählich bekomme ich auf meinem Eisbärensitz einen kalten Hintern und werde mich aufrappeln, um mir einen heißen Grog zuzubereiten. Außerdem meine ich in der Ferne einen herumschlendernden Bären zu erkennen. Vielleicht will er mir ja meinen Platz streitig machen. Der Klügere gibt nach. Und der Klügere bin ich.

Sonnabend, 22. April 2000

Jetzt ist doch noch Eis vom Pol in den Woodfjord getrieben. Seit Tagen weht ein starker Nordwind, es ist bitterkalt. Da haben sich die gewaltigen Eismassen in Bewegung gesetzt und drängen nun in die nach Norden offenen Fjorde. Die Kälte lässt die riesigen Eisgebirge im Woodfjord zusammenfrieren und komponiert eine glitzernde Märchenwelt. Einige Formationen werden zusammengepresst, schieben sich übereinander, drücken einzelne Eisberge unter die Wasseroberfläche, die dann an anderer Stelle wieder hervorbrechen. Es funkelt blau und grün in der Sonne.

Ich wandere mit den Hunden stundenlang durch die wild zerklüftete Eislandschaft, folge frischen Eisbärenspuren, um herauszufinden, ob mein Freund Jagdglück hatte, und freue mich an dem Eislabyrinth, in dem sich immer neue Ausblicke auftun. Normalerweise laufen die Hunde vor mir her, sie sind meine Vorhut gegen Eisbären und testen für mich die Tragfähigkeit des Eises. Plötzlich ist Bjosse verschwunden, einfach weg, Svarte schaut etwas ratlos. Wenig später taucht Bjosse prustend und plantschend in einer Eisritze auf und strampelt sich mit großer Mühe aus dem eiskalten Wasser auf eine rettende feste Eisinsel. Den Hunden macht so ein unfreiwilliges Bad nichts aus, sie wälzen sich anschließend im Pulverschnee, schütteln sich heftig, und schon fliegen die zu Eisklümpchen erstarrten Wassertropfen aus dem Fell. Ich bin froh, dass mir diese Prozedur erspart geblieben ist. Allerdings hat mich das Missgeschick von Bjosse gelehrt, vorsichtiger im Eis herumzuklettern. Zwischen den Eisbrocken gibt es tückische Wasserrinnen, in denen ein unvorsichtiger Mensch schnell verschwinden kann.

Von meinem Ausflug habe ich ein paar Eisproben mitgebracht – nicht nur von dem frisch vom Nordpol importierten Eis, in dem ich nach Mikroben suchen will, sondern auch von Gletscherkälbern. Sonst komme ich an das Gletschereis, das im Woodfjord treibt, ja nicht heran. Nur jetzt, wenn alles zugefroren ist, habe ich eine Chance.

Das Gletschereis unterscheidet sich vom Meereseis. Es ist fast klar, funkelt wie ein Edelstein und besteht aus Süßwasser, das vor langer Zeit unter hohem Druck gefroren ist. Ich mag dieses Gletschereis, nicht so sehr aus wissenschaftlichen Gründen, sondern als Zugabe für meine Drinks: Whisky und Campari. Während ich jetzt gemütlich in der geheizten Kajüte sitze und schreibe, steht ein Glas Whisky mit ein paar Brocken Gletschereis vor mir. Die Eisstücke beginnen zu schmelzen. Dabei werden nach und nach die eingefrorenen Gasbläschen freigesetzt. Weil diese winzigen Gasbläschen unter sehr hohem Druck eingeschlossen waren, knallt und prickelt es, wenn sie frei werden. Und die winzigen Explosionen bringen den schmelzenden Eisbrocken auch noch dazu, sich zu drehen.

Angeregt durch dieses Schauspiel überlege ich seit Monaten, ob ich nicht auch andere Menschen, etwa in Hamburg, an solch exquisiten Genüssen teilhaben lassen sollte. Schließlich ist es dem Normalsterblichen nicht vergönnt, auf dem zugefrorenen Nordmeer zu wandeln und seinen Whisky mit Gletschereis zu veredeln. Wäre es nicht chic, in einer Bar mit Blick auf die nächtliche Silhouette von Hamburg, Berlin, München oder Frankfurt einen Drink zu schlürfen, in dem sich Eisbröckchen von einem Gletscher aus Spitzbergen tummeln und dabei ihre neckischen Geräusche von sich geben? Jedes Allerweltsgetränk würde so geadelt – ohne zusätzliche Kalorien. Beim Blick in das Glas würde vor dem Auge des Gastes die wunderbare Gletscherwelt Spitzbergens aufscheinen, eine Fata Morgana mit Eisbären und Robben. Wäre das nicht unglaublich cool? Oder ist mir beim Whiskygenuss der Sinn für die Realität abhanden gekommen?

Jedenfalls habe ich mir schon einen Namen für meinen Spitzbergendrink ausgedacht: *Spice* müsste er heißen! Für alle Fälle habe ich mir über Funk bei der zuständigen Minibehörde in Longyearbyen, die sich Svalbard Naeringsutvikling nennt, die »Schürfrechte« für Spitzbergens Gletschereis gesichert. In Longyearbyen ist man sehr daran interessiert, umweltschonende Arbeitsplätze zu schaffen. Und dort stieß meine Idee auf Begeisterung. Ich denke schon darüber nach, wie ich mit meinen Freunden aus Spitzbergen die herrenlos auf den Fjorden herumtreibenden Gletscherkälber einfange und nach Longyearbyen treibe, um sie in appetitliche Brocken zu zerlegen, die, mit einem hübschen Zertifikat versehen, in isolierten Transportbehältern in die Bars der Metropolen verschickt werden.

Bereits im vergangenen Sommer habe ich mich nach geeigneten Gletschern umgesehen. Meine Freunde warten schon, dass es mit der Vermarktung der Gletscherkälber endlich losgeht. Jetzt brauchen wir nur noch Abnehmer: exklusive Bars und Hotels oder auch Hersteller von Edelgetränken. Wäre doch gelacht, wenn die nicht anbeißen! Schließlich ist *Spice* gesund, frei von Umweltgiften, Kalorien, Nebenwirkungen und garantiert einmalig.

23 … Und angekündigte Gäste

Sonnabend, 29. April 2000

Es ist noch früh am Tag, erst 10 Uhr, draußen herrlich warmer Sonnenschein, dazu ein zartblauer Himmel und ringsum glitzernde Schneepracht auf Bergen, Gletschern und dem Woodfjord. Robben liegen auf dem Eis und genießen die Sonnenstrahlen. Die Luft ist noch bis 15 Grad kalt, aber die Sonne hat schon Kraft. Seit Mitte April wandert sie auf einer flachen Bahn oberhalb der Bergspitzen 24 Stunden am Tag rund um den Mast meines Schiffes, als wäre er das Zentrum der Welt. Der Schatten des Masts ist endlos lang und zeigt mir durch seine Position im Schnee die Uhrzeit an.

Am Morgen halte ich es nicht lange im Schlafsack aus. Ich gehe mit den Hunden raus, folge den Spuren der Bären, beobachte ihren Tagesablauf. Das ist auch nach Monaten noch spannend. Und nun sitzen wir in der Sonne, die Hunde schnarchen und träumen von Bären, und mir ist sehr bewusst, wie gut es mir geht. Na ja, vielleicht haben wir das nach den langen dunklen und stürmischen Monaten auch ein bisschen verdient.

Vor einer Woche war Ostern, ebenfalls bei wunderschönem Wetter, aber noch deutlich kälter. Am Ostersonntag besuchte uns ein riesiger Altbär. Er hockte sich ganz nahe beim Schiff völlig ungerührt in den Schnee und hinterließ den Hunden ein prächtiges Osterei, das sie später mit Behagen verzehrten. Hunde lieben Bärenmist. Vielleicht sind das ihre Vitaminpillen.

Abgesehen von den Bärenbesuchen ist es bei uns sehr ruhig. Nur selten hört man es knacken oder grollen, wenn in den Bergen Schneebretter zu Tal sausen oder der Tidenhub im Woodfjord das Eis zerbricht. Aber das wirkt eher gemütlich als dramatisch. Der Schiffskörper ist mittlerweile im eineinhalb Meter dicken Eis auf der

Lagune eingefroren und schiebt sich, wenn die Eisdecke zu stark wird, ruckweise nach oben. Etwa 20 Zentimeter ist *Mesuf* bisher über die Oberkante der Eisfläche gerutscht. Ich bin froh, dass sich der als Doppelknickspanter gebaute Stahlrumpf nach unten verjüngt und so dem Eisdruck nach oben ausweichen kann.

Die Vögel, die vor einem Monat aus dem Winterquartier gekommen sind, haben sich wieder zurückgezogen, weil das Packeis den Fjord noch immer blockiert. Es herrscht Totenstille. Nur selten schauen ein paar missmutige Möwen vorbei, müssen aber feststellen, dass sich noch immer kein offenes Wasser zeigt, auf dem man jagen und Fische fangen könnte. Gestern kam ein Schneeammern-Pärchen vorbeigeflattert. Leise piepsend suchten die beiden nach etwas Essbarem. Sie pickten ein paar Reste der letzten Hundemahlzeit auf und verschwanden in ihrem hopsenden Flatterflug.

Mit ein wenig Beklommenheit sehe ich der nächsten Woche entgegen. Ein vierköpfiges Filmteam hat sich angemeldet und möchte den Eremiten in der Eiswüste besuchen und porträtieren. Ich möge, wie es hieß, doch bitte schön innerhalb von drei Tagen sämtliche interessanten Aspekte präsentieren: Forschen im Eis, Robbenjagd, möglichst dramatische Begegnungen mit Eisbären, dann noch ein paar kleine Tauchgänge unter dem Eis. Alles bei idealer Beleuchtung und strahlendem Wetter, versteht sich, mundgerecht zubereitet für den interessierten Fernsehzuschauer in seinem Sessel. Klar. Ich werde mein Bestes geben, aber ein bisschen skeptisch bin ich doch. Gleichzeitig spüre ich Wehmut, denn der Besuch erinnert mich daran, dass meine paradiesische Abgeschiedenheit bald ein Ende haben wird. Wenn der Hubschrauber mit den Filmleuten hier in Mushamna einschwebt, ist es mit unserer Ruhe vorbei. Und nach deren Verschwinden brauchen die Hunde und ich ein paar Tage, um wieder zu unserem gewohnten Lebensrhythmus zurückzufinden. Bald wird auch schon das Eis zu schmelzen anfangen, und die Vorbereitungen für den Aufbruch beginnen. Und dann ist das einsame Abenteuer Spitzbergen vorbei. Schade.

Genau vor einem Jahr um diese Zeit war ich emsig damit beschäftigt, die letzten Vorbereitungen für meine Expedition zu treffen. Ich fühlte mich von der Endphase meines Präsidentenjobs noch aufgezogen wie ein mechanisches Spielzeug, schob tausend Ausrüstungsgegenstände von einer Ecke in die andere und wusste nicht, wie es weitergehen würde. Gerade habe ich auf den ersten Seiten meines Tagebuchs herumgeblättert. Sind meine Hoffnungen, Erwartungen, Befürchtungen in Erfüllung gegangen? Ich glaube, ja. Eigentlich viel mehr als das!

Das Leben in unserer modernen Gesellschaft ist geprägt von Karrieredenken und der Jagd nach Macht und Einfluss, nach Geld und Statussymbolen. Der Alltag ist schematisiert, alles verläuft nach Normen. Das Ziel: bloß nicht auffallen und für sich selbst ein Maximum an persönlichen Vorteilen herausschlagen. All das gilt hier nicht. Hier hilft es nicht, wenn man die Steuererklärung fehlerfrei ausfüllen oder einen eleganten Wagen in einem Zug in einer schmalen Lücke parken kann. Hier heißt es, gesund zu bleiben, genügsam zu sein, Probleme eigenständig zu lösen, mit sich selbst ins Reine zu kommen, sich von alten Gewohnheiten zu befreien. Und siehe da, man kann ohne Tageszeitung und Fernsehfilme, ohne belgische Pralinen und Maßschuhe leben – ohne sich zu langweilen und ohne etwas zu vermissen.

Hier gibt es keine Vorschriften und keine Bürokratie, die die Kreativität wie klebrige Soße lähmen. Ein Freund schrieb mir, dass er mich um mein derzeitiges Dasein schon ein bisschen beneide, aber doch sehr froh sei, ein Telefon mit der Nottaste 110 vor sich auf dem Schreibtisch zu haben. Warum eigentlich? Das Leben ist nun mal gefährlich, und bislang hat es noch niemand überlebt. Ich habe in Spitzbergen von den Tieren gelernt, wie schön auch ein Leben mit Gefahren ist. Seit ich hier am Nordpol lebe, bekomme ich wieder Luft, habe mich befreit von den Zwängen gesellschaftlicher Erwartung, Anpassung, fauler Kompromisse, moralischer Scheinheiligkeit, Frustration und Perspektivlosigkeit.

Es geht mir wieder gut, ich habe zurückgefunden zu den elementaren Freuden, die das Leben bietet und die es liebenswert machen.

Dazu zählt das wohlige Gefühl, wenn man seine erfrorenen Zehen oder Finger in die Nähe des glühenden Ofens hält und spürt, wie sie auftauen. Die Erleichterung, wenn der Sturm abflaut, der um das Schiff jault. Die Geborgenheit, die ich jedes Mal empfinde, wenn ich nach dem Hundefüttern aus dem Schneesturm in meine Kajüte klettere. Die unglaubliche Wohltat, nach einem eisigen Tauchgang trockene Wollsocken anziehen zu können. Der animalische Genuss, frisch gebratene Robbenleber zu verspeisen. Oder auch die Todesangst, wenn man um ein Haar in einer Eisspalte ertrinkt, und das Gefühl danach. Der Adrenalinstoß, der den Körper durchfährt, wenn man vor einem Eisbären flüchtet. Aber auch das Staunen beim Anblick des Nordlichts, das über den Himmel flackert, die Freude, wenn nach der monatelangen Polarnacht die ersten Sonnenstrahlen das Gesicht wärmen, der Entdeckerstolz beim Blick durch das Mikroskop auf das Gewimmel der Mikroben im Eis. In Spitzbergen habe ich wieder entdeckt, wie schön das Leben ist, egal, ob die Zeitgenossen Eisbären, Robben, Bakterien – oder Menschen – sind.

Nach den Maßstäben der Gesellschaft lebe ich hier bescheiden. In Wirklichkeit bin ich, ganz im Gegenteil, unbescheiden geworden. So werde ich mich nie wieder im Gedränge Erholung suchender, Kultur und Abenteuer konsumierender Touristen wohl fühlen, ich werde nie die virtuellen Abenteuer in modernen Erlebnistempeln genießen. Mein Interesse an der Diskussion um die Krankenversicherungen oder das Design komfortabler Handys ist verschwunden, nörgelnde Mitmenschen kann ich nicht mehr ertragen. Vielleicht werde ich nach der Rückkehr aus Spitzbergen Schwierigkeiten haben, mich als Mitglied der Gesellschaft wohl zu fühlen.

Aber ich spüre auch, dass es vielleicht mehr solche Außenseiter gibt, als ich früher dachte. Während des vergangenen Jahres habe ich einige davon kennen gelernt: die alten, runzligen Fischer und Seeleute in den kleinen norwegischen Häfen, die urigen Trapper und Fänger auf Spitzbergen, die ihr Leben riskiert haben, um mich zu besuchen. Aber auch liebe Freunde und Menschen zu Hause, die mich mit ihren Gedanken begleitetet und mir so manches Mal Trost gespendet haben. Allen gemeinsam ist die Herzlichkeit, Anteilnahme, Hilfsbereitschaft und Lebensfreude – Eigenschaften, die man im Tagesstress leicht übersieht. Auch diese Erkenntnis gehört zu meinen Entdeckungen über das Leben im Eis. Und die ist viel spannender als jede Seite im www.

Donnerstag, 18. Mai 2000

Ich habe lange nicht mehr zum Bleistift gegriffen, um Tagebuch zu schreiben. Mein Bedürfnis, die kleinen täglichen Begebenheiten in meiner nach wie vor eisigen Einöde aufzuschreiben, nimmt ab. Inzwischen ist eben alles ganz normal, ob nun ein Eisbär vorbeischaut, ein kleiner Schneesturm um *Mesuf* heult oder ein paar neue Mikrotierchen unter dem Mikroskop in einer winzigen Eisgrotte zappeln. Meinen Enkelkindern freilich werde ich all diese Details sicher wieder und wieder erzählen. So lange, bis sie die Storys auswendig kennen. Deshalb setze ich mich jetzt auf ein Stück Treibholz in die Maisonne neben meine schnarchenden Hunde und schlüpfe wieder einmal in die Rolle des Chronisten.

Vor zwei Wochen war ein NDR-Filmteam ein paar Tage hier, um die Filmaufnahmen, die ich nach Hamburg gesandt hatte, professionell zu ergänzen. Das war eine aufregende Angelegenheit, verbunden mit Gesprächen, Schlemmereien, Cognac, Kaffee, Mitternachtssonne, schönem Wetter und eifriger Filmarbeit. Hat Spaß gemacht, mit netten Menschen einen so intensiven Kontakt aufzubauen. Alle waren beeindruckt von meinem arktischen Königreich, und die Stimmung war gut. Auch wenn Uli, der Kameramann, bei den Aufnahmen im Treibeis fast in einer Eisspalte im eisigen Fjordwasser versunken wäre; die Kamera jedenfalls hielt er tapfer über Wasser. Und obwohl Veit, der Boss des Teams, meinen rohen Robbenschinken nicht ganz so schätzte wie erwartet, und Carmen, die reizende Film- und Toningenieurin, die mit mir unter dem Eis tauchen sollte, trotz Ski-Erfahrung beim Kraxeln über tief verschneite Schneehänge, bepackt mit ihrer schweren Kameraausrüstung, ins Schnaufen geriet.

Tauchen sollten wir unbedingt. Also mussten wir mühsam Einstiegslöcher in die Eisdecke bohren. Mir war dabei etwas mulmig zumute. Zu viele unerfahrene Menschen, zu viele Gefahrenmomente, keine Infrastruktur für den Notfall. Und ich kann keine Verantwortung für andere Taucher übernehmen. Für mich selbst – in Ordnung, ich kenne die Gefahr, ich weiß, was ich mir zutrauen kann und dass ich Glück und einen zähen Überlebenswillen besitze. Aber wie ist es mit anderen? Genau aus dem Grund habe ich mich ja allein auf dieses arktische Abenteuer eingelassen.

Aber alles ging gut. Auch beim Tauchen. Die Filmszenen sind nach Meinung des Teams gelungen, und wir alle hoffen, dass die Fernsehzuschauer von unserer Begeisterung für Eis, Schnee, Mitternachtssonne, wissenschaftliche Untersuchungen an Bakterien und philosophische Betrachtungen angesteckt werden.

Zum Erfolg der Unternehmung hatte ganz wesentlich mein alter Kumpel Trond beigetragen, der das Filmteam nicht nur nach Mushamna begleitet, sondern bereits vorher in Longyearbyen bei den notwendigen Vorbereitungen geholfen hatte: Proviant einkaufen, arktisfeste Ausrüstung zusammenstellen, Terminabsprachen mit dem Transporthubschrauber treffen. Als der Helikopter mit dem ganzen Team schließlich davonschwebte, nicht ohne zuvor eine filmreife Abschiedsrunde um mein Schiff zu drehen, war mir schon ein bisschen wehmütig zumute. Gern wäre ich jetzt einfach mitgeflogen, nach Hause, in den blühenden Frühling. Zugleich war ich erleichtert. Endlich wieder Ruhe, Zeit, das Durcheinander zu ordnen, genießen, dass der Erfolgsdruck vorbei ist.

Nun ist wieder die Alltagsroutine eingekehrt. Die Sonne strahlt vom Himmel und steht selbst um Mitternacht noch hoch über den Berggipfeln, die meine Lagune umgeben. Die Tage fließen immer gleich dahin. Morgens Frühstück für mich und die Hunde. Die Proviantsituation hat sich dank der reichlichen Reste vom Besuch des Filmteams entspannt. Danach eine kleine Wanderung zu Fuß, per Ski oder auch mit dem Hundegespann durch das Treibeis auf dem Fjord, über die schneebedeckten Hügel oder auch zu etwas ferner gelegenen Zielen am Woodfjord. Dabei treffen wir auf frische Eisbärenspuren und hin und wieder auch auf einen emsigen Polarfuchs. Ich genieße diese Ausflüge in vollen Zügen, immer in dem Bewusstsein des bevorstehenden Abschieds. Ich denke, dass *Mesuf* Anfang Juli aus dem Eis freikommt. Also bleiben uns nur noch sechs Wochen.

Es ist auch ein Abschied von den alten Trappern und Fängern von Spitzbergen. Ich glaube, dass ich diese Menschen jetzt sehr gut verstehe, dass ich ihre Ängste und Hoffnungen während ihres einsamen Daseins in der von Eis und Schnee beherrschten Natur nachfühlen, ihre Schrecken beim plötzlichen Auftauchen eines hungrigen Eisbären nachempfinden kann; und ich spüre aus ihren Tagebüchern, dass sie sich mit dem Gedanken an den Tod abgefunden haben.

Auf einer alten Karte habe ich ganz in der Nähe den Mathilas-Odden entdeckt, einen kleinen Berg, auf dem ich mit den Hunden manchmal eine kleine Pause einlege und den herrlichen Rundblick genieße. Im Süden liegt die Lagune mit dem eingefrorenen Schiff, im Norden reicht der Blick weit über die Treibeisfelder bis zum Nordpol. Der Name des Hügels geht bestimmt auf meinen alten Freund Mathilas von Gråhuken zurück, der hier irgendwo den Tod gefunden hat.

Ich sitze auf dem Mathilas-Odden auf einem vereisten Felsbrocken, wärme meine Hände im Fell der Hunde und fühle mich dem toten Trapper sehr nahe. Ist er wirklich tot? Ich spüre sehr deutlich seinen Geist, der hier über dem Woodfjord im Eisnebel schwebt oder sich als Schneegestöberwolke in einem Tal verkriecht. Vielleicht steckte Mathilas ja auch hinter einem der riesigen Trolle, die mir in der Polarnacht Angst eingejagt haben. Ein schönes Plätzchen hat sich der alte Bursche jedenfalls ausgesucht, sofern er wirklich hier seine Ruhe gefunden hat. Gar nicht so übel, wenn ich an die Alternative auf einem Friedhof in Deutschland denke.

Durchgefroren strecke ich die Glieder, klopfe den Schneestaub von meiner inzwischen völlig zerschlissenen Hose und trotte hinter den Hunden her zum Schiff. Noch ein letzter Blick zurück zum Mathilas-Odden: Du hast es geschafft, alter Junge, du hast deine ewige Ruhe in deiner Heimat gefunden, auf Spitzbergen.

24 Erste Vorbereitungen für die Rückkehr
Schiffsinspektion

Montag, 22. Mai 2000

Gerade bin ich durch den hohen Schnee um mein Schiff gestapft, habe an rostigen Stellen geklopft, ein wenig besorgt den zerschrammten Schiffskörper gestreichelt und gemessen, wie weit er von dem mächtigen Eispanzer nach oben gedrückt wurde. Schon 25 Zentimeter. Die Eisstärke beträgt jetzt etwa 1,60 Meter, nimmt aber immer noch zu. Doch *Mesuf* ist sehr stabil, aus gutem Schiffsstahl gebaut und mit vielen zusätzlichen Querspanten verstärkt. Das ist gut so, denn der Eisdruck ist doch ganz erheblich. Zwar wird der Schiffsrumpf wegen seiner V-Form vom wachsenden Eis nicht zerdrückt, aber es bleiben doch etliche Schrammen und abgeschmirgelte Farbe zurück.

Das Ruderblatt ist fest eingefroren, und bei jedem knirschenden Ruck des Schiffsrumpfs mache ich mir Sorgen, dass irgendwo eine Schweißnaht reißen könnte. Regelmäßig inspiziere ich die Bilge ganz unten im Schiff, aber bisher hat sich zum Glück nur Kondenswasser angesammelt. Das allerdings fließt und tropft reichlich. Kein Wunder – das Schiff wird innen geheizt, gleichzeitig entsteht beim Kochen und Wäschetrocknen Feuchtigkeit, die innen an den eisgekühlten Bordwänden unter der Holzverkleidung kondensiert.

Ich habe deshalb damit begonnen, die bisher kaum benutzten Vorder- und Achterkajüten zu enteisen und zu trocknen. Sämtliche Wände, Luken, Fächer und Liegepolster sind über und über mit Eisschichten und Eiszapfen überzogen. Nach und nach wird mein Winterquartier nun wieder in ein segelbereites Schiff zurückverwandelt. Holz und Farbe haben in den vergangenen Monaten sehr gelitten. Überall ist Wasser eingedrungen und hat bei dem strengen Frost erhebliche Schäden verursacht. Wohin ich schaue, blicken mich rissig gewordene Holzflächen und abgeblätterte Farbreste vorwurfsvoll an. Tiefe Rostnarben ziehen sich über das Deck. Nur in den Bereichen, wo glibberiger Robbenspeck lag, hatte der Rostfraß keine Chance. Nun ja, es wird Zeit, mal wieder Ordnung zu schaffen und sauber zu machen, sich vom Job des Trappers, Jägers und Forschers zu verabschieden und als Seemann anzuheuern. Und für den ist eine so verwahrloste Räuberhöhle, die einmal ein schönes Segelschiff war, unerträglich.

Also fange ich an, die Abdeckplanen abzunehmen, die Ankerketten zu sortieren und die vielen leeren Treibstoffkanister für den Rücktransport an Deck vorzubereiten. 65 volle Kanister habe ich mitgebracht. Jetzt sind fast alle leer, und ich bin stolz auf mein gutes Augenmaß, was den Verbrauch an Diesel und Petroleum für Heizung und Beleuchtung angeht.

Das Schiff liegt zwar noch bombenfest im Eispanzer, doch irgendwann in den nächsten Wochen wird sich die Eisdecke auflösen. Aber wie? Das ist die große Unbekannte. Ich weiß nicht, ob es dramatisch werden wird – mit Eisdrift wie im Herbst beim Zufrieren – oder eher sanft. Um dem Schiff etwas Bewegungsfreiheit zu verschaffen und zu verhindern, dass es festgefroren in der Eisscholle auf Tour geht und in der flachen Uferregion strandet, habe ich rings um den Rumpf Kohlestaub gestreut. Das zieht die Sonnenstrahlen an, so dass Schnee und Eis rascher tauen. So kann ich mich besser aus der eisigen Umklammerung lösen. Auch das ist ein Trick, den mir ein Trapper verraten hat.

Die Hunde merken natürlich, dass da etwas im Gange ist, was sie nicht begreifen, und beobachten jeden meiner Schritte, als wollten sie sagen: »Was verbreitet der Kerl nur für eine Unruhe? Ist es denn nicht wunderschön, einfach in der Sonne zu liegen und zu dösen? Und überhaupt, warum sollen wir hier eigentlich wieder weg? Was soll der Quatsch, so gut wie hier in Mushamna werden wir es nie wieder haben!« Eigentlich haben sie ja Recht.

Die Natur macht immer noch einen winterlichen, toten Eindruck. Hin und wieder fällt Schnee, so dass die Berge stets einen blütenweißen Pelz tragen. Das Eis liegt dicht und fest, nicht nur auf der Lagune, sondern auch auf dem Woodfjord, so weit das Auge reicht – viele, viele Seemeilen bis zum Nordpol. Und solange es keine eis- und schneefreien Brutplätze an Land gibt und kein offenes Wasser zum Fischen und Jagen, können sich auch keine Vögel hier aufhalten. Hin und wieder ziehen ein paar ungeduldige Möwen vorbei, um den Stand der Dinge zu prüfen. Nach ein paar Flugrunden um mein Schiff und ein paar gekrächzten Kommentaren verschwinden sie wieder.

Neulich hatte ich ganz besonderen Besuch: Eine einsame Wildgans kam über den Fjord geflogen. Sie schwenkte zu meinem Schiff hin und trompetete mir freundlich zu, als würde sie mich kennen. Auch in Wesel fliegen die Wildgänse im März auf dem Weg nach Norden immer über meinen Garten. Vielleicht war es ja wirklich eine alte Bekannte.

Mittwoch, 24. Mai 2000

Ich bekam noch mehr Besuch. Tage- und nächtelang. Eine mächtige Eisbärin mit zwei putzigen Kleinkindern hat sich eine Weile neben dem Schiff niedergelassen. Es war Liebe auf den ersten Blick – auf beiden Seiten. Als die Hunde morgens um 5 Uhr Radau schlugen, sprang ich sofort auf. Wieder so ein aggressives Bärenvieh, dachte ich mir, als ich aus dem warmen Schlafsack ins Schneegestöber stürmte. Im Vorbeigehen schnappte ich mir den Revolver für alle Fälle, stülpte mir eine Pudelmütze über, und schon stand ich vor dem Schiff – und sah sie! Sie stand da, ganz nahe, und schaute mich an. Nicht angriffslustig, sondern eher freundlich, interessiert, sympathisch. Dann bemerkte ich ihre zwei Sprösslinge, etwas im Hintergrund, ängstlich hinter der Mutter versteckt. Ich habe sie erst einmal zum Frühstück eingeladen. Es war gerade die richtige Zeit. Frischer Robbenspeck, eine Seehundflosse zum Knabbern, ein paar Scheiben Robbenfilet. Ich fuhr alles auf, was die Küche zu bieten hatte, um meinen charmanten Gast zu verwöhnen. Auch als verwilderter Trapper mag man sich einer smarten Lady gegenüber nicht lumpen lassen.

Meine Großzügigkeit gefiel ihr ganz offensichtlich. Liebe geht auch in Spitzbergen durch den Magen. Beim gemeinsamen Frühstück, ich mit meinem Teller Hundehaferflocken, sie mit Robbenbraten, kamen wir uns immer näher. Es wurde ein sehr ausgedehntes Frühstück, das sich über zwei Tage hinzog. Am Ende konnte ich die Bärin schon fast kraulen. Sie hatte auch nichts dagegen, wenn ich mich ihren Kleinen näherte. Ganz im Gegenteil. Sie hatte Vertrauen zu mir gefasst und ließ wohlwollend zu, dass ich filmte und fotografierte. Hoffentlich sind die Aufnahmen etwas geworden.

Ich kam mir vor wie ein Dompteur im Zirkus, und die Hunde waren die Zuschauer. Wenn ich daran denke, welche Angst ich in den letzten Monaten vor unerfreulichen Begegnungen mit Eisbären hatte! Und jetzt schließe ich herzliche Freundschaft mit einer Bärenmutter. Keine Furcht, keine Aggression. Natürlich habe ich mich an die Spielregeln gehalten: nicht zu nahe an die Bärin herangehen, keine hastigen Bewegungen, alles ganz ruhig. Bei einem Abstand von fünf Metern wurde es kritisch, da konnte ich an ihrem Gesichtsausdruck sehen, dass ihre Toleranzgrenze erreicht war. Aber das ist schon etwas, dem größten auf der Erde lebenden Raubtier in freier Wildbahn in so geringer Entfernung gegenüberzustehen. Noch dazu freundschaftlich.

Nebenbei fand mein reichlicher Vorrat an Robbenspeck auch noch gute Verwendung. Eine nachträgliche Rechtfertigung für die Jagd. Der Winter ist zu Ende, der Tag der Abreise naht, so dass ich die Rationierung des Proviants aufgehoben habe. Und ehe am Ende noch Robbenfleisch übrig bleibt, lade ich doch lieber eine allein erziehende Bärenmutter zu einem opulenten Frühstück ein.

Nach zwei Tagen verabschiedete sich die Bärin und zog weiter. Kurz zuvor setzte sie sich noch neben das Schiff und säugte ihre zwei Jungen. Das sah sehr menschlich aus. Die Bärin saß aufrecht auf dem Hinterteil, an jeder Brust ein Junges, und schaute mich an wie eine stolze Mutter. Das Erlebnis mit der Bärenfamilie erscheint mir wie ein Symbol dafür, wie sehr ich mit der Natur von Spitzbergen verwachsen bin.

Freitag, 9. Juni 2000

Es schneit und stürmt seit Tagen – pausenlos! Und das soll nun Sommer sein? Zum Verzweifeln! Nach der ewigen Kälte, nach all dem Schnee und Eis der vergangenen neun Monate glaubte ich, endlich ein bisschen Wärme, Gemütlichkeit, Sonnenstrahlen verdient zu haben. Aber hier oben am Nordpol zählen solche Sehnsüchte und Wünsche nicht. Wer sich hier einnistet, muss die Gegebenheiten akzeptieren, und das heißt schlicht und ergreifend: immer währender Winter, mal hell und mal dunkel, aber trotzdem, immer nur Winter, Kälte, Eis und Schnee. Lediglich im Juli und August gibt es vielleicht ein paar eisfreie Wochen. Und das war's dann mit dem Sommer.

Da hat sich doch glatt wieder ein bisschen depressive Stimmung eingeschlichen. Aber dagegen gibt es ein Mittel. Gerade habe ich mir einen schönen Becher heißen Kakao mit viel Whisky zubereitet und beschlossen, dem sommerlichen Winter zu trotzen, genauso wie schon im Januar und in den anderen Monaten. Und das geht so: die Bude schön heizen, mehrere Pullover übereinander ziehen, Füße in dicke, gefütterte Winterstiefel, und dann mit den Hunden raus in das wütende Schneetreiben.

Ich habe keinerlei Vorstellung, wie ich aus meinem eisigen Gefängnis herauskommen soll. Seit Wochen streue ich nun Kohlestaub um das Schiff, um der Sonne den Angriff auf das Eis zu erleichtern, und was hat es gebracht? Schwarzen Matsch ringsum, der immer wieder unter Neuschnee verschwindet. Ich werde also eine zweite Kohlestaub-Attacke auf das Eis starten.

Seit Tagen bin ich vom Rest der Welt abgeschnitten. Keine Kommunikation mehr über Funk. Ursache sind wohl die starken eruptiven Vorgänge auf der Sonne in Verbindung mit den Sonnenflecken, was jedes Mal eine massive Störung der Ionosphäre zur Folge hat. Jeglicher Funkverkehr, insbesondere über Kurzwelle, wird schwierig oder unmöglich. Ich kann nicht einmal mehr Radio hören. Nur das ewige Jaulen des Schneesturms.

So, jetzt aber Schluss mit der Meckerei! Im Grunde genommen hat der Wintereinbruch auch etwas Gutes. Er verschafft mir die Zeit und die Ruhe, den Bericht über meine Forschungsergebnisse in Mushamna zusammenzuschreiben. Stundenlang grüble ich über den Messergebnissen und versuche sie theoretisch zu begründen. Die Liste der Experimente, die später im Labor gemacht werden sollten, wird immer länger. Ich habe inzwischen eine detaillierte Modellvorstellung über das Eis als geeignete Werkstatt für die Entstehung von Leben entwickelt. Eis als Humus des Lebens.

Im Meereseis entstehen aufgrund rein physikalischer Vorgänge zelluläre Strukturen mit hochangereicherten Nährsalzlösungen. Das war vor vier Milliarden Jahren nicht anders als heute. Im Eis entwickelt sich ein winziges Labyrinth. Dazwischen strömt und pulsiert die Salzlösung. Die hauchdünnen Grenzbereiche zwischen den Zellen könnten die Vorfahren der heutigen, für das Leben so wichtigen Biomembranen sein. Beim Kondensieren von Wassertröpfchen und beim Kristallisieren von Salzen werden ständig Energieimpulse freigesetzt. Weiterhin können katalytische Effekte im Eis den Aufbau komplizierter organischer Moleküle unterstützen. Vielleicht wurden auf der Urerde einfache Bausteine des Lebens wie die Aminosäuren ja auch an warmen Stellen im Meer produziert. Oder in den erst kürzlich entdeckten Vulkanschloten tief unter der Wasseroberfläche. Diese Bausteine werden von Meeresströmungen in die kalten Zonen getragen, in denen es Eis gibt. Dort werden in einem komplizierten Reaktor daraus höhere Entwicklungsstufen produziert – ähnlich wie in einer modernen Autofabrik, die die halb fertigen Bauteile von außen angeliefert bekommt.

Ich bin schon gespannt auf die Reaktionen anderer Wissenschaftler. Werden sie meine Schlussfolgerungen akzeptieren? Kann ich sie mit meiner Begeisterung anstecken und zur Zusammenarbeit bewegen?

Wenn ich lange genug über meinen Aufzeichnungen, den dazu passenden oder auch den damit im Widerspruch stehenden Publikationen und den vielen theoretischen Ausführungen, Formeln und

Diagrammen gebrütet habe, springe ich irgendwann auf und laufe ein paar Stunden lang mit den Hunden durch den Schnee. Wir drei sind inzwischen ein tolles Team geworden, in dem jeder seinen Platz hat; wir ergänzen und respektieren uns gegenseitig und vertragen uns sehr gut.

Es ist erstaunlich, wie sich die Hunde – und ich – im Lauf unseres gemeinsamen Jahres verändert haben. Als ich im Sommer 1999 mein Lager hier aufgeschlagen habe, musste ich sie mit viel Autorität und Zwang dirigieren, sie immer an der Leine oder Kette halten. Jetzt ist die Situation sehr entspannt. Die beiden passen genau auf, was ich sage oder auch nur andeute, sie sind fast immer ohne Leine, reagieren auf jede Handbewegung, jedes Kopfnicken. Hin und wieder erkläre ich ihnen auch, was anliegt. Zum Beispiel, dass ich das Weiterklettern an einem Lawinenhang für zu gefährlich halte oder auch, dass die Eisbärenmutter mit ihren Kleinen unsere Gastfreundschaft genießt und deshalb das Gebell einzustellen ist. Kurz und gut: Gelegentlich geht es bei uns zu wie bei einer Familie mit Kindern.

Außerdem arbeite ich jeden Tag ein bisschen am Schiff. Die abgeschrammten Stellen am Rumpf müssen mit Farbe behandelt, die Rostnarben geschmirgelt und mit Rostschutz zugeschmiert werden. Innen ist das Holz zerfasert, ich muss alles frisch ölen und mit Schutzlack überziehen. Aber der Motor hat den Winter gut überstanden. Mir war doch etwas mulmig zumute, als ich den ersten Startversuch nach dem großen Frost unternahm. Zuerst ein bisschen Husten und Röcheln, aber dann, nach einer kleinen Spritze »Starthilfe« und mit den vereinten Kräften aller Batterien, hat sich der 15 Jahre alte Schiffsmotor entschlossen, mich nicht im Stich zu lassen und den Dienst zur Fahrt nach Hamburg anzutreten.

Mir fiel ein Riesenstein vom Herzen, und ich habe den alten Kameraden mit Ölwechsel, neuen Filtern und Ventiltest verwöhnt und ein bisschen gestreichelt. Danach schnurrte er wie ein zufriedener Kater. Ohne funktionstüchtige Maschine wäre mein Schiff im Eistreiben, in den kräftigen Gezeitenströmen und bei den heimtückisch überall lauernden Sandbänken ziemlich verloren.

Sooft das Schneetreiben nachlässt, versuche ich, das Oberdeck zu reinigen und Ordnung in das nachwinterliche Durcheinander zu bringen. Probleme bereiten mir der alte Robbenspeck und das Fett, das sich überall auf Deck in den Ritzen festgesetzt hat. Dabei machte das Robbenfett im Lauf der Monate eine merkwürdige Veränderung durch: War es zunächst nur fettig und schmierig, wurde es mittlerweile zu einer klebrigen Masse, wie alter Kaugummi! Überall pappt das weißliche Zeug – an den Stiefeln, an Deck, im Hundepelz. Widerlich. Eine späte, aber wirksame Rache der gemeuchelten Robben. Vielleicht ließe sich ja auch aus dieser Kleistermasse ein Geschäft machen, Robbi-Alleskleber oder so.

Donnerstag, 22. Juni 2000

Lange ist es mir nicht mehr so gut gegangen. Der Grund: Mein fünftes Enkelkind ist zur Welt gekommen. Meine Tochter Heike und die kleine Lene sind gesund und munter, der kleine Bruder Oskar ist glücklich. Es ist doch immer wieder ein Wunder, wenn so ein winziger Mensch auf die Welt kommt. Was die kleine Lene wohl alles erleben wird?

Fast zur gleichen Zeit hat mein Sohn Ole seinen Doktor in Physik abgeschlossen, in Göttingen, mit dem traditionellen Kuss für die Gänseliesel auf dem Marktplatz. Schon mein Vater, Walter Trinks, war Doktor der Physik. Sieht ganz so aus, als würde sich da eine Familientradition anbahnen.

Wenn alles gut läuft, werde ich wohl irgendwann aus dem Eis entkommen. Im Augenblick sieht es allerdings noch nicht danach aus. Die Eisschicht ist dick und fest, der Schnee liegt hoch, die Temperaturen bleiben bei null Grad. Nachdem sich das Eis im Herbst nur äußerst zögerlich auf der Lagune niedergelassen hat, kann es sich jetzt offenbar nicht entschließen zu verschwinden. Möglicherweise bleibt es ja auch liegen, denn eigentlich lohnt sich das Abziehen bis Ende August/Anfang September gar nicht. Alten Trapperberichten zufolge ist es gelegentlich schon vorgekommen, dass der Woodfjord im Sommer überhaupt nicht eisfrei wurde. Schöne Aussichten. Jetzt jedenfalls türmen sich auf dem Fjord noch riesige Packeisbrocken. Die Wetter- und Eissituation von Spitzbergen ist immer wieder für Überraschungen gut. Kein Mensch weiß, wie die nächsten Monate verlaufen werden. Also: Geduld, Hauke!

Ich beobachte das Eis; das ist richtig spannend. Das Meereseis schmilzt nicht einfach und wird dabei dünner wie die Eisschicht auf einem Teich zu Hause, sondern es durchläuft einen wochenlangen Alterungsprozess und scheint sich dagegen zu wehren, wie ein Lebewesen. Wenn das Eis altert, lösen sich bei zunehmender Erwärmung die Salzanteile aus dem Kristallgefüge. Zurück bleibt ein Süßwassereiskörper, durchlöchert wie ein Schweizer Käse. Stärke und Härte dieses alten Eises scheinen sich lange Zeit überhaupt nicht zu verändern.

Ich bin nicht der Einzige, der ungeduldig auf Tauwetter wartet. Auch die Seevögel wollen endlich mit dem Brüten beginnen. Und das können sie nur in der eisfreien Uferregion. Hunderte von Eiderenten haben sich in den Wasserpfützen zwischen den Eisbrocken auf dem Woodfjord versammelt und gurren, um die Liebste zu betören.

Die Eiderenten pflegen eine für die Männer recht angenehme Arbeitsteilung. Die Enten, in der kleidsamen erdbraunen Arbeitskluft der braven Hausfrau, halten nach geeigneten Brutstellen Ausschau. In wenigen Wochen werden sie ohne männliche Hilfe ihre drei bis sechs Eier ausbrüten und die Küken dann wochenlang, bis weit in den Herbst hinein, geduldig im seichten Uferwasser umherführen, belehren, beschützen und vor Gefahren warnen. Die Erpel dagegen, in prächtigen schwarz-weißen Anzügen und mit grünlich schimmernden Köpfen, plustern sich wichtig auf und tröten mit ihrem Kehlsack wie Dudelsackpfeifer, ununterbrochen. Die Enten kommentieren dieses großspurige Betragen nur ab und zu mit leisem Schnattern und haben im übrigen ganz offensichtlich die Hosen an. Hin und wieder deuten sie ihrem Auserwählten mit einem kurzen, energischen Schnabelrecken an, wohin der Spaziergang führt. Dann setzt sich das Paar von der großen Schar ab und fliegt eine Runde. Sie immer voran.

Auffällig ist, dass es beinahe doppelt so viel Erpel wie Enten gibt. Trotzdem kommt es, abgesehen von symbolischen Handlungen, nicht zu Rivalitätskämpfen. Offenbar genießen die Herren das Leben in ihrem großen Junggesellenhaufen. Das Theater mit den Frauen tun sie sich nur kurz an und machen sich schon während der Brutzeit wieder davon zum Männertreff. Zurück bleiben die allein erziehenden Mütter.

Da geht es bei den Strandläufern ganz anders zu. Schon ihr Liebesspiel ist viel ausgefeilter. Graziös tänzelt sie auf ihn zu und versucht spielerisch, ihn mit ihrem langen Schnabel wie mit einem Degen zu piksen. Er weicht zum Schein aus, spannt elegant einen seiner Flügel wie ein Segel und tänzelt in Erwartung ihres nächsten Degenstoßes herum. Das Brutgeschäft übernehmen beide Elternteile.

Im Augenblick ist es allerdings noch nicht so weit. Nur zögernd zeigen sich schwarze Flecken auf den weißen Berghängen. Dort, wo der Schnee geschmolzen ist, suchen die Polarfüchse bereits eifrig nach Eiern. Das wiederum schätzen die Küstenseeschwalben ganz und gar nicht. Sie pöbeln die Nesträuber an und fliegen Angriffe.

Oft sitze ich jetzt in der warmen Sonne im Windschatten auf Deck und betrachte wehmütig mein Königreich. Es ist so schön hier – die weißen Berggipfel, die Gletscher mit den laut rauschenden Bächen, die aus den Schneeschichten hervorgluckern, die Nebelschwaden, die über die Bucht ziehen. Die letzten Wochen sind angebrochen. Ich weiß, wie sehr ich mich hierher zurücksehnen werde.

Dienstag, 18. Juli 2000

Gerade bin ich von einem Ausflug in die umliegenden Hügel zurückgekommen. Eine mühselige Angelegenheit wegen der Schneemassen am Ufer und auf der Lagune. Ich kann nur mit Hilfe des Gummiboots vom Schiff aus an Land kommen, um die Hunde zu füttern, die ich wieder auf festem Boden untergebracht habe. Dabei muss ich mich vorsichtig zwischen den scharfkantigen Eisschollen hindurchschlängeln und das Boot hin und wieder auch über größere Eisflächen zerren, bis ich endlich das morastige Ufer erreiche, wo ich noch über eine hohe Eisbarriere klettern muss.

Langsam habe ich das alles satt; ich will aufbrechen in Richtung Süden, will endlich dem Nebel, dem Nordwind, dem Schneetreiben, der Feuchtigkeit und den eisigen Temperaturen entkommen. Jeden Tag steige ich auf einen Hügel und schaue zwischen den Nebelfetzen hindurch sehnsüchtig hinaus auf den Woodfjord, um festzustellen, ob das Packeis denn nicht endlich verschwindet. Aber es will diesen Sommer durchaus nicht abziehen. Den einen Tag scheint es sich etwas aufzulockern, am nächsten türmen sich bei Nordwind wieder neue meterhohe Eisbarrieren auf.

Auch die Lagune ist noch dicht zugepackt mit brüchigen Eisschollen, aber da käme ich mit *Mesuf* wohl heraus. Mehr Sorgen bereitet mir das Treibeis auf dem Woodfjord. Wenn ich auf der Heimfahrt darin stecken bliebe, könnte das für Schiff und Besatzung gefährlich werden. Ich habe nämlich gesehen, wie sich Treibeis schon bei schwachem Wind in Bewegung setzt und sich dabei mit Krachen und Getöse gewaltige Eisungetüme auftürmen. Dazwischen mein Schiffchen? Eine Horrorvorstellung.

Vor einigen Tagen habe ich mitten auf einer trostlosen Geröllhalde einen Menschenschädel gefunden, schon sehr alt, braun und zum Teil mit Flechten bewachsen, aber noch gut erhalten. So allein und ungeschützt hier in dieser Einöde herumzuliegen ist bestimmt nicht sehr angenehm. Mir tut der ehemalige Besitzer des Schädels leid – wahrscheinlich so ein armer Trapper, der, von Skorbut und Sehnsucht geplagt, irgendwann hilflos gestorben ist. Vielleicht wurde er ja auch von einem hungrigen Eisbären überfallen. Auf Spitzbergen sind viele hundert Menschen umgekommen, die in dem Dauerfrostboden nur recht und schlecht oder gar nicht bestattet wurden.

Ich suche am Strand, bis ich zwei schöne Treibholzbretter gefunden habe, nagle ein Kreuz zusammen und schlage mit dem Stecheisen die Aufschrift *Man's Head* hinein. Dann kehre ich mit den Hunden wieder zu dem Schädel zurück. Wie beerdigen ihn und pflanzen das Kreuz auf sein Grab. Der arme Teufel freut sich bestimmt. Wer weiß, vielleicht war das sogar mein alter Freund Mathilas?

Mit der Zeit werde ich immer unruhiger. Ob ich endlich dieser eisigen Einöde entkomme? Wird es mir gelingen, *Mesuf* aus dem Eis zu manövrieren? Ist mein Schiff nach dem langen Aufenthalt im Eispanzer noch seetüchtig genug, um die Stürme und die gewaltigen Wellen in der Barentssee auszuhalten? Ach, wäre ich doch endlich draußen und glücklich auf der Heimfahrt!

Dieses Jahr ist ungewöhnlich kalt und eisreich. Über Funk habe ich erfahren, dass jetzt, Mitte Juli, noch die gesamte Nordküste von Spitzbergen mit gewaltigen Eisfeldern und Packeis-Barrieren blockiert ist. Der Kapitän der *Nordsternen* – einem starken Schiff, das im Sommer Touristen an den Küsten Spitzbergens spazieren fährt – hat mir berichtet, dass er sich derzeit nicht an die Nordküste vorwagt und das Eis womöglich noch wochenlang jedes Vorwärtskommen verhindert. Solche Informationen stimmen mich nicht gerade fröhlich.

Jeden Morgen hoffe ich auf einen Wetterumschwung, aber es ist immer dasselbe: null Grad und Nordwind. Und dazu beobachte ich immer wieder frisches Eis auf den Wasserflächen. War's das schon mit dem Sommer? Sind das schon die Vorboten des Herbstes? Naht bereits der nächste Winter mit Eis und Frost? Muss ich womöglich noch ein Jahr hier ausharren? Das könnte durchaus passieren. Es kommt immer mal wieder vor, dass in einem kalten Sommer das Eis an der Nordküste Spitzbergens liegen bleibt. Das gab es schon vor 400 Jahren zu Zeiten der Walfänger. Ich habe alle verfügbaren Berichte studiert und denke nun über meine mögliche Zukunft in Mushamna nach. Lebensmittel und Munition reichen noch eine ganze Weile. Ich beginne zaghaft, die Robben auf dem Eis zu mustern. Ob ich mal wieder zum Gewehr greifen muss, um mich und die Hunde zu versorgen?

Die Seevögel sind ebenfalls ungeduldig, weil ihre Nistplätze noch im Schnee liegen. Es wird höchste Zeit, mit dem Brüten zu beginnen, sonst können sie gleich wieder nach Süden fliegen. Ohne Jungen. Denn die meisten Vögel – die Teisten, die Küstenseeschwalben und die Gänse – machen sich bereits Ende August auf den Weg. Bis dahin müssen die Jungen flügge sein, aber das ist dieses Jahr kaum mehr zu schaffen. Daran sieht man wieder einmal, wie unerbittlich die Natur hier im hohen Norden ist. Sie wird auch auf mich keine Rücksicht nehmen.

Immer wieder suche ich mit dem Fernglas den Woodfjord nach Lücken im Treibeis ab. Mit dem Bohrer teste ich die Dicke der Eisschollen auf der Lagune. Und dann fasse ich einen Entschluss: Ich werde den Ausbruch wagen! Noch ein Jahr allein in der Einsamkeit – diese Vorstellung macht mich munter. Ich nehme meinen ganzen Mut zusammen. Es geht los.

Die Entscheidung weckt mich aus meiner deprimierenden Untätigkeit. Mit Schwung und Zweckoptimismus treffe ich die letzten Vorbereitungen auf dem Schiff. Alle leeren Dieselkanister werden verstaut, die Segel überprüft, die Maschine zur Probe angelassen, Seekarten bereitgelegt, die Taktik, wie ich aus dem Eis herauskommen will, durchdacht. Dann ist es Abend. Ich liege in meiner Koje, kann nicht einschlafen, denke an die bevorstehenden Gefahren. Morgen früh soll's losgehen.

25 Der Winter will nicht weichen
Flucht aus dem Eis

Longyearbyen, Mittwoch, 26. Juli 2000

Eine Woche ist es her, dass wir von Mushamna aufgebrochen sind, um dem ewigen Eis und Schnee zu entkommen. Das war am 19. Juli, bei dichtem Nebel und schneidendem Wind von Norden und furchteinflößender, trostloser Stimmung.

Kurz zuvor: Ich wandere unschlüssig an Deck umher. Soll ich es wagen? Was ist, wenn ich es nicht schaffe? Die Hunde an Land kann ich vor lauter Nebel nicht sehen, sie warten bestimmt schon voller Ungeduld auf ihr Fressen. Zögernd bereite ich das Futter zu, klettere ins Gummiboot und rudere durch die Eisschollen. Doch was ist das? Da stehen zwei Eisbären, offensichtlich eine Bärin und ihr fast erwachsenes Junges, am Strand, gleich neben meinem Landeplatz, und mustern mich neugierig. Die Bärin scheint sehr hungrig zu sein. Ihr Pelz sieht aus wie ein zu weit gewordener Mantel. Diese Begegnung hebt meine Stimmung nicht gerade. Unmittelbar vor dem Abschied noch Krach mit hungrigen Eisbären? Das muss ich nicht haben. Die beiden verschwinden zwar im Nebel hinter Eisblöcken, aber diese Tricks kenne ich inzwischen. Die Bären mimen Desinteresse, um ihre anvisierte Beute in Sicherheit zu wiegen, und tauchen dann unvermutet wieder auf.

Ich springe an Land, eile den Hügel hinauf und hole die Hunde ins Boot. Sie schauen ganz begeistert zu, wie ich durchs Eis manövriere, und freuen sich, dass sie nicht allein an Land bleiben müssen. Nachdem ich meine strampelnden Kameraden vom Gummiboot aufs Schiff gehievt habe, ein Blick zurück an Land: Aha, die Bären sind aus dem Nebel wieder aufgetaucht und untersuchen den Hundelagerplatz, während wir längst auf *Mesuf* sind. Jetzt den Anker hoch, und die Reise kann losgehen.

Behutsam fahre ich mit Motorkraft zwischen die knirschenden Eisschollen. Das geht ganz gut, denn das Eis ist im Sommer morsch, jedenfalls in der Lagune. Schwierig wird es am Ausgang in den Woodfjord. Hier hat sich durch die Gezeitenströmungen eine Eisbarriere aufgebaut. Ich versuche sie mit List und Vorsicht zu überwinden. Zwecklos. Da hilft nur brutale Gewalt. Mit voller Motorkraft steuere ich *Mesuf* frontal gegen die Eisbarriere. Und es funktioniert; das Schiff wird ein bis zwei Meter weit aufs Eis geschoben, dann bleiben wir stecken und müssen mit voller Kraft zurück. Dabei wird das Eis immer brüchiger, bis wir die Barriere schließlich durchbrochen haben. Ein paar Eisbrocken gurgeln und schäumen noch um das Schiff, dann sind wir frei!

Mesuf tuckert im Woodfjord in Richtung Norden. Wir müssen aus diesem Fjord herauskommen, um dann erst nach Westen und später nach Süden steuern zu können. Angespannt starre ich in die undurchdringliche Nebelsuppe. Sollte der Woodfjord wirklich eisfrei sein? Doch schon schwappen die ersten kleinen Eisschollen auf dem Wasser. Sie sehen ganz harmlos aus, und ich kann sie mühelos umfahren. Mein Puls beruhigt sich. Ich mache mir Mut: Läuft doch alles ganz prima, und notfalls, wenn das Eis ganz dicht liegt, muss ich eben umkehren und weiter in Mushamna warten.

Wind kommt auf, der Nebel lichtet sich etwas, und nun sehe ich, was Sache ist: Vor mir, am Ausgang des Woodfjords, liegt Treibeis, direkt vom Nordpol. Ich fahre weiter, denke, irgendwie wird es schon gehen. Umkehren? Zurück nach Mushamna? Nee, danke!

Die Eisschollen liegen jetzt dicht an dicht und sehen ganz und gar nicht mehr so gemütlich aus wie ihre Vorgänger in Mushamna. Es sind mächtige Dinger, mehrere Meter hoch, mit blauen Eisgrotten und scharfen Kanten. Wenn ich mit *Mesuf* zu dicht daran vorbeifahre, knirscht und scheppert es. Ich denke an die *Titanic* und fahre etwas langsamer. Mir graut bei dem Gedanken, bei starkem Wind oder Sturm mit dem Schiff zwischen diese Kameraden zu geraten.

Nach einiger Zeit sind wir vollständig von Eisschollen und kleinen Eisbergen umgeben. Ich fahre einen Zickzack-Kurs und versuche, meine Hauptrichtung einzuhalten. Das gelingt nur selten, denn ich muss den offenen Wasserrinnen folgen. Hin und wieder bleibe ich im Eis stecken. Dann klettere ich auf den Mast und halte Ausschau nach irgendeinem Schlupfloch. Trotz der miserablen Lage hat sich meine Nervosität gelegt. Das Schiff kommt im Eis gut zurecht. Ich habe genug Munition und Waffen an Bord, um meine Hunde und mich per Robbenjagd zu ernähren. Also: Weshalb soll ich mich aufregen? Wenn ich im Eis stecken bleibe, geht das Leben trotzdem weiter. Fridtjof Nansen hat mit seiner *Fram* drei Jahre am Nordpol im Eis festgesessen.

Stundenlang schubse und schiebe ich mein Schiff durch die Eismassen. Das hat auch was Sportliches. Und den Hunden scheint es zu gefallen. Aufmerksam beobachten sie meine Manöver und sind ganz aufgeregt, wenn wir an riesigen Bartrobben vorbeifahren, die träge auf dem Eis liegen. Endlich wird das Eis lockerer, ich kann den Kurs West besser halten, und nach acht Stunden ist es geschafft: Der Eispanzer liegt hinter mir. Nur noch vereinzelte Schollen driften auf dem Wasser. Ich bin selig. Laut schmettere ich ein Lied in Richtung Nordpol: Leb wohl für dieses Mal, vielleicht komme ich ja wieder!

Mein Übermut wird bald gedämpft: Der Wind frischt auf, wird immer heftiger, ein Sturm, natürlich von vorn! Mühsam quäle ich *Mesuf* zwischen Wellen und Felsen hindurch, vorbei an der Amsterdaminsel, hinein in den Smeerenburg-Fjord in der Hoffnung, dort Schutz vor Wind und Wellen zu finden. Fehlanzeige. Im Fjord heult der Sturm erst recht. Die armen Hunde sind seekrank; sie leiden, hecheln, sind unglücklich, versuchen bei den wilden Schlingerbewegungen irgendwo Halt zu finden. Ich möchte sie trösten, aber mir geht es auch nicht viel besser; außerdem mache ich mir Sorgen um das Schiff. Wenn jetzt ein Stag bricht oder gar der Mast kommt, haben wir ein Problem in dieser unwirtlichen Einsamkeit. Schließlich flüchte ich in den Magdalenenfjord. Tief drinnen, hinter gewaltigen Gletscherbergen, ist das Wasser still wie ein Ententeich. Die Hunde werden wieder lebendig, ich werfe den Anker, und wenig später tollen wir alle drei wild am Strand herum, als hätte es Sturm und Packeis nie gegeben. Seit meiner Abfahrt von Mushamna sind fast zwei Tage vergangen. Ich bin todmüde, aber sehr erleichtert.

Am nächsten Tag geht's weiter – eigentlich immer das gleiche Spielchen: Wind von vorn, Wellenberge, seekranke Hunde, unter Deck das reinste Chaos, ein chronisch müder Kapitän. Und dann, endlich, die Ankunft in Longyearbyen!

Kurz zuvor haben wir noch ein Rendezvous mit einer Herde Walrosse, die *Mesuf* verspielt begleiten und die knurrenden Hunde schnaubend beäugen. Bei der Einfahrt in den Hafen von Longyearbyen kann ich mich vor Müdigkeit und Erschöpfung kaum noch auf den Beinen halten. 36 Stunden ohne Unterbrechung am Ruder. Ich schlafe immer wieder ein und steuere dabei einen extravaganten Zickzack-Kurs. Und dann werde ich plötzlich hellwach. Sind das Halluzinationen? Da steht doch tatsächlich mein Sohn Ole auf der Kaimauer, grinst vergnügt und macht meine Leinen fest! Ich bin sprachlos! Mein Freund Dietmar ist auch gekommen, extra aus Hamburg mit dem Flieger, die ganze weite Strecke, um mit mir die Rückkehr in die Zivilisation zu feiern. Als dann auch noch Maj auftaucht, ist die Festversammlung komplett. Es wird eine lange, fröhliche, feuchte Nacht.

Der Abschied von meinen treuen Kameraden Svarte und Bjosse am nächsten Tag fällt mir sehr schwer. Aber es muss sein. Die Hunde fühlen sich nur hier in ihrer Heimat wohl, auf Spitzbergen.

Tromsø, Sonnabend, 5. August 2000

Tromsø, Eismeerstadt, Ausgangs- und Heimathafen für alle Expeditionen ins Eis und für alle Erforscher des Nordpols – schon immer, seit über 100 Jahren. Von hier brach der Schwede Salomon Andrée 1897 mit seinem Schiff zu der unglückseligen Ballonfahrt von Spitzbergen zum Nordpol auf, hier verproviantierte Fridtjof Nansen sein Segelschiff *Fram* vor der dreijährigen Eisdrift, und hierher kehrten die Gefährten von Mathilas mit ihren beiden Schiffchen kurz vor Weihnachten 1873 zurück, halb tot vor Kälte, Hunger und Erschöpfung.

Im Vergleich zu ihnen geht es mir nach meiner Eisfahrt relativ gut. Auch ich habe im letzten Juni meine Ausrüstung hier komplettiert. Und nun kehre ich, nach über einem Jahr, aus dem Eis von Mushamna zurück. Zwar bin auch ich erschöpft, müde und ausgelaugt, aber ich lebe, bin zufrieden und sitze in der Sonne vor meiner Stammkneipe Skarven, trinke ein Glas Bier und beobachte mit Vergnügen die flanierenden Touristen. Mir kommen alle Frauen ausnehmend hübsch vor. Vermutlich eine Verschiebung der Maßstäbe nach den langen, einsamen Eisnächten.

Die letzte Woche war noch einmal anstrengend. Ich hatte mich gefürchtet vor der Fahrt durch die stürmische Barentssee, aber daran führte kein Weg vorbei, wenn ich mein Schiff nach Hamburg zurückbringen wollte. Ich hatte kurz mit dem Gedanken gespielt, *Mesuf* in Longyearbyen zurückzulassen, als Domizil für künftige Aufenthalte auf Spitzbergen. Damit hätte ich mir den gefährlichen Rückweg erspart. Aber genau das war der Haken: Ich kann doch nicht wie ein Sommertourist in Hamburg aus dem Flugzeug steigen und verkünden: Ich bin wieder da, meine Expedition ist erfolgreich abgeschlossen! Nee, so geht das nicht. Ich muss mit *Mesuf* die Elbe hinaufschippern, genauso wie bei der Abreise. Erst danach ist Schluss!

Also habe ich in Longyearbyen alles Notwendige geregelt, mich von den Freunden verabschiedet und bin verbissen auf Kurs gegangen. Die Meteorologen hatten Sturm aus Nordwest versprochen. Was die Windrichtung angeht, gar nicht so schlecht. Da kommt ein Segelschiff nach Süden wenigstens mit guter Fahrt voran. Aber so viel Sturm hätte es auch nicht sein müssen. Ich habe noch auf keinem meiner Törns einen so furcheinflößenden Seegang erlebt. Gewaltige Wellenberge, von weiß schäumender Gischt eingerahmt, donnern pausenlos hinter uns her. *Mesuf* wird ständig von ihnen überholt, von hinten auf die Gipfel der Wasserberge gehoben und dann vornüber in die Täler geschleudert. Manchmal brechen sich die Wellen unter dem Schiffsrumpf, dann ist um uns herum nur noch ein weiß schäumendes Inferno.

Der Autopilot ist damit überfordert. Deshalb muss ich trotz Kälte und Müdigkeit pausenlos am Steuer stehen und aufpassen, dass *Mesuf* genau vor dem Wind abläuft und nicht quer schlägt. Mit dem Gesicht nach achtern stehe ich am Steuerrad und beobachte voller Sorge die Wellenberge. Hoffentlich geht das gut! *Mesuf* ist ein robustes, gutmütiges Schiff. Instinktiv korrigiere ich den Kurs und verringere die Segelfläche, bis nur noch ein winziges Sturmsegel steht. Ich komme trotzdem gut voran, und schon bald zieht Sörkapp, das südliche Ende von Spitzbergen, an mir vorbei und verschwindet in der Wellenlandschaft. Auf einen Zwischenstopp auf der Bäreninsel verzichte ich. Ich will nur noch nach Süden, in einen gemütlichen Hafen. Von Walrossknochen, Vogelfelsen, alten Walfangstationen und dem ängstlichen Hoffen, dass mein Anker hält, habe ich genug.

Von Spitzbergen bis zum norwegischen Festland brauche ich fast fünf Tage. Am Ende bin ich sterbensmüde, klammere mich halb schlafend am Steuerrad fest und versuche gelegentlich, mit einem Augenblinzeln den Kompass abzulesen und im Übrigen die Richtung der Wellen aus den Geräuschen, dem Zischen und Grollen, zu erkennen, um gegenzusteuern. Es ist erstaunlich, wie lange ein Mensch einen solchen Dämmerzustand ohne Schlaf erträgt und trotzdem noch einigermaßen vernünftig reagiert. Vielleicht liegt es ja auch an der frischen Luft, den angenehm kühlen Temperaturen von 2 Grad über null und den erfrischenden Schneeschauern.

Ich bin wie erlöst, als endlich die Gebirgslandschaft von Nordnorwegen am Horizont auftaucht. Der Wind beruhigt sich, und ich segle die letzten zehn Meilen zufrieden mit einem riesengroßen Pott Kaffee in den Fingern. Eine Schule Wale tummelt sich neben dem Schiff. Immer wieder tauchen sie mit gewaltigem Schwung unter und lassen dabei ihre riesigen Schwanzflossen aus dem aufgepeitschten Meer hochschnellen.

Als ich die ersten von Wind und Wellen blank gescheuerten Schären sehe, habe ich das Gefühl, nach Hause zu kommen. Wie sich doch die Maßstäbe ändern! Als ich vor 14 Monaten hier vorbeigesegelt bin, erschien mir die Küste abweisend, unwirtlich und öde. Jetzt habe ich das Gefühl, ins Paradies zu kommen. Verzückt atme ich den Duft von Land ein, sehe Pflanzenreste auf dem Meer und erkenne Lichter an Land. Nachts um 2 Uhr mache ich *Mesuf* in dem winzigen Fischerhafen Torsvaag neben einem gutmütig aussehenden Fischkutter fest, sitze noch lange an Deck und bin einfach nur glücklich.

Einen Tag später schlendere ich durch das Menschengewimmel von Tromsø. Plötzlich haut mir ein baumlanger, bärtiger Kerl auf die Schulter. »Mensch, Hauke, dass du das geschafft hast, aus dem Eis von Mushamna rauszukommen! Wir konnten es kaum glauben!« Knut ist Steuermann auf der *Polarsyssel*, dem Expeditionsschiff und Eisbrecher des Gouverneurs von Spitzbergen, der in Tromsø ein paar Tage Urlaub verbringt. Das Eis, so berichtet Knut, hat sich nach meinem Ausbruch wieder verdichtet; im Augenblick ist es unmöglich durchzukommen. Ich habe also den günstigsten Augenblick erwischt und bin doppelt froh, es geschafft zu haben.

Und nun? Was kommt jetzt? Das Abenteuer ist vorbei, die Heimfahrt von Tromsø nach Hamburg ist nur noch Routine. Was bringe ich mit? Klar, die vielen wissenschaftlichen Ergebnisse, schöne Bilder, Filme, ein paar verrückte Gedanken. Trotzdem stellt sich eine gewisse Wehmut ein. Nie wieder werde ich die Natur, die Einsamkeit, die Hilflosigkeit und mich selbst so intensiv erleben. Der Gedanke lässt Ängste und Zweifel aufkommen. Die Rückkehr in die Zivilisation, in die bürgerliche Gesellschaft – werde ich das alles ertragen können? Werde ich mich nicht oft nach der Gesellschaft von Bjosse und Svarte, den Robben und meinen Eisbären zurücksehnen?

Im vergangenen Jahr habe ich viele Freunde gewonnen, auf Spitzbergen, in Norwegen, aber auch zu Hause. Ich hätte nicht gedacht, dass trotz der großen räumlichen Entfernung persönliche Nähe entstehen kann. Bei dem Gedanken an meine Freunde, die meinen langen Ausflug mit viel Interesse und liebevoller Unterstützung begleitet haben, wird mir warm ums Herz. Es wird schon irgendwie weitergehen. So, jetzt hole ich mir noch ein frisches Bier und genieße die Nachtsonne von Tromsø.

Epilog

Hamburg, 3. November 2000

Ich krame auf meinem Schiff herum, das im Harburger Hafen liegt, umgeben von hohen Häusern, zwischen denen Nebel hängt. Das Hafenwasser schwappt schwarz an die Kaimauer. Eine trostlose Atmosphäre. Die letzten Überreste meiner Polarfahrt – ein paar Klippfische aus Spitzbergen – baumeln wie Wäsche im Rigg. Ich sortiere das Zuggeschirr meiner Begleiter Svarte und Bjosse, meiner Schlittenhunde, Eisbärenwächter, Kameraden, Gesprächspartner. Ich hänge die Leinen an einem rostigen Nagel auf. Ob ich sie noch einmal brauchen werde?

Unten in der Kajüte setze ich mich auf eines der Robbenfelle, trinke Tee mit Rum, lasse meine Gedanken nach Spitzbergen wandern. Seit fast zwei Monaten bin ich zurück in Hamburg, aber immer noch nicht angekommen. Das Menschengewimmel und das Telefongebimmel geht mir auf die Nerven. Terminabsprachen und die Frage: »Wie geht es weiter?« kann ich nicht mehr hören. Und ich sage mir: »Hauke, in diese Welt passt du nicht mehr so richtig.«

Ich denke zurück an Spitzbergen, an die Natur, die Gletscher, die Eisfelder, die Stürme und die Finsternis, an das flackernde Nordlicht und die ersten Sonnenstrahlen im Frühjahr. Aber auch an die Freunde in Spitzbergen, die Raubeine, die hungrigen Eisbären, die Robben auf dem Eis und die Hunde. Das alles fehlt mir. Ich habe Heimweh nach dem Eis, dem Knirschen und Ächzen, sogar nach der Kälte und Nässe an Bord und den Hundehaferflocken zum Frühstück.

Aber jetzt muss ich arbeiten, die Forschungen weiterführen, meine Erkenntnisse über das Eis publizieren. Keine Zeit, Trübsal zu blasen.

Wenn ich das geschafft habe, wenn die Laboranalysen abgeschlossen und die Berichte geschrieben sind – dann komme ich wieder, Spitzbergen. Versprochen!

Forschungsinhalte der Expedition nach Spitzbergen

Juli 1999 bis Juli 2000

Wenn salziges Meerwasser gefriert, entsteht aus physikalischen Gründen ein zellulär aufgebautes Gemisch aus festen Elementen von reinem gefrorenem Süßwasser, Salzkristallen und einer konzentrierten Salzwasserlösung. Es wird die Behauptung aufgestellt, dass Meereis aufgrund seiner besonderen Eigenschaften eine wichtige Rolle bei der Entstehung von Leben auf der Urerde vor 4 Milliarden Jahren gespielt haben könnte. Zur Bekräftigung dieser Hypothese wurden im Rahmen einer ganzjährigen Expedition an den Nordrand von Spitzbergen die Mikrostruktur des heute existierenden Meereises sowie die darin lebenden Mikroorganismen systematisch untersucht. Die Ergebnisse lassen sich wegen der zeitlos gültigen zugrunde liegenden physikalischen Gesetzmäßigkeiten auf den Zustand des Eises auf der Urerde vor 4 Milliarden Jahren übertragen. Anhand zahlreicher Einzelergebnisse wird deutlich, dass Meereis tatsächlich nicht nur ein günstiges Umfeld für die heute im Eis lebenden Mikroorganismen darstellt, sondern dass auch die besonderen Eigenschaften von Eis und die im Eis ablaufenden dynamischen Vorgänge die Entstehung des ersten Lebens gefördert haben könnten.

Zahlreiche theoretische und experimentelle Untersuchungen zur Klärung der Frage nach dem Ursprung des Lebens auf der Urerde vor 4 Milliarden Jahren wurden bereits durchgeführt. Insbesondere wird die Entstehung des Lebens in warmen Tümpeln am Rande der Urmeere oder auch in der Umgebung von Vulkanen auf dem Meeresboden diskutiert. Für möglich gehalten werden auch exotherme chemische Reaktionen, durch die die Enstehung lebenswichtiger

Molekülbausteine erleichtert worden sein könnte. Schließlich wird auch der Transport von Leben auf die Erde durch Meteore erwogen. Ausgehend von der Annahme, dass aufgrund geeigneter Bedingungen in den Urmeeren möglicherweise einfache Bausteine des Lebens wie z. B. Aminosäuren entstanden sind, werden autokatalytisch ablaufende und sich selbst organisierende Prozesse, die so genannten Hyperzyklen, postuliert. Derartige Hyperzyklen könnten sich allerdings nur in kleinen, geschützten zellähnlichen Strukturen entwickeln.

Für die derzeit vorliegenden Hypothesen über die Entstehung des Lebens fehlen bisher experimentelle Nachweise. Zudem lassen die verschiedenen Hypothesen Widersprüche untereinander erkennen. Wichtige Fragen nach dem Weg zum Leben sind bislang noch unbeantwortet. So ist z. B. in einer warmen Umgebung die thermische Zerfallswahrscheinlichkeit von zufällig gebildeten Makromolekülen so groß, dass sich daraus in langwierigen Prozessen eigentlich keine lebenden komplex aufgebauten Systeme entwickeln können. Weiterhin ist unklar, welche Energiequellen den Ablauf der notwendigen endothermen Reaktionen – z. B. Kondensationsreaktionen – gefördert und welche Vorgänge auf der Urerde zur notwendigen Konzentration der Reaktionspartner geführt haben könnten.

Zum Aufbau von Proteinen bedarf es diverser Sortier- und Trennvorgänge zwischen den zunächst in einer ungeordneten Mischung vorliegenden Reaktionspartnern. Ohne eine Sortierung dieser Bausteine würden rein zufällig auch ungeeignete Makromoleküle in die wachsenden Molekülketten eingebaut werden. Das würde zu einer Beendigung des Wachstums, einem sogenannten Kettenabbruch, führen. Damit würde eine weitere Entwicklung von lebenswichtigen Molekülketten verhindert.

Wie könnten derartige Vorgänge und die erforderlichen katalytischen Reaktionen abgelaufen sein? Wann und wie könnte die für den Ablauf der postulierten Hyperzyklen notwendige Bildung von Zellen und Zellmembranen stattgefunden haben? Für einen Teil dieser Fragen gibt es einzelne Erklärungsversuche, die allerdings experimentell noch unbewiesen sind und vor allem keinen ganzheitlichen Lösungsansatz für den Weg zur Entstehung von Leben liefern.

Im Rahmen des hier diskutierten Forschungsvorhabens in Spitzbergen wurde die neue Hypothese aufgestellt, dass das polare Meereis auf der Urerde vor 4 Milliarden Jahren bei der Entstehung des Lebens eine entscheidende Rolle gespielt haben könnte. Damit scheint eine Beantwortung vieler der noch offenen Fragen möglich zu werden. Diese Hypothese vermag einige der bereits bekannten Thesen und Teilergebnisse zu einem konsistenten Lösungsansatz zusammenzuführen.

Dass vor 4 Milliarden Jahren irgendwann und irgendwo auf der Urerde Meereis existiert hat, gilt nach Meinung vieler Fachleute als sehr wahrscheinlich. Die umgekehrte Annahme, nämlich dass überall auf der Erde viele Millionen Jahre lang immer nur Wasser und Wasserdampf, aber kein Eis vorhanden gewesen sein soll, muss aufgrund der damals bereits gegebenen klimatischen Inhomogenitäten auf der Erde als äußerst unwahrscheinlich angesehen werden. Das Meereis vor 4 Milliarden Jahren war ähnlich aufgebaut wie heute. Die meisten der in den Urmeeren gelösten Salze traten nach Meinung vieler Geologen in ähnlicher Konzentration auf wie heute. Die entsprechenden physikalischen Gesetze bei der Eisbildung hatten damals ebenso Gültigkeit wie heute, und auch das Meerwasser war ähnlich zusammengesetzt wie heutzutage. Deshalb ist es sinnvoll, zur Bestärkung der oben genannten Hypothese die Mikrostruktur von Meereis auf der heutigen Erde zu erforschen – etwa in den Eisregionen von Spitzbergen. Mit einer derartigen experimentellen Untersuchung kann es gelingen, gewissermaßen ein Fenster in die 4 Milliarden Jahre zurückliegende Vergangenheit zu öffnen und den Zustand des Eises auf der Erde kurz vor bzw. während der Entstehung des Lebens zu beobachten.

Zur Beantwortung der Fragen, ob Meereis möglicherweise günstige Bedingungen für die Entstehung des Lebens bietet und ob bzw. wie heutzutage primitive Lebensformen im Meereis leben, wurde mit einem robusten, 12 m langen Segelschiff aus Stahl eine ganzjährige

Expedition in das Meereis am Nordrand von Spitzbergen unternommen. Forschungsbasis war eine Meeresbucht am Woodfjord an der Nordküste von Spitzbergen (geografische Position 79° 40'N und 14° 16'O). Dieser Ort erwies sich aufgrund des ganzjährigen Vorhandenseins vieler unterschiedlicher Eisformationen als besonders geeignet. Hier gibt es ausgedehnte Felder von Meereis, und zwar sowohl einjähriges Eis als auch alte, aus der Nordpolregion stammende mehrjährige Eisblöcke. Außerdem konnte, im Vergleich zum Meereis, die Struktur und das Verhalten des am Expeditionsort vorhandenen Gletscher- und Süßwassereises untersucht werden.

Auf dem Schiff befand sich ein kleines Labor mit wissenschaftlichen Geräten wie Mikroskop, UV-Lampen, Laser, Oszillographen und Instrumenten zur Messung von Temperaturen, pH-Werten, Salinität, Sauerstoffgehalt, elektrischen Potentialen und Wärmeflüssen im Eis. Einrichtungen zum Einsammeln, Nachweisen, Vereinzeln und Züchten von Bakterien waren vorhanden. Insgesamt wurden 400 Eisproben gewonnen und analysiert. Bei fünf Tauchgängen unter das Eis wurden Proben genommen und gefilmt. 80 Bakterienproben wurden gewonnen, gekühlt aufbewahrt und zur weiteren Analyse ins Biotechnologische Institut der TUHH gesandt.

Kurze Zusammenfassung der wesentlichen Ergebnisse

Eis entwickelt sich auf der Oberfläche von Meerwasser mit einer Temperatur von −1,8 °C bis −2,0 °C zunächst als schnell wachsende Kristallnadeln, die zusammentreffen und schließlich abgerundete Zellstrukturen formen. Die festen Eiselemente bestehen aus gefrorenem Süßwasser. Dazwischen ist in Abhängigkeit von der herrschenden Temperatur eine aufkonzentrierte flüssige Salzlösung gelagert. Unter dem Mikroskop sind die Zellstruktur im Eis, die verschiedenen eingelagerten Salzkristalle, wie z. B. $CaCO_3$, Na_2SO_4, KCl und NaCl, sowie ein weit verzweigtes Netzwerk winziger Kanäle und Kaviolen erkennbar. Bei der Durchstrahlung des Eises mit polarisiertem Licht und anschließender Betrachtung durch einen optischen Polarisationsfilter werden aufgrund der optischen Doppelbrechung von Eis die Mikrostrukturen deutlich.

Möglicherweise ist Meereis auch optisch aktiv; der eindeutige Nachweis dafür konnte allerdings noch nicht erbracht werden.

Die Zellen im Eis besitzen, ebenso wie die dazwischen verlaufenden Kanäle, Abmessungen von 10–20 µm. Im Eisgefüge wurden regelmäßig sowohl räumliche als auch zeitliche Temperaturgradienten von bis zu 10 °C/cm und 10 °C/h gemessen. Diese führen zu ständigen Strukturveränderungen im Eis, so dass sich lokal im Eis jeweils ein neues Gleichgewicht zwischen den festen und den flüssigen Phasen einstellt, wobei Gefrier- oder Schmelzvorgänge auftreten. Dabei findet an den Grenzschichten zwischen fest und flüssig jeweils ein Energieaustausch statt.

Die beim Gefrieren frei werdende Kristallisationsenergie von Wasser beträgt 1,5 Kcal/Mol, die von Salzkristallen ist mit ca. 150 Kcal/Mol noch viel größer. Es wird vermutet, dass die beim Gefrieren von Wasser sowie beim Wachsen von Kristallen lokal auftretenden Energiemengen zur Bildung regelrechter *hot spots* führen könnten, in deren Umgebung der Ablauf endothermer chemischer Reaktionen gefördert werden könnte. Der beim Gefrieren von Eis an der Eisoberfläche austretende integrale Energiestrom wurde mittels kleiner Wärmestromsensoren direkt gemessen. Unter besonders günstigen Bedingungen kann dieser Energiestrom Werte von bis zu 800 W/m^2 erreichen.

Ausgehend von den durch die im Eis vorhandenen Temperaturgradienten ständig auftretenden Veränderungsprozesse wurde unter dem Mikroskop beobachtet, wie die flüssige Phase mit Geschwindigkeiten von bis zu 0,1 mm/sek durch die Kanäle strömt. Dabei werden im Eis eingeschlossene mineralische Staubteilchen oder auch organische Bestandteile mitgeführt und an anderer Stelle wieder abgelagert. Derartige mit einer Filmkamera dokumentierte Beobachtungen wurden teilweise mit dem in der originalen Eisschicht direkt abgesenkten Mikroskop vorgenommen.

Die zwischen den festen und den flüssigen Phasen verlaufenden Grenzschichten sehen unter dem Mikroskop wie flexible Biomembranen aus. Sie umhüllen die Zellen, grenzen Kanäle und Kaviolen ein, legen sich wie Doppelmembranen aneinander, bilden kleine Ausstülpungen und lagern an ihren Oberflächen kleine Partikel ab. Meereis hat eine Wirkung wie ein Filter oder auch wie ein feinporiger Schwamm, in dem sowohl die flüssige Nähr- bzw. Salzlösung aufkonzentriert wird als auch kleine feste Partikel angesammelt werden.

In dem weit verzweigten, von Salzlösung durchströmten Netzwerk winziger Kanäle finden, ähnlich wie in einem Flüssigkeitschromatographen, Entmischungs- und Sortiervorgänge unterschiedlicher Substanzen statt, wie durch Zugabe verschiedener Farbmittel demonstriert werden konnte. Beim Schmelzen des Meereises im Juli 2000 sickerte die im Eisgefüge vorhandene Salzlösung aufgrund der hohen spezifischen Dichte nach unten weg. Das Eis wurde morsch und durchlöchert und zerfiel schließlich. Das Wachsen, Altern und Schmelzen von Meereis erweckt den Eindruck, als würde dieses Material Eigenschaften aufweisen, die üblicherweise nur lebenden Systemen zuzuordnen sind.

Mit einem medizindiagnostischen Verfahren, der Kernspintomographie, wurden im Berufsgenossenschaftlichen Unfallkrankenhaus Hamburg unter Leitung von Prof. Wolter verschiedene Proben von Meereis untersucht. Die aufgenommenen Bilder verdeutlichen sehr klar die Zellstruktur im Meereis. Im Süßwassereis dagegen sind keinerlei zelluläre Strukturen zu erkennen. Die Kernspintomographie scheint für die zerstörungsfreie Untersuchung von Meereis sehr geeignet zu sein. Weiterhin wurden medizinische Potentialsonden, die für gewöhnlich zur Messung der Nervenpotentiale in den Muskeln von Patienten dienen, in Proben von Meereis eingeführt. Dabei wurden beim Durchstoßen der Grenzschichten Elektropotentiale registriert. Proben von Meereis wurden mit einer hochempfindlichen Wärmebildkamera aufgenommen. Dabei wurden inhomogene Temperaturverteilungen in kleinen Bereichen des Eises erkennbar. Insbesondere waren lokale Temperaturdifferenzen von einigen Graden beim Schmelz- und Gefriervorgang sichtbar. Diese Ergebnisse bestärken die oben genannte Vermutung über die Bildung von lokalen *hot spots* im Meereis.

Bereits vor Ort wurden das ganze Jahr über an den Grenzschichten und in den kleinen, mit Flüssigkeit gefüllten Kanälen Bakterien und andere Mikroorganismen unter dem Mikroskop beobachtet. In den später im Labor analysierten Proben wurden zahlreiche neue Bakterienarten gefunden. Diese im Eis lebenden Bakterien vermehren sich auch noch bei −5 °C. Einige Bakterienkonsortien scheinen bevorzugt Öl zu fressen bzw. dieses in für die Umwelt unschädliche Abbauprodukte umzuwandeln. Die weitere Untersuchung und Züchtung von derartigen die Kälte liebenden Bakterien – sogenannten Psychrophilen – verspricht die Entwicklung lohnender technischer Anwendungen für die Lebensmittel-, Reinigungsmittel- und Umweltschutzindustrie.

In Spitzbergen war beim Auftreten des ersten Lichtes nach der Polarnacht, also Anfang Februar, die Entstehung und das schnelle Wachstum von Kolonien von Eisalgen und Plankton zu beobachten. Sogar bei niedrigen Temperaturen von bis zu −10 °C breiteten sich die Kolonien in dem Netzwerk von Kanälen im Eis rasch aus und erreichten nach wenigen Tagen eine Ausdehnung von 10–50 cm. Bereits im Juli sind die im Eis zuvor gespeicherten Nährsalze aufgebraucht und die Algen sterben ab. Danach nimmt die Anzahl der Bakterien im Eis aufgrund des nun reichlich vorhandenen organischen Nahrungsangebotes stark zu. Alle im Meereis existierenden Mikroorganismen scheinen günstige Lebensbedingungen vorzufinden, nämlich Schutz bietende Grenzflächen, Kanäle und Kaviolen, ein Angebot vorbeiströmender flüssiger Nährstoffe sowie eine gleichmäßige Temperatur von −3 °C ± 1 °C. Die im Eis gegebenen niedrigen Temperaturen scheinen die Entwicklung bzw. Existenz von Leben jedenfalls nicht zu behindern.

Die beobachteten Eigenschaften von Meereis sowie das heutzutage darin vorhandene reichhaltige mikrobiologische Leben deuten darauf hin, dass Meereis tatsächlich ein zur Förderung der Entstehung von Leben günstiges Umfeld darstellen könnte. Im Meereis ist eine große Anzahl von bis zu 1014 Zellen/m^3 vorhanden; die Oberfläche der dazu gehörigen Grenzflächen beträgt 104 m^2/m^3. In dem Kanalsystem zwischen den Zellen strömen hoch angereicherte Nährsalzlösungen. An den semipermeablen Grenzschichten werden lokal große Energiemengen ausgetauscht, und vermutlich werden dort auch katalytische Reaktionen gefördert.

Meereis besitzt in gewisser Weise ähnliche Eigenschaften wie ein Bioreaktor, der durch den zellulären Aufbau die Entstehung autokatalytischer Hyperzyklen ermöglichen könnte. Die niedrigen Temperaturen im Eis scheinen dabei eher von Vorteil zu sein. Denn die z. B. an warmen Orten auf der Urerde gebildeten einfachen Bausteine des Lebens könnten von Meeresströmungen zu den Eisregionen transportiert, dort aufkonzentriert und schließlich aufgrund der niedrigen Temperaturen viele tausend Jahre vor dem thermischen Zerfall bewahrt worden sein.

Dass Lebensvorgänge im Eis tatsächlich aktiv ablaufen können, zeigen die vielen heute im Eis lebenden Mikroorganismen. Meereis kann somit möglicherweise als Werkstatt des Lebens angesehen werden, die in Wechselwirkung mit anderen Prozessen und Transportvorgängen auf der Urerde eine wichtige Rolle bei der Entwicklung von lebenden Systemen gespielt hat.

Die gewonnenen Ergebnisse über die Mikrostruktur von Meereis und die darin lebenden Mikroorganismen ergeben ein noch unfertiges Bild. Weitere experimentelle Untersuchungen im realen Eis von Spitzbergen sind geplant. Dabei sollen u. a. der Einfluss von lange einwirkendem UV-Licht auf Meereis, mögliche katalytische Wirkungen von Meereis gegenüber ausgewählten chemischen Reaktionen sowie im Eis auftretende Sortier- und Trennvorgänge zwischen verschiedenartigen Makromolekülen untersucht werden. Darüber hinaus sollen die im Eis lebenden, vorerst noch wenig erforschten Bakterien systematischer als bisher untersucht, gentechnologisch bestimmt und ggf. einer industriellen Nutzung zugeführt werden. Neben den Feldversuchen vor Ort sind Laborexperimente in Kooperation mit anderen biophysikalischen und biochemischen Forschungseinrichtungen geplant, die dazu dienen sollen, einen Teil der für die Hypothese wichtigen Effekte experimentell nachzuweisen.

Dazu gehören in erster Linie die Beobachtung der Entstehung von Makromolekülen unter der katalytischen Wirkung von Meereis und der schrittweisen Entwicklung von Hyperzyklen in den im Eis gegebenen Zellstrukturen. Für derartige Untersuchungen soll ein Bioreaktor aus künstlich hergestelltem Meereis betrieben werden. Dabei werden realistische Temperaturgradienten eingestellt und unterschiedliche einfache Bausteine des Lebens wie z. B. Aminosäuren zugemischt.

Über Eis und speziell über Meereis und die darin lebenden Mikroorganismen gab es bereits früher umfangreiche Forschungsarbeiten an vielen Forschungsinstituten in aller Welt. Zahlreiche Veröffentlichungen über die erzielten Ergebnisse liegen vor. Die hier diskutierte Hypothese über das Meereis als möglicher Bioreaktor mit einer die Entwicklung des ursprünglichen Lebens fördernden Wirkung wurde bisher offenbar noch nicht diskutiert oder veröffentlicht. Vor allem der im Meereis gegebenen hohen Dynamik in Verbindung mit dem Austausch von Energiemengen und der Entwicklung von Strömungsvorgängen wurde wenig oder keine Beachtung geschenkt.

Mittlerweile wurden die erzielten Ergebnisse sowie die dazugehörige Hypothese mit namhaften Wissenschaftlern erörtert, darunter Vertretern von Max-Planck-Instituten und Hochschulen sowie einigen Nobelpreisträgern. Die Resonanz war ausnahmslos sehr positiv. Eine Reihe von Kooperationen zur Vertiefung der vorgetragenen Forschungsansätze wurde ins Auge gefasst.

Mehr über die Expedition und die Forschungsergebnisse erfahren Sie in einem ausführlichen Bericht des Autors – »Auf den Spuren des Lebens« – im Internet unter

www.tu-harburg.de/et1/trinks

Ein Buch der Partner STERN und FREDERKING & THALER

Die Deutsche Bibliothek – CIP-Einheitsaufnahme
Ein Titeldatensatz für diese Publikation ist bei
Der Deutschen Bibliothek erhältlich

Text: Hauke Trinks
Fotos: Hauke Trinks, außer S. 144: Trond Løkke
Lektorat: Irene Rumler, München
Herstellung und Satz: Büro Caroline Sieveking, München
Kartographie: Margret Prietzsch, Mammendorf
Umschlaggestaltung: Petra Dorkenwald, München
Druck und Bindung: GGP Media, Pößneck

Printed in Germany

ISBN 3-89405-444-1

Umwelthinweis: Das Papier wurde aus chlorfrei gebleichtem Zellstoff hergestellt und enthält keine Aufheller. Die Einschweißfolie – zum Schutz vor Verschmutzung – ist aus umweltfreundlicher und recyclingfähiger PE-Folie.